Qianjing Tongxinji

经/邦/济/世/

励/商/弘/文/

京师经管文库

北京师范大学

陆跃祥文集

陆跃祥 /著

千经同心集

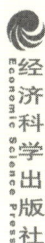

经济科学出版社
Economic Science Press

京师经管文库
编 委 会

总　序

　　北京师范大学是教育部直属重点大学，其前身是 1902 年创立的京师大学堂师范馆，1908 年改称京师优级师范学堂，独立设校，1912 年改名为北京高等师范学校。1923 年学校更名为北京师范大学，成为中国历史上第一所师范大学。1931 年、1952 年北平女子师范大学、辅仁大学先后并入北京师范大学。师大始终同中华民族争取独立、自由、民主、富强的进步事业同呼吸、共命运，经过百余年的发展，秉承"爱国进步、诚信质朴、求真创新、为人师表"的优良传统和"学为人师，行为世范"的校训精神，形成了"治学修身，兼济天下"的育人理念，现正致力于建设成为具有"中国特色、京师风范"的世界一流大学。

　　经济与工商管理学院是北师大这棵百年大树长出的新枝嫩叶，其前身是北京师范大学政治经济学系，始建于 1979 年 9 月，由著名经济学家陶大镛教授担任第一届系主任。1985 年更名为经济系，1996 年 6 月组建为北京师范大学经济学院，2004 年 3 月更名为经济与工商管理学院。作为改革开放的产物，北师大经管学院一直坚守"经邦济世、励商弘文"的使命，见证了中国近四十年来所取得的伟大成就，并为之做出了自己的贡献，在这过程中，自身不断壮大，成为了中国经济学和工商管理的重要人才培养和科学研究基地。

北师大经管学院现在涵盖了理论经济学、应用经济学和工商管理三个一级学科，在世界经济、政治经济学、西方经济学、劳动经济、收入分配、教育经济、金融、国际贸易、公司治理、人力资源管理、创新创业、会计、市场营销等领域形成了稳定的研究方向，产生了一批有影响的研究成果。比如世界经济，它是国家重点培育学科，其最早的带头人陶大镛先生是我国世界经济学科的创始人之一。学院在此基础上，还衍生出了国际贸易和国际金融两大研究领域，现在都有很强的实力。还比如教育经济，它是国家重点学科，作为新兴学科和交叉学科，它也是经管学院的特色学科，其带头人王善迈教授是我国教育经济学科的创始人之一，他在20世纪80年代初参与了"六五"国家社会科学重点项目"教育经费在国民收入中的合理比重"的研究，其研究成果为国家财政性教育经费占GDP 4%的目标提供了依据。再比如劳动经济和收入分配，已具有广泛的学术影响和社会影响，其带头人李实教授更被国际同行誉为"收入分配先生"（Mr. Distribution），他所主持的CHIPs数据库，被誉为迄今中国居民收入分配与劳动力市场研究领域中最具权威性的数据库之一。近些年来，学院通过队伍建设、国际化、体制机制改革等措施，因应国家重大理论和现实问题的能力进一步提升，学术成果的影响力进一步增强。比如在"十二五"期间，学院共承担国家社科基金重大项目、教育部人文社科重大攻关项目、国家社科基金重点项目、国家自科基金重点项目15项；在第七届高等学校科学研究优秀成果奖（人文社会科学）评选中，学院7项成果榜上有名，其中一等奖1项，二等奖2项，三等奖4项；此外，学院还有多项成果获北京市哲学社会科学优秀成果奖一等奖、孙冶方经济科学奖、安子介国际贸易研究奖、张培刚发展经济学奖、蒋一苇企业改革与发展学术基金优秀专著奖等，并有

3 项成果入选国家哲学社会科学成果文库。

北师大经管学院一直很重视将教师的学术成果集中呈现给社会。早在 1980 年 5 月，就主办了《经济学集刊》，在中国社会科学出版社出版，其宗旨是"促进我国经济科学的繁荣和发展，积极开展经济理论的研究，提高经济科学的水平，更好地为我国社会主义革命和建设服务。"《经济学集刊》收集有胡寄窗、朱绍文、田光等著名经济学家的大作，但更多的是本院教师的作品，如陶大镛教授的《论现代资本主义的基本特征》、詹君仲教授的《劳动价值学说的由来与发展》、杨国昌教授的《〈资本论〉创作发展阶段问题的探讨》、王同勋教授的《墨子经济思想初探》、程树礼教授的《简论人口规律和生产方式的关系》等，出版后产生了很好的影响。后来又陆续出版了多本。现在我国正处于全面建成小康社会的决胜阶段，未来一个时期，仍是经管学科发展的重要战略机遇期。北京师范大学经济与工商管理学院的愿景是成为具有人文底蕴和国际影响力的一流经管学院，要为"两个一百年"中国梦的实现做出更大的贡献。今天，学院与经济科学出版社合作推出《京师经管文库》，目的是要集中展示学院教师取得的成果，发出师大经管人关于中国社会经济改革和发展的声音，并推动各位学者再接再厉，再攀新高。

《京师经管文库》的汇集出版，得到了北京师范大学"985"工程建设项目和一级学科建设项目的慷慨资助，得到了北京师范大学学科建设与规划处、社会科学处、财经处等的具体指导，得到了经济科学出版社的大力支持。此外，学院学术委员会就文库编辑出版事宜多次开会讨论，许多教职员工为之付出了大量心血。在此一并表示感谢。

《京师经管文库》编委会

2016 年 2 月 14 日

C 目 录
ONTENTS

第五篇　中小学生品牌认知发展研究 / 329

自 序

　　我 1958 年出生于江苏省南通市，籍贯是江苏省苏州张家港市。说来颇为有趣，我的籍贯在户口簿的记载上分别是苏州常熟、苏州沙洲县，80 年代又改为张家港市。

　　1964 年进入南通市西天营小学上学，不久后因搬家转入西公园小学，当时绝大多数居民子女均就近入学；1971～1975 年在南通市第一中学就学；1975 年高中毕业。从小学至高中共 11 年，这与当时的背景有关，我是"文革"期间最后一届小学 6 年制毕业生，升入初中时小学 5 年级学生和 6 年级学生一并入学；初、高中学时都是两年制，之所以上学 11 年，原因是小学和初中各延长一学期所致。

　　1975 年高中毕业即上山下乡，插队于南通市郊区东风公社跃进大队（现唐闸区芦泾港乡），1978 年 9 月考入北京师范大学政治教育系学习。因"文革"大学停止正常招生，同学中年龄差异甚大，既有 1946 年出生的"老高三"，也有 1962 年生人的应届生，我 20 岁上大学居然属于年龄小的。学校招生时宣传该专业毕业生主要从事政治理论的研究、宣传及大学教育工作。但入学后第二学期学校要求我们树立稳定的"专业思想"，即从事中学政治课教学工作，在同学中引起极大反响，一些年龄较大、工作阅历较丰富的同学首先提出分专业学习要求。学校为顺应学科发展，1979 年政治教育系分为政治经济学系和哲学系,我进入政治经济学系学习,全班同学47人,仅6名女生。同宿舍同学来自五湖四海,有北京的刘木春、上海的胡洪潮、吉林的严驳非、广西的王刚、安徽的李健和来自江苏的我,其中我年龄最小,求学期间得到诸多同学的帮助和关照,结下了深厚的友谊。

1982年大学毕业分配至苏州大学任教。当年我尚不知有苏州大学这所学校,稍后方知苏州大学的前身为东吴大学,新中国成立后经院校调整改为江苏师范学院,1982年更名为苏州大学。苏州大学是一所历史悠久的著名学府,尽管仅在苏州大学任教两年,但她是我从事大学教学的起点。1982年秋新学年伊始,我即担任经济学说史助教,主讲教师李丁,学生是79级同学。1983年我和另一位留校的青年教师薛昌伯共同承担政治经济学的教学工作。在苏州大学工作期间,得到时任系主任薛守贤老师、教研室主任陈志中老师、学校党委书记顾佩兰老师及系里其他老师的帮助、指导。教学工作也得到了系里的认可,较为顺利地完成了从学生到教师的身份转换。

我本人的愿望是回到父母工作生活所在地南通市。在当时的背景下,要想转换工作地点是一件十分困难的事,唯一可行的途径是报考研究生。当时规定报考研究生需工作满两年,且经工作单位批准后方可报考。应该说提出申请后领导最后批准同意报考乃是支持青年人继续求学深造之举,尽管说明只有一次机会,若考不上仍想提高就只有上教育部当时举办的助教提高班。很幸运1984年我顺利考上母校的研究生,继续求学,师从朱元珍教授。至今我仍旧怀念在苏州大学工作期间的美好时光。感谢薛守贤、顾佩兰、陈志中、李丁等各位老师的帮助指导。

1984年进入北京师范大学政治经济学读研。当时,系里尚未每年招生,我们这一届招生人数仅8人,有来自北京的刘英骥、李晓峰、张冠珏,成都的沈越,安徽的张雷声,湖南的狄承锋,以及江苏的杨尧军和我。北京师范大学的学生住宿条件一直不理想,本科生六七人一间宿舍,研究生5人一间宿舍。当年入学的同学按报到顺序统一分配宿舍,使不同专业的同学能够相互交流,取长补短。我和同系的沈越、杨尧军,史学所的聂乐和,心理系的刘力被分在一间宿舍。读研期间我开始在杂志和报刊发表习作。1987年寒假期间我敬爱的父亲陆金海先生进入江苏铁道医学院附属医院手术治疗，后经治疗无效不幸逝世。受此影响，我亦未寻找就业单位，后留校任教工作至今。1987年秋留校工作不久，教育部发文，当年研究生毕业任教且有两年高校任教经历即可申请讲师职称。这实际上是对77级、78级大学生的关爱。因为只有这两届毕业生方能满足这样的条件。

我们这一代人既是不幸的一代又是幸运的一代人。说不幸是因为出生在共和国的"困难"年代，生长于"文革"的动荡年代；说幸运是赶上了"拨乱反正""改革开放"。我们见证并亲身经历了伟大的时代变迁，也是这个时代的受益者。

在我从教的30余年间，教授过政治经济学、社会主义经济理论实践、消费心理与行为学等课程。顺应时代的发展，我的教学、科研工作也发生了一些变化。除了教授相关经济理论课，发表了一些有关按劳分配、国有企业改革、劳动力市场、商业银行改革等文章和论著外，20世纪90年代初，开始教授消费心理与行为课程，并进行相关课题研究，发表了一些论文。说来机缘巧合，1994年我代表系里参加学校举办的"北京师范大学青年教师基本功大奖赛"，荣获一等奖。参加这次比赛的最大收获是认识了我国著名心理学家，曾任中国心理学会理事长的我校资深教授林崇德先生。1996年有幸拜入林崇德老师门下攻读博士，从事有关中国中小学生品牌意识发展的研究，1999年获得博士学位。林崇德先生曾荣获全国先进工作者、全国师德标兵等称号。林先生不仅学问博大精深，更是尊敬师长、关爱提携学生的楷模，乃我辈终生学习的榜样。

这些年来，我先后主持教育部、北京市人文社会科学研究项目，并参与多项包括国家社会科学基金项目在内的研究项目；在《管理世界》《统计研究》《马克思主义研究》《改革》《北京师范大学学报》《经济管理》《中国统计》《中国改革》《商业研究》《心理科学》《心理发展与教育》等刊物发表学术论文数十篇；先后出版（包括合著）《企业活力与社会保障》（贵州人民出版社 1998 年版）、《职能定位与制度创新》（贵州人民出版社 1998 年版）、《计划经济向市场经济稳定转轨研究》（北京师范大学出版社 1998 年版）、《广告与消费心理学》（人民教育出版社 2001 年版，该书为林崇德先生主编的荣获国家图书奖的《应用心理学书系》中的一本）、《消费者行为学》（中国统计出版社 2005 年版）、《中国城市商业银行研究》（经济科学出版社 2010 年版）、《税制结构与中国税制改革研究》（经济科学出版社 2013 年版）。

《千经同心集》，取自南宋大学者陆九渊纪念祠联：学苟知本六经皆注脚，事属分内千经有同心。千经，各种经典、理论；同心，同一种宗旨、追求；千经同心，既暗含纪念陆九渊、记录陆跃祥文章之意，经、心又寓意经济、心理。

第一篇
就业与就业政策研究

- 就业、就业政策与经济增长
- 深化就业体制改革，促进人力资源合理配置
- 对劳动力商品和劳动力市场问题的再认识
- 建立劳动力市场，促进就业机制转换
- 论控制人口数量与提高人口质量
- 提高人力资本是消除贫困的关键
- 论加快社会保障体系的建立
- 论我国社会保障制度中的公平与效率
- 马克思服务劳动价值决定的一种解读

就业、就业政策与经济增长 *

解决就业（失业）问题和通货膨胀、经济增长以及国际收支问题是各国政府宏观经济政策的主要目标。我国作为世界上人口总数最多的发展中国家，就业问题在国民经济中的地位尤为突出。在我国，就业问题十分复杂，除了受宏观经济形势、二元经济结构制约外，还与我国正处于经济体制转轨时期有着密切的联系。因此，政府的就业政策要从多方面入手，既要保持一定的经济增长速度，又要注意解决就业体制与经济结构等深层次问题，这样才能做到标本兼治。

一、我国的就业与失业现状

我国的从业人员 1978 年为 40152 万人，1997 年为 69600 万人；1997 年与 1978 年相比，增加 29448 万人，增长了 73.3%；从人口的增长情况看，1978 年为 96259 万人，1997 年为 123626 万人；1997 年与 1978 年比，增加 27367 万人，增长了 28.4%。单纯从数字对比看，改革开放以来，我国从业人员增长速度快于人口增长速度；而从人口结构看，自 20 世纪 80 年代开始，我国人口已从年轻型、增长型转向壮年型；据人口普查资料，1990 年与 1982 年比，我国人口总数增长 12.6%，而 15 岁以上人口增长了 22.9%。

---

* 本文原载于《北京师范大学学报》（社会科学版）2000 年第 1 期。

由此看出，在今后相当长的一段时间内，需要就业的劳动力的增长速度是逐步上升的。

从失业的发展情况看，改革开放以来，我国的失业率一直维持在较低的水平上。到1996年，失业率连续14年在3%以下，1997～1999年为3.1%，说明中央和政府一直在致力于解决就业问题，取得了很大成绩。

表1　　　　　　　　　　我国的失业人口与失业率　　　　　　　单位：万

年份	1991	1992	1993	1994	1995	1996	1997	1998	1999
失业人口	352.2	369.9	420.1	476.4	519.6	553	570	571	620
失业率（%）	2.3	2.3	2.6	2.8	2.9	3.0	3.1	3.1	3.1

资料来源：中国人口网站（http：//www.cpirc.org.cn）。

值得注意的是，上述失业人数和失业率是国家统计局发布的数据，其对失业人口的定义是：非农业户口，在一定的劳动年龄内（16岁以上，男50岁以下，女45岁以下），有劳动能力，没有工作而要求就业，并在当地就业服务机构进行求职登记的人员。这一统计标准只限于城镇，而不包括农村的剩余劳动力，而且城镇也仅限于到就业管理部门登记的公开失业人员。而事实上，在我国社会保障制度不完善的情况下，真实的失业率还应包括农村剩余劳动力、隐性失业和就业不足等情况。首先，我们考虑下岗职工的情况。1999年中国新增下岗职工人数是564万，加上继承1998年下岗610万，总数为1174万人，但1999年共有492万人实现了再就业，再减掉退休、死亡等人数，到1999年末，仍有650万人下岗待业。其次，我国农村现有隐蔽失业劳动力1.38亿人，每年约有3000万人需要向非农产业部门转移。最后，在我国国有企业中存在着大量的冗员，特别是在一些重工业和夕阳产业，如森林、煤矿行业这种情况特别严重。目前各方面对企业冗员的估计在1500万～3000万人左右。综合考虑上述各种因素，我国目前失业人群将达1.53亿人，失业率可能达到21.4%或更高（冯兰瑞，1996）。

二、我国就业形势严峻的深层次原因

1. 人口总量原因

我国人口众多，人力资源严重供过于求，这是产生就业形势严峻的基本原因。据国家统计局预测，我国15～64岁的劳动适龄人口1995年为8.07亿人，2000年为8.50亿人，2010年为9.70亿人，2020年将达到最高峰约9.97亿人，比1995年增加了近2亿人，约增长23.5%（胡鞍钢，1998）。2000年我国净增劳动年龄人口预计为1171万人，按照78%的参与率计算，大约有910万人需要就业。如果2000年经济增长速度达到8%，最多也只能新增就业机会640万个。

在目前，解决人口总量供给较大问题的基本措施是实行计划生育政策。经过30年的努力，我国人口总量增长得到有效控制，已进入人口转变的"三低"阶段。1990～1998年我国人口自然增长率由14.39‰下降为9.53‰，首次低于10‰。我国妇女总和生育率已由1990年的2.31‰降至1994年的1.80‰[①]，明显低于妇女生育更替水平（21‰）。这标志着我国在较低的收入条件下，在发展中国家中率先进入人口低出生率、低死亡率、低自然增长率阶段。

但是，我们也应该清醒地认识到，达到低生育水平并不意味着长期困扰中国发展的人口数量问题已经解决。首先，我国人口转变过程是在经济社会发展水平还相当低的情况下，发挥制度优势和强有力的社会与行政干预实现的，是一种典型的"政策诱导性人口转变"。这种模式的重要特点之一，便是低生育率水平的不稳定性。其次，我国目前的低生育水平在城乡、地区之间差异很大。例如，全国超过平均人口出生率水平的地区有西藏（23.70‰）、

[①] 胡鞍钢：《我国人口发展状况、目标与政策：中国可持续发展报告之一》，安徽省人民政府发展研究中心（http://ahdrc.ah.gov.cn/cghj）。

贵州（22.02‰）等9个省区，约占全国省市自治区总数的1/3。而上海仅为5.20‰，北京为6.00‰，天津为9.89‰，都低于10‰[①]。全国人口出生率最高的地区与最低的地区相差18.5个千分点。另外，传统观念在我国的许多地区，尤其是农村地区仍然根深蒂固，一旦出现生育率的反弹将变得不可收拾。

2. 体制性原因

随着经济体制改革的深入，旧体制下国有企业低效率、低收入的高就业模式不可避免地遭到冲击。国有企业改革的一个主要措施就是减员增效。这就使原先国有企业内早已大量存在的隐性失业显性化。从20世纪80年代到90年代初，国有企业中的冗员为职工总数的20%～30%，1993～1997年，国有工业企业的下岗职工总数已达1000万人，为现有国有工业企业职工总数的20%，但目前国有企业的在职职工中仍面临着20%以上的冗员。

3. 周期性的原因

亚洲经济危机的深化和扩散使得我国经济发展面临的国际环境恶化。国内需求不足和买方市场的形成及总供求失衡而引发的经济调整，使得下岗人员增多。1997年发生的亚洲金融危机使我国的出口需求出现了历史上少有的连续下滑，这对我国GNP的增长也造成了一定的影响。据估计，我国2000年GNP的增长因此下降了2～3个百分点。而保守的测算是，我国GNP每增长1%可吸纳84万人就业。这样，仅由于受亚洲金融危机这种偶然性因素的影响，我国在2000年的就业压力就有168万～252万人。

4. 农村剩余劳动力的转移

刘易斯的二元经济理论认为：当现代工业部门的工资收入超过农业部门收入的30%时，农业部门的劳动力就存在着向现代工业部门转移的原始动力，并且只要城市部门不断地扩大资本积累，农村剩余劳动力就会源源不断地流入城市现代部门就业，一旦剩余劳动力完全被城市部门吸收，失业问题就能得到解决。中国是一个发展中国家，在就业问题上也具有上述特征，但这一

---

① 《中国统计摘要》，中国统计出版社1999年版，第32页。

理论却不能完全应用于中国的情况。

在我国并不存在完全意义上的现代部门，刘易斯的二元经济模型在确定现代部门的标准时，不仅仅是因为该部门生产技术先进，而更主要的是因为该部门的生产经营方式的资本主义性质或市场化性质。现代部门在追求利润最大化的指导下，以工资等于边际生产率的原则决定雇佣水平；而传统部门则主要是在满足最低需要动机的指导下，以部门内部共同生存为原则决定劳动雇佣量。反观中国的经济结构：城市工业部门中拥有最先进生产技术的国有企业却具有传统的经营行为特征，即按照"社会主义平等"的原则来安排就业；而那些私有制性质的农村乡镇企业在技术上看属于传统部门，而在经营上却严格按照利润最大化原则雇佣劳动力。因此，我国是一种反常的二元经济结构（罗卫东，1998）。

在这种反常的二元经济结构中，传统农业部门的剩余劳动力不可能直接地大规模转移到现代部门。我国国有企业在经营方式上属于传统部门，而且其本身存在着大量剩余劳动力，不可能成为农村剩余劳动力的主要吸纳者。因此，我国农村剩余劳动力的转移主要靠农村自身发展来解决。改革开放以来，乡镇企业的异军突起，吸纳了大量的剩余劳动力。这种状况是在反常二元经济状况下迫不得已的选择。近些年来，乡镇企业对农业剩余劳动力的吸纳作用持续弱化，而剩余劳动力的规模又不断扩大，就业形势日益严峻。

三、解决中长期就业问题的政策选择

就业压力的增长和失业的增加产生了严重的经济和社会负面影响。因此，政府有必要从宏观和微观上进行政策引导和调控，以实现充分就业及社会福利水平的提高。

1. 我国应制定"就业优先"的经济发展战略

一般说来，政府在确定经济发展战略时会遇到两难境地：如果就业上偏好效率目标，一般会出现较高失业率，但会损害公平；如果就业上偏好公平目标，追求充分就业，就会丧失效率。当然，上述两种极端选择在现代社会中是不存在的，各国政府通常是兼顾考虑。问题在于，当产量最大化与就业最大化之间的冲突难以避免时，在二者兼顾的合理区间内的前提下，应该偏向于哪一面。现代经济理论和社会发展在经过长期的实践后，更倾向于公平就业（曾昭宁，1995）。这主要是因为：就业与否关系到劳动力与生产资料是否配置得当，首先是一个效率问题；同时，就业与否又同收入根本相关联，故它又关系到公平问题。就业的综合性，使充分就业上升为重要的经济发展目标，处理得好能同时增进公平与效率两个目标，而处理失当，对社会福利水平和个人的伤害是深刻的。

我国作为一个人口众多的发展中国家，就业显得更为重要，没有就业岗位增加的经济增长对于今天的中国没有任何价值。具体说来，"就业优先"的经济发展战略表现为：（1）劳动力市场发育要优先于其他要素的市场发育；（2）劳动者利益要适度优先于资本利益；（3）降低失业率的调控政策要优先于反通货膨胀政策；（4）有利于促进就业和完善社会保障制度方面的政策成本要优先于其他财政支出给予安排。

2. 控制人口增长，提高人口素质

实现长期就业稳定的基本前提是要减少劳动力的供给，而减少劳动力供给的根本是降低人口自然增长率。从人口理论看，人口自然增长率取决于出生率和死亡率的变动，一般经历高出生率、高死亡率、低增长率（高、高、低），高出生率、低死亡率、高增长率（高、低、高）和低出生率、低死亡率、低增长率（低、低、低）三个阶段。中国40多年来随着生活水平和医疗保健水平的提高，死亡率已大大降低，要达到低增长率，主要取决于低出生率，应晚生晚育，少生优生。

此外，在人口数量控制得好的前提下，还要注意提高人口素质和调整人口结构。提高人口素质的关键是教育。经验表明，教育水平的高低与就业率呈正相关关系，教育水平越高，则就业率就越高，在我国人口数量优势不能转化为人力资源质量的优势，其根本原因在于教育不发达。目前世界各国对教育的投资大约高出中国同类指标的一倍左右。因而，政府要加大对教育的投入，并重点发展职业技术教育。

3. 国有企业的市场化改造

由上节分析可知，体制性失业与反常二元经济结构都与国有企业有关，而国有企业目前最大的问题是经营方式的传统性。针对这一点，首先要做的是通过改革，变国有企业传统的经营方式和雇佣方式为现代经营方式，把国有企业改造成名副其实的现代经济部门。通过这一经济部门的正常扩张实现劳动力的更大规模的转移。这样做从短时期看不会有显著的增加就业的效果，甚至有可能加剧失业问题，但却有利于从根本上解决失业问题。把国有企业改造成现代部门，其本质就是把国有企业改造成市场化部门，使其能够真正对市场机制中的各类信号做出灵敏的反应，竞争力得到有效巩固和加强自我积累、自我发展、自我扩张的能力。可以说，现在的国有企业通过改革后的市场化水平越高，自我发展能力越强，劳动力吸纳力度也就越大。国有部门将会从改革进程中的排出劳动力变成吸收劳动力。

4. 大力发展中小企业，积极发展第三产业

从各国经验来看，中小企业始终是解决就业问题的主力军。以大集团著称的韩国自 20 世纪 80 年代以来中小企业得到了迅速发展，制造业就业岗位的 51.2% 是由中小企业提供的，相应的中小企业也创造出了制造业附加值的 34.9%。历史上就很重视中小企业、个人，也崇尚自由创业的美国更是如此，1991～1996 年中小企业共创造了 1500 万个就业岗位，占新增工作岗位总数的 85%。因此，我们也应该为中小企业的发展创造一个良好的环境，尤其是在资金方面要对中小企业的发展提供支持。国家可以从出售出租国有中小型企业的收入中拿出一部分建立中小企业创业基金，向那些吸纳了一部分原国有中小型企业职工的中小企业提供配套资金支持；同时，可以组建中小企业贷款担保机构，对高科技型的中小企业提供贷款担保。当中小企业有了一定的发展且表现出良好的经营业绩时，可以通过在股市创建第二级（创业级）市场，通过允许其上二级市场的方式支持其发展，事实上，香港等地都已有了

二级市场，且都为中小企业的发展提供了必需的资金支持。

以服务业为主的第三产业由于其行业特点，能够吸纳大量的劳动力。事实上，第三产业正在成为劳动力就业的主要行业。1993～1997年5年间，全社会从业人员总量增加了3227万人，其中第二产业增加了1766万人，第三产业增加了4582万人，而第一产业从业人员则减少了3121万人。这样，三次产业在全社会从业人员总量中所占的比重发生了较大变化：第一产业所占比重由1993年的56.4%降为1997年的49.3%，第二产业所占比重由22.4%上升为23.9%，第三产业所占比重则由21.2%上升为26.8%。但是这一比例离发达国家水平还有很大差距。例如，1994年美国为48.2%，德国为50.2%，加拿大为43.4%。据测算，第三产业的就业比重每增加1个百分点就可以解决700万人的就业问题。因此，我国在未来较长的时间内可以通过大力发展第三产业缓解就业压力。

5. 加快劳动力市场的建设

发达市场经济国家的经验表明，就业问题的根本解决要依靠劳动力市场来进行。目前，中国劳动力市场的发展表现为一种在城乡二元经济结构基础上并存在城市内部的二元体制结构，劳动力市场的逐渐发展成长和企业用工制度的市场化与原有计划体制下的用工制度并存。从20世纪90年代中期开始，原有计划体制下的企业基本上成为劳动力的吐出部门。因此，应进一步全面放开劳动力市场，打破体制性障碍，规范和完善劳动力市场的运行。

但是，近些年从一些地方政府反失业政策来看，倾向于采取以限制外来劳动力就业竞争为目标的对策（汪河建，1998）。例如，通过各种收费渠道加大农村劳动力转移的成本；明确规定诸多的岗位不允许雇佣外地劳动力；以"再就业工程"的名义，通过奖罚手段诱导企业用本地失业工人替代外来劳动力；地方政府通过行政命令、道义劝告和利益刺激等手段就是要求以企业内部消化过剩劳动力。这种失业政策倾向表明，由于当前所遇到的失业压力，劳动力市场发育进入徘徊阶段。但是，深化就业体制改革不是向传统体制后退，上述措施并不能在长期缓解就业压力。事实上，根本上解决转轨时期特有的失业问题，归根结底还有赖于进一步的市场化改革，特别是加快劳动力市场发育。

总之，中国的就业问题虽然表现为宏观经济不景气条件下的症状，但其本质上是反常的二元经济结构和转轨经济条件相结合所产生的后果。因此在中长期内解决中国的就业问题有赖于国有企业改革、市场化进程、人口控制等一系列条件的满足。政府因此也要在这些方面出台相关政策，加大干预力度，从而实现经济的良性运转。

参考文献

［1］冯兰瑞：《中国第三次失业高峰的情况及对策》，载于《社会学研究》1996年第5期。

［2］胡鞍钢：《就业与发展：中国失业问题与就业战略——中国劳动力资源状况分析》，载于《经济学消息报》1998年第8期。

［3］胡鞍钢：《我国人口发展状况、目标与政策：中国可持续发展报告之一》，安徽省人民政府发展研究中心：http：//ahdrc. ah. gov. cn/cghj.

［4］罗卫东：《反常二元经济结构与我的就业问题》，载于《杭州大学学报》1998年第4期。

［5］曾昭宁：《从国际理论与经验看我国90年代劳动就业发展战略》，载于《改革与战略》1995年第6期。

［6］汪河建：《就业歧视与中国的非正式经济部门》，载于《南京大学学报》1998年第1期。

［7］国家统计局：《中国统计摘要1999》，中国统计出版社1999年版。

深化就业体制改革，促进人力资源合理配置*

一、传统就业体制的弊端及其变革

在传统的计划体制下，理论上曾经把失业和资本主义制度联系在一起，认为在社会主义条件下不存在失业问题。在实践上采取的是统包统配、高就业、低工资，由国家充当用工主体和分配主体的劳动就业制度。对人力资源的配置采取政府计划配置的方式，即劳动者达到一定的劳动年龄，由国家采取统包统配的办法就业。就业后，对职工一般不辞退。企业无权选择职工，职工也无权选择职业。行政计划配置人力资源的弊端表现为：国家统得过多过死，排斥市场的作用，机构庞大、条块分割造成企业事业单位冗员充斥，人浮于事，效率低下，隐性失业现象严重，导致城乡分化和城乡差别的扩大，造成农村劳动力大量剩余，严重压抑了广大劳动者的积极性、主动性和创造性，使丰富的人力资源未能合理地使用，阻碍了生产的发展。虽然这种就业体制对于解决新中国成立初期大量城镇失业人员就业问题发挥过十分重要的作用，但是，随着社会经济情况的变化和经济体制的变革，这种体制带来的人才浪费、人浮于事、资源浪费，以及损伤劳动者积极性、主动性和创造性，不利于劳动力资源优化配置的弊端也日益明显，并造成非常严重的社会经济后果，城镇失业人员也大量积累，1979 年失业率达到了 5.4%。从改革开放以

---

* 本文原载于《北京师范大学学报》（社会科学版）1999 年专刊。

前"统包统配"的就业政策及能进不能出的固定工制度到改革开放以来就业体制的重大变革，走过了风风雨雨的 20 年的历程。这其中大致经过了三个阶段：首先，提出"三结合"就业方针，从而使计划经济下的"统包统配"的就业政策出现一丝松动；其次，劳动合同制的建立及固定工制度的结束；最后，建设劳动力市场，创造就业管理新体制。

1980 年召开的全国劳动工作会议制定了"三结合"的就业方针，即在全国统筹规划和指导下，实行劳动部门介绍就业、自愿组织起来就业和自谋职业相结合的方针。在新的就业方针的指导下，1979 ~ 1981 年全国新增城镇就业人员 2600 多万人。仅到 1982 年，全国多数地区就已经基本解决了 1980 年以前积累下来的包括返城知识青年在内的城镇失业问题。1984 年城镇失业率从 1979 年的 5.4% 下降到 1.9%。从 1979 年到 1987 年，全国共安置就业人员 7000 万。自此，开始了由传统的劳动力资源计划配置模式向市场配置和调节模式的转变，就业领域开始表现为典型的双轨运行：一块是受市场调节，劳动力自由流动；另一块仍然受行政调节，由政府控制，企业和职工均没有自主权进入或退出就业。

劳动合同制于 1980 年在上海开始试行。首先在新招收的工人中试行，到 1983 年全国合同制工人就达到 65 万人。1992 年，全国范围内开始进行全员劳动合同制试点，开始出现就业多渠道的局面。企业能招也能辞，职工能进也能出。截至 1997 年末，全国劳动合同制职工达 7708.3 万人，占全国职工总数的 52.6%。其中企业合同制职工达 7218.2 万人，占企业职工人数的 66.3%。

在市场经济中，市场体系是一个由商品市场和生产要素市场组成的、全方面的、互相依存的、开放的市场系统。市场体系具有完整的属性，即不仅要有商品市场，还要有生产要素市场，如生产资料市场、金融市场、技术市场、信息市场、房地产市场和劳动力市场等。一切再生产所必需的条件都要有相应的流通场所，缺一不可。在社会主义市场经济中，市场体系的功能是实现资源的优化配置，达到最佳的经济效益。如果生产资料、技术、资本、信息、房地产等一切要素都进入市场，而最重要的生产要素——劳动力不进入市场，仍由国家统一分配，企业就不能根据生产需要和成本效益原则确定用工的结构与数量，劳动者也不能按照自己的专长及意愿选择合适的就业岗位。这必然会割断各生产要素之间的内在联系，使劳动力的合理分布和生产要素的优化配置难以实现，从而严重阻碍社会主义市场经济的发展。因此，劳动力市场是非常重要的生产要素市场之一，是实现劳动力资源优化配置的不可缺少的重要条件。改革开放以来，随着企业制度改革的深化，国有企业改革不断深入，现代企业制度得以建立和不断完善，也使得企业在产权明晰的基础上成为自主经营、自负盈亏、自我发展、自我约束的独立法人实体和市场竞争主体，从而确立了企业在劳动力市场中的用工主体地位，劳动力市场建设及发育有了突飞猛进的进步，取得了巨大成果。

党的十四届三中全会通过的《中共中央关于建立社会主义市场经济体制若干问题的决定》，第一次明确提出要建立社会主义市场经济体制，培育和发展劳动力市场。此后，《劳动法》和一系列配套法规相继颁布，养老保险制度初步建立；企业用工自主权进一步落实，全员劳动合同制全面推开。这些都极大地促进了劳动力市场的建设和发展。

二、就业体制改革面临的问题

在就业体制改革取得重大突破和成果的同时，我国目前在就业方面仍然面临着几个亟须解决的问题。

第一，1998年我国经济发展中仍然存在着一些不利于增加就业的因素。经济增长率比前几年有所下降，而经济增长率对就业的影响是根本性的，在劳动力总供给既定的情况下，解决就业问题从根本上说还是应从加快经济发展速度和优化经济结构入手。发展生产，保持国民经济持续、稳定、健康增长，是扩大就业的物质基础和必要条件。目前，由于我国经济要加大结构调整力度，促进两个根本性转变，结构性失业等结构性问题会有所增加。

第二，伴随国有企业改革的不断深化，国企下岗职工再就业问题格外突出，况且下岗职工中很大一部分年龄结构偏高，素质偏低，再就业困难较大；同时，由于我国地区间经济发展不平衡，以及许多历史遗留问题没有解决，使得再就业形势出现地区和行业的不平衡，一些地区、行业再就业矛盾十分突出，个别地区、行业待就业率大大高于全国平均水平，职工减少较多，如果措施不当，造成社会动荡的危险也会增大。目前，全国国家机关机构精简，人员分流，也会给整个宏观就业形势带来较大压力。所有这些情况的出现都对再就业工作提出了更高的要求。

第三，由于城乡劳动力市场之间还存在严重的壁垒，尚未形成完整、统一的劳动力市场，在一定程度上阻碍了劳动力自由流动和平等竞争。在社会主义市场经济中，市场体系是由商品市场和各种要素市场有机结合而成。同样，劳动力市场也应该具有完整性和统一性，不仅要消除所有制及职工身份的界限，而且要冲破城乡隔离、地区封锁的局面，只有这样，才能促进劳动力跨地区、跨行业、跨部门的合理流动，从而最终建立起完整、统一的劳动力市场。这是建立社会主义市场经济的客观要求，也是完善社会主义市场体系的迫切需要。

我国人口众多，劳动力资源十分丰富。劳动力供大于求的矛盾将长期存在，特别是我国农村人口基数庞大，劳动力在总量上严重剩余。耕地面积有限且正在不断减少；农业集约化的发展也会使农业用劳动力越来越少；乡镇企业经过数年的外延发展已进入内涵发展阶段，对劳动力的吸纳能力相对下降，这些都会使农村剩余劳动力的就业产生巨大困难，难以遏制的"民工潮"现象就是这些问题的一个反映。处理不当，就会产生严重的社会、经济问题。

第四，社会保障制度不健全，现有失业保险制度功能低下，无法最大限度发挥失业保障功能，导致社会对失业承受能力较低。尽管改革开放以来，我国居民收入明显提高，但绝大部分城镇家庭生活来源对就业具有很强的依赖性，对失业的总体承受能力依然很弱，大量下岗人员已形成了一个新的城市贫困人口群体。新的贫困人口的大量出现与未完善的社会保障制度之间形成矛盾。在社会主义市场经济中，社会保障体系是非常重要的组成部分之一，它是由社会保险、社会救济、社会福利、优抚安置、社会互助、个人储蓄积累等部分构成，加快社会保障体系的建设，是建立和发展劳动力市场的重要基础，是全面深化劳动就业体制改革的需要。发展社会主义市场经济，促进包括劳动力在内的生产要素的自由流动和用人单位与劳动者之间双向选择，必然会出现企业倒闭、工人失业、收入差距拉大等现象。在这种情况下，能否建立比较完善的社会保障体系尤其是失业保险和社会救济制度，不仅对于劳动就业体制改革成败具有极其关键的影响，也关系到国家、社会的长治久安。目前我国劳动保障制度改革的进程已在相当程度上滞后于市场经济体制转换的客观需要，成为很多企业转换经营机制的一个主要障碍。例如：覆盖面不够大，实施范围不够广；社会保障的激励机制和法制不够健全；社会化管理服务程度低，企业办社会的问题远未得到解决；一些地方基金管理制度不健全，管理不严格，缺乏必要的监督措施，等等。据测算，目前社会保障费用的积累与基本需要还相差甚远，失业保险金在目前发放的基础上每年只能承受10%的增量，目前失业保险的救济金几乎难以维持失业者的基本生活需要。

第五，目前下岗职工中仍然残存着很多传统的等待、依赖的就业观念，同时，由于农业劳动力大量向非农部门和城市转移，使得再就业安排、再就业问题的解决面临诸多困难，有待去解决。

三、促进人力资源合理配置的具体措施

由于就业问题在宏观经济发展中所占的重要地位，对于目前存在的困难和问题，必须未雨绸缪，早作对策。

第一，在处理好改革、发展和稳定关系的基础上，适当增加投资，使经济保持一定的增长率。扩大就业机会和岗位，加大对基础设施建设的投资；加快住宅商品化和住房货币化进程，推动房地产业发展；适当扩大国债发行

规模，支持公用事业的发展；调整产业结构，进一步加快第三产业的发展。第三产业有两个显著特点，一是多数属于劳动密集型产业，吸纳劳动力的能力强；二是对劳动力素质要求弹性大，第三产业中的教育、卫生、科研、金融、保险、信息咨询等部门要求文化程度较高的劳动力，而饮食、服务、环卫等部门则可以吸纳一些文化程度较低的劳动力。它对于扩大就业容量有着极其重要的作用，在这个过程中，要加快发展商贸、交通、资源、通信、金融、保险，以及与人民生活相关的饮食服务、娱乐、旅游业，面向生产的修理服务、技术推广服务。加强城市第三产业的发展，鼓励农民进城兴办第三产业，尤其在沿海开放城市和交通枢纽城市，要使商业、金融业、旅游业等成为经济增长的带头产业，加快农村第三产业的发展，发挥农村第三产业在吸纳农村剩余劳力就业的重要作用，通过乡镇企业的集中，加快小城镇建设，从而带动第三产业的发展。

第二，加速建立和完善社会保障制度，消除劳动力资源优化配置的体制性障碍。实践证明，国有企业要建立现代企业制度，必须要有对劳动力要素的自主选择和调整权，而这又有赖于社会保障体制的完善及其良性运作，也就是采取市场化取向的改革，由社会按照平等的条件对劳动者在就业市场中的风险提供必要的保障。当前的主要任务是扩大覆盖面，加强社会化，实现全国统一，共济互助，逐步建立起覆盖城镇全部职工，保障基金由企业、个人、社会三方合理负担，救济与再就业紧密结合，管理、服务社会化的新型失业保险制度；为确保社会稳定，要逐步扩大失业保险的范围、覆盖面，把失业保证的实施范围扩大到城镇全部职工，包括国有企业职工、集体企业职工、外商投资企业中方职工、私营企业中的雇员，以及机关、团体、事业单位中订立劳动合同的职工。各类企业实行统一的缴费标准，缴纳的费用由全社会统筹使用。按照以支定收，留有适当储备的原则筹集，实行地域管理，现阶段以市、县统筹，省级调剂。可以考虑尽快建立国家社会保障管理委员会，负责各项社会保障制度的设计、修改、规划；把减少国家对部分亏损企业的补贴作为失业人员的专项经济保障基金，用于失业人员的生产自救、转业训练以及失业者的管理服务。

第三，积极发展中小企业和各种所有制经济。在经济体制改革过程中，加大所有制改革力度，进一步转换国有企业经营机制，建立适应市场经济要求，产权明晰、权责明确、政企分开、管理科学的现代企业制度，使之真正成为自主经营、自负盈亏、自我发展、自我约束的商品生产者、经营者；对集体、个体和私营经济，制定鼓励发展的政策措施，尤其是对从事第三产业和劳动密集型的非国有经济，制定优惠的税收政策以鼓励其发展，以吸收更多的劳动力；进一步加快对外开放的步伐，扩大对外技术交流与合作，广泛吸引外资，兴办"三资"企业，发展"三来一补"，生产、利用外资开发和利用我国丰富的人力资源。

在保证国家重大基础建设的前提下，把经济发展的重心放在重点发展中小企业和劳动密集型产业、企业上来。从企业规模看，就业容量大的企业形式主要是中小企业。这类企业具有投资少、有机构成低、见效快、经营灵活、就业容易的特点。可以大力发展劳动密集型的中小企业，在政策上对中小企业予以扶持，为中小企业提供一个较为宽松的生存环境，促进中小企业发展。

在发展中小企业的同时，大力发展乡镇企业。改革开放以来，我国经济高速增长和农村地区的就业扩大在很大程度上得益于乡镇企业的发展。在新的形势和条件下，乡镇企业仍不失为一种吸纳农业剩余劳动力的主要渠道。国家应把支持乡镇企业发展作为一项基本政策，为乡镇企业发展创造一个公平竞争的制度环境和社会环境。在对乡镇企业进行技术改造的同时，也要高度重视劳动密集型技术，保证乡镇企业在消化农村劳动力资源方面的优势得以加强和不断发挥。与此同时，把乡镇企业的发展与小城镇建设有机结合起来。通过乡镇企业的集中、发展促进小城镇建设的发展，进而促进农村第三产业的发展。乡镇企业集中连片发展，大批乡镇工业小区的建立，小城镇的建设发展，使得一部分农民走"离土又离乡，进厂又进城"的城镇化道路，成为小城镇的新居民。为此，一是要创造条件，促进乡镇企业发展，减轻乡镇企业不合理的社会负担；二是加快建设发展小城镇，对小城镇的建设体制、资金筹集、产业和乡镇企业布局、户籍管理制度等相关工作，应按照建立市场经济体制的要求进行规划和安排，一开始就要避免传统城镇的体制弊端。

第四，消除城乡劳动力市场壁垒，促进劳动力自由流动。在解决我国农村剩余劳动力就业问题时，最根本的途径是增加农业投入和加快乡镇企业的发展，通过对农业进行具有一定广度和深度的开发，来扩大农村劳动力的需求总量。但是，加速培育和发展城乡一体化的劳动力市场，多渠道、有计划、有组织、有步骤地逐步引导农民就业，促进农村劳动力向城镇适度转移，这也是一个非常重要的方面。

目前我国劳动力的流动，受到户籍制度、住房制度、人事制度等限制。特别是传统的城乡分割的二元户籍制度，把劳动力割裂为城市和农村两个部分，农民和市民成了世袭的身份，限制了农村人口进入城镇，抑制了劳动力在城乡之间自由流动。改革现行的户籍管理制度，建立适应现代市场经济发展需要的新的人口管理制度，是培育和发展城乡一体化劳动力市场的客观要求。

户籍制度改革的最终目标，是由现在的城乡分割、地区封闭的户籍制度，实行城乡一体单一的户籍制度。户籍制度的改革应采取先易后难、逐步放开、分类管理的循序渐进策略。可先放开县城和农村集镇的户口限制；其次是中、小城市户口；最后是对大城市、特大城市，在实行较为严格的管理措施的同时，有计划地放开一些产业领域，弥补城市一些劳动力供应不足行业的就业空缺，促进城市经济结构合理化。每走一步都要仔细计划，采取稳妥和合理的措施。同时改革现行流动和暂住人口登记制度，简化流动和暂住人口的审批办法。

第五，加强劳动力市场体系建设，完善就业服务体系。加强完善职业介绍服务网络，加强职业指导和转业转岗培训，打破部门分割，减少因信息不畅而造成的再就业困难。扩大劳务输出规模，完善劳力输出体制。将视野扩大到国际劳务市场，建立覆盖全世界的劳动力市场供求网络信息体系，为富余人员开辟再就业的新渠道。

对劳动力商品和劳动力市场问题的再认识*

党的十四届三中全会通过的《中共中央关于建立社会主义市场经济体制若干问题的决定》中，提出了"改革劳动制度，逐步形成劳动力市场"的任务。发展社会主义市场经济必须建立和发展劳动力市场，而劳动力进入市场的前提是劳动力成为商品。确认在社会主义市场经济的条件下，劳动力和其他生产要素一样具有商品的属性，加快建立和发展劳动力市场的步伐，既是建立社会主义市场经济体制的客观要求，也是对社会主义经济理论的一个重大发展。

一、社会主义市场经济条件下劳动力仍然是商品

发展社会主义市场经济必须建立和发展劳动力市场，而劳动力进入市场的前提是劳动力成为商品。在社会主义市场经济的条件下，作为生产要素的劳动力，应该和其他生产要素一样具有商品的属性。只有劳动力成为商品，才能实现劳动力的自由流动，从而达到通过市场中介，合理配置劳动力资源的目的。传统的观点一直把劳动力的商品属性与资本主义制度相联系，认为社会主义条件下的劳动力不是商品。因为劳动者在公有制条件下是生产资料的主人、生产活动的主人，他们不能将自己的劳动力卖给自己。其实，社会

---

* 本文原载于《山东经济》1995 年第 5 期。

主义与资本主义的本质区别不在于劳动力是不是商品，而在于所有制的不同，在于劳动者在社会再生产过程中的地位不同，在于劳动者生产的剩余产品归属不同。

马克思在《资本论》中分析资本主义生产方式时，指出了劳动力成为商品必备两个基本条件：一是劳动力的所有者必须有人身自由，可以"自由地"处置自己的劳动力，把劳动力当作商品来出卖；二是劳动力的所有者必须既没有生产资料，也没有生活资料，他除了把自己的劳动力当作商品来出卖以外，就别无生路。

在社会主义市场经济条件下，劳动力成为商品的两个基本条件仍然存在。在社会主义条件下，公民在人格上是自由的公民，作为公民的劳动者具有法律上的完全的人身自由，是自己劳动力的所有者，可以自由支配自己的劳动力。社会主义制度代替资本主义制度，改变的只是生产资料的私有制，而没有改变劳动力的个人所有制。劳动力的个人所有制说明劳动者是有权支配自己的自由人。马克思关于劳动力成为商品的第二个条件是劳动力的所有者即劳动者丧失一切生产资料和生活资料，只有靠出卖自己的劳动力才能生存。大家知道，社会主义是以生产资料公有制为基础的，劳动者是生产资料的主人、生产活动的主人，但是生产资料公有制并不等于劳动者个人所有。在社会主义条件下，劳动者是作为一个整体占有生产资料，是生产资料的主人，而对劳动者个人来说，并不直接占有生产资料，并不拥有任意支配、处置自己的劳动产品的权力。因而，劳动者与生产资料并不能直接结合，只能进行间接结合，即通过市场这一中介，把归个人所有的劳动力商品化，实现劳动者的劳动力与生产资料的结合。这是劳动力具有商品属性在社会主义市场经济条件下的特有表现。因而，马克思提出的劳动力成为商品的两个基本条件在社会主义市场经济条件下依然存在，劳动力具有商品的属性。

社会主义与资本主义的本质区别不在于劳动力是不是商品，也不仅仅在于所有制的不同，而在于劳动者在社会再生产过程中的地位不同，在于劳动者生产的剩余产品归谁所有。在社会主义市场经济条件下，劳动者的劳动虽然仍分为必要劳动和剩余劳动，必要劳动形成劳动力价值，剩余劳动形成剩余价值，但剩余价值归劳动者集体所有、归社会所有，劳动者作为生产资料的主人、国家的主人，也是剩余价值的占有者之一。因而，不能把劳动力商品的共性与它所依存的不同社会属性混同起来。

当然，在社会主义市场经济条件下，明确劳动力具有商品的属性并不等于说劳动者本身就是商品。劳动力与劳动者是两个不同的概念。劳动力是劳动者所具有的劳动能力，它是存在于活的人体中的能够生产某种使用价值的体力和脑力的总和。没有生产使用价值能力的体力和脑力不是劳动力。马克思说："我们把劳动或劳动能力，理解为人的身体即活的人体中存在的、每当人生产某种使用价值时就运用的体力和智力的总和。"① 劳动力是重要的经济资源，是社会生产力中的决定性因素。劳动者是指达到法定劳动年龄、具有劳动能力并取得相应的劳动报酬或经营收入的公民。劳动力的所有者始终只是把劳动力出卖一定时间，"因为他要是把劳动力一下子全卖光，他就出卖了自己，就从自由人变成奴隶，从商品所有者变成商品"。② 在社会主义市场经济条件下，劳动力归劳动者个人所有，劳动者具有对自身劳动力的支配权，有权出卖自己的劳动力，并以此作为向社会谋取个人消费品的主要手段。劳动者在劳动力市场上交换的是自己的劳动能力，而不是出卖他自身。因而，劳动力具有商品的属性，而劳动者不是商品，必须把劳动力与劳动者二者区别开，不能混淆。

在社会主义市场经济条件下，劳动力仍然具有商品的属性。劳动力进入交换市场的前提是劳动力成为商品。否认劳动力是商品，不利于劳动力市场的建设和发展，最终将阻碍社会主义市场经济体系的建立。

---

① 《马克思恩格斯全集》（第 23 卷），人民出版社 1972 年版，第 190 页。
② 《马克思恩格斯全集》（第 2 卷），人民出版社 1957 年版，第 191 页。

二、劳动力市场是社会主义市场经济体系的重要组成部分

在市场经济中，市场体系是由商品市场和生产要素市场组成的、全方位的、互相依存的、开放的市场系统。市场体系具有完整的属性，即不仅要有商品市场，还要有生产要素市场，如生产资料市场、金融市场、技术市场、信息市场、房地产市场和劳动力市场等，一切再生产所必需的条件，都要有相应的流通场所，缺一不可。在社会主义市场经济中，市场体系的功能是实现资源的优化配置，达到最佳的经济效益。如果生产资料、资本、技术、信息、房地产等生产要素都进入市场，而最重要的生产要素——劳动力不进入市场，仍然由国家统一分配，企业就不能根据生产需要和成本效益原则确定用工的结构及数量，劳动者也不能按照自己的专长与意愿选择合适的就业岗位。这必然会割断各生产要素之间的内在联系，使劳动力的合理分布和生产要素的优化配置难以实现，从而严重阻碍社会主义市场经济的发展。

马克思主义经典作家没有也不可能给社会主义的劳动力市场问题提供现成的答案。但是，马克思关于按一定比例分配社会劳动的规律仍然说明建立和开放劳动力市场的普遍意义。马克思指出："要想得到和种种不同的需要相适应的产品量，就要付出各种不同的和一定数的社会总劳动量。这种按一定比例分配社会劳动的必要性，绝不可能被社会生产的一定形式所取消，而可能改变的只是它的表现形式，这是不言而喻的。自然规律是根本不能取消的。在不同的历史条件下能够发生变化的，只是这些规律借以实现的形式。"[①] 在市场经济条件下，不同的生产部门必须适应市场环境变化的需要，不断调整劳动力和生产资料的比例，这样作为生产要素的重要组成部分——劳动力的流动就成为不能取消的自然规律。正是由于劳动力的流动，从而实现劳动力这一生产要素在各个生产部门、各个地区、各个企业间的优化配置。

---

① 《马克思恩格斯全集》（第32卷），人民出版社1974年版，第368页。

社会化大生产必然要求劳动力流动，这是社会经济发展的客观规律。劳动力市场是社会主义市场体系的重要组成部分，是发展社会主义市场经济不可缺少的手段，不论是对于我国国民经济的迅速发展，企业经营机制的顺利转换，还是对于激发劳动者的积极性、主动性和创造性，都具有重要的作用。

首先，在社会主义社会化大生产的条件下，由于分工协作的不断发展，科学技术的日新月异，在这种情况下，传统的劳动力计划管理体制难以适应由此产生的劳动力流动和变换岗位的复杂情况。实践证明，采用国家统一调拨的方式来实现劳动力的全面流动是行不通的。只有大力培育和发展劳动力市场，通过市场的竞争及选择，才能打破僵化的劳动力计划管理体制，克服传统计划管理体制的弊端，适应在生产发展、科技进步和分工发展过程中产业结构的频繁变化而导致的就业结构的变化，为分工发展和技术更新过程中不断涌现的生产部门与就业岗位及时提供及调剂所需的各类人员。同时，由于多种经济形式和多种经营方式的长期存在，对劳动力提出了多层次、多样化的需求，也客观上要求劳动力进行合理流动。因而，建立和发展劳动力市场，是社会化大生产及社会主义市场经济的客观要求。

其次，在社会主义市场经济中，企业是独立的经济实体，是自主经营、自负盈亏、自我约束、自我发展的商品生产者和经营者。因而，企业必须拥有用人自主权。企业的富余人员应能通过劳动力市场输送出去，企业急需的人员应能通过劳动力市场招收进来。这样，企业才能适应市场经济的要求，根据生产经营的需要，灵活调剂和使用劳动力，以适合社会生产的客观要求。在市场经济条件下，由于社会的生产和需求纷繁复杂，企业的生产规模及技术结构都处于经常的变换之中，因而由国家统一调拨劳动力，不可能适应千千万万个企业对劳动力需求的变化。而且，在同一的社会经济，要使劳动者与生产资料有效地结合起来，就必须使两个要素在同一机制下运行。如果生产资料的运动通过市场来进行，由企业自主决定，而劳动力的运动则采取行政调拨的方式进行就会产生或者是生产资料找不到合适的劳动力来使用，或者是劳动力与生产资料的结合在结构上不相适应的结果，既造成了物力的浪费，又造成了人力的浪费。这样，作为市场主体的企业就会在很大程度上失去其应有的活力，整个市场经济也难以正常、顺利地运转。建立和发展劳动力市场，建立一个统一、完整的社会主义市场经济体系，就可以为企业创造一个良好的经营环境，使企业和劳动者有一个用人自主、择业自由、双向选择的环境和空间，实现劳动力资源的优化配置。因此，建立和发展劳动力市场，是经济体制改革、转换企业经营机制、增强企业活力的客观要求。

再其次，建立和发展劳动力市场，有利于激发劳动者的积极性、主动性和创造性。我国原有的劳动力计划管理体制是以排斥市场经济为前提的，劳动者无法根据自己的能力、特长和兴趣自由选择职业，施展才干；企业职工无就业风险，人人捧着"铁饭碗"，严重妨碍着劳动者积极性、主动性和创造性的发挥。旧的劳动力计划管理体制是产生平均主义和吃"大锅饭"现象的一个重要原因，也是经济僵化和缺乏效率的重要根源。没有劳动力市场，劳动力不能流动，劳动者的经济利益就没有办法和其生产经营成果相联系，劳动者也就缺乏积极性、主动性和创造性。建立和发展劳动力市场以后，劳动者本身的才能就成为就业和分配的重要条件及标准，这就使劳动者受劳动力市场机制的作用，主动地通过各种途径学习科学技术，勤奋向上，积极进取，掌握一技之长，以增强其自身的竞争力，提高劳动者自身的素质。

最后，建立和发展劳动力市场还在促使各级管理者任人唯贤，形成尊重知识、尊重人才的社会观念；理顺分配关系，实现个人收入分配合理化；开辟多种就业渠道，扩大就业范围，缓解我国劳动力资源供给大于需求的矛盾；为国家宏观决策部门提供信息，引导劳动力合理流动等方面，发挥重要的作用。

三、建立和发展社会主义的劳动力市场

建立和发展劳动力市场是市场配置资源这一市场经济基本特征在劳动力资源配置上的必然结果。建立和发展劳动力市场，除了承认劳动力的商品属

性外，还需要进行相应各项配套制度的改革。

第一，深化企业制度改革，使企业在产权明晰的基础上成为自主经营、自负盈亏、自我发展、自我约束的商品生产者和经营者。建立和发展劳动力市场，一方面要求企业作为市场竞争主体，必须拥有对劳动者的选择和使用及辞退权，企业根据生产经营的需要灵活调剂和使用劳动力，作为劳动力市场的需求主体，有真正的用人自主权；另一方面，必须承认劳动者对劳动力的个人所有权，使劳动者依据收入和福利最大化原则自由择业，自主地进入劳动力市场，形成劳动力市场的供给主体。在传统的计划管理体制下，企业不能根据生产需要和成本效益原则确定用工的结构和数量，劳动者也不能按照自己的专长和意愿选择合适的就业岗位。这必然会割断各生产要素之间的内在联系，使劳动力的合理分布和生产资料的优化配置难以实现，从而严重阻碍了社会主义市场经济的发展。因而，必须深化企业制度改革，落实企业生产经营的自主权。

第二，建立完整、统一的劳动力市场。诚如在社会主义市场经济中，市场体系是由商品市场和各种要素市场有机结合而形成的一样，劳动力市场也应该具有完整性和统一性，任何企业对劳动力的需求都应在一个大市场中取得。如果只对国有企业进行劳动制度的改革，而忽视对其他所有制企业进行劳动制度的改革，就不能形成一个完整的统一的劳动力市场。因此，所有的机关、事业单位、国有企业、城镇集体企业、乡镇企业、私营企业、个体户，以及中外合资合作企业、外商独资企业所需要的劳动力应在统一、开放、竞争、有序的大市场中取得，以实现合理配置劳动力资源。

第三，进一步改革现行的工资制度，使工资由市场来调节和决定。市场经济的中心是价格制度，市场机制对资源的分配主要是通过价格来进行的。在劳动力市场上，劳动力的市场价格就是工资。要建立劳动力市场，就必须把工资放到市场中，由劳动力的供求状况来决定。在市场经济条件下，决定工资的是市场。市场决定工资，企业就有权自主决定不同劳动力的工资水平，复杂劳动者的工资高于简单劳动者，技术水平高的职工收入高于技术水平低的职工。这样，劳动者本身的素质就成为就业和分配的重要条件和标准，同时它又反过来促进劳动者不断提高自己的知识水平和技术素质。

第四，加强就业服务体系的建设，建立和健全职业介绍机构和劳动力培训机构。职业介绍和劳动力培训等市场中介组织都是劳动力市场的重要组成部分，在劳动力资源配置中发挥着重要作用。自改革开放以来，我国劳动力市场中虽然出现了劳动服务公司这样的新型就业组织，但从整体上看还很不发达。在我国的劳动力市场中，城镇职业介绍等市场中介组织的许多职能仍然掌握在劳动行政部门手中，存在着功能不全、职责不明确、社会化程度低和服务面窄等问题，而在广大农村地区基本上没有建立职业介绍服务体系。为建立和发展劳动力市场，应当按照市场经济的内在要求，加强就业服务体系的建设，改革原有的管理体制，加快服务手段现代化建设的步伐，发展职业介绍和劳动力培训等市场中介组织，积极开展待业人员转业训练及企业富余人员转岗培训，加强对农村剩余劳动力转移的统筹指导，在发展小城镇与农村第三产业的同时，大力发展农村职业介绍职业培训等就业服务事业，使农村剩余劳动力向城镇的流动由无序到有序。

第五，建立和完善社会保障制度。社会保障制度由社会保险、社会救济、社会福利、公共医疗保健等部分构成。加快社会保障制度的建设，是建立和发展劳动力市场的重要基础，是全面深化劳动体制改革的需要。发展社会主义市场经济，促进包括劳动力在内的生产要素的自由流动和用人单位与劳动者之间的双向选择，必然会出现企业倒闭、工人失业、收入差距拉大等现象。在这种情况下能否建立完善的社会保障制度，尤其是失业保险和社会救济制度，不仅对于我国劳动人事制度改革的成败和市场经济体制能否健康、顺利地建立起来具有极其重要的影响，而且也关系到能否实现社会安定和国家的长治久安。长期以来，我国实行的是以"企业保险"为主的社会保障制度，即由企业承担职工的养老、医疗、待业的绝大部分费用，使企业背上了沉重的经济和管理方面的包袱，成为职能齐全的"小社会"。同时，原有的社会保障制度超越了我国生产力发展水平较低的现实，一方面使企业和国家越来越难以承受，另一方面又由于缺乏有效的自我监督约束机制，造成社会保障资金的极大浪费。因而，按照个人、企业和国家共同负担的原则建立新型社会保障制度，对于促进社会经济的持续稳定发展和市场经济体制的建立具有十分积极的意义。

建立和发展劳动力市场，还要加快对原有固定工制度的改革，全面实行劳动合同制建立和健全劳动力市场宏观调控的机制；加强劳动法律制度体系的建设等。总之，必须解放思想，勇于创新，按照市场经济的内在要求，建立和发展劳动力市场，为实现在 20 世纪末初步建立起社会主义市场经济体制的目标积极创造条件。

建立劳动力市场，促进就业机制转换[*]

在社会主义市场经济中，市场体系的功能是实现资源的优化配置，达到最佳的经济效益。市场体系具有完整的属性，共同发挥作用。如果生产资料、技术、资本、信息、房地产等生产要素都进入市场，而最重要的生产要素——劳动力不进入市场，仍然由国家统一分配，企业就不能根据生产需要和成本效益原则确定用工的结构及数量，劳动者也不能按照自己的专长与意愿选择合适的就业岗位。这必然会割断各生产要素之间的内在联系，使劳动力的合理分布和生产要素的优化配置难以实现，从而严重阻碍社会主义市场经济的发展。

经过十多年的改革，我国劳动力市场虽然得到了较快发展，但从总体上看，仍还不能适应我国劳动力资源市场化配置的需要，同时也大大落后于其他要素市场的发展，并成为市场体系建设中的一个薄弱环节。为此，我们需要进行多方面综合配套改革，实现人力资源开发与就业运行方式的根本转变。

首先，深化企业制度改革，确立企业在劳动力市场中的用工主体地位，使企业在产权明晰的基础上成为自主经营、自负盈亏、自我发展、自我约束的商品生产者和经营者。劳动力市场作为利用市场机制配置劳动力资源的方式，需要使企业成为劳动力市场的需求主体，拥有对劳动者的选择和使用及辞退权，企业根据生产经营的需要，灵活调剂和使用劳动力，成为自主用工

---

* 本文原载于《中国改革》1997 年第 10 期。

的主体。然而由于企业制度改革的滞后，作为劳动力市场需求主体的企业，尤其是国有企业，在新招职工中有相当比例的人员仍由政府部门安置，其中有相当一部分是企业生产经营所不需要的，辞退企业富余人员更是步履维艰。究其原因，一是企业并没有拥有包括国家在内的出资者投资形成的全部法人财产权，也没有成为享有民事权利、承担民事责任的法人实体，因而缺乏根据生产经营的实际需要吸收、辞退和合理配置劳动力的内在动力。二是绝大多数长期亏损、资不抵债的企业并没有依法破产。这些企业依然作为需求存在于劳动力市场上。三是由于改革的力度不够，大批富余人员仍滞留在企业内部，不能作为供给出现在劳动力市场上。因此，建立现代企业制度和转换企业经营机制进展缓慢，不仅影响了企业作为劳动力需求主体地位的发挥及劳动力资源的优化配置，而且还使劳动力市场的供需状况混乱，造成我国劳动力市场上供给与需求扭曲的矛盾状况。因此，必须进一步深化改革，加快建立现代企业制度和转换企业经营机制的步伐。

其次，打破城乡劳动力分隔壁垒，建立完整、统一的劳动力市场，为逐步实现劳动力自由流动与平等竞争创造条件。要逐渐消除所有制和职工身份的界限，冲破城乡隔离、地区封锁的格局，促进劳动力跨地区、跨行业、跨部门的合理流动。以建立起完整、统一的劳动力市场。

我国人口众多，劳动力资源十分丰富，劳动力供大于求的矛盾将长期存在，特别是我国农村人口基数庞大，劳动力在总量上严重剩余。据统计，我国现有农村剩余劳动力1.3亿左右，常年在城镇流动的农村劳动力为6000万左右，其中跨省（区）民工流动量约为3000万。解决我国农村剩余劳动力就业问题的根本途径是增加农业投入和加快乡镇企业的发展，通过对农业广度及深度的开发，来扩大对农村劳动力的需求总量，这也是减少农村劳动力对城镇劳动力市场冲击的根本出路。同时，加速培育和发展城乡一体化的劳动力市场，通过多渠道，有计划、有组织、有步骤地逐步引导和帮助农民就业，促进农村劳动力向城镇适度转移，对缓解我国在今后经济发展中承受的巨大就业压力有着重要作用。

目前，我国劳动力的流动受到户籍管理制度、住房制度、劳动用工制度等限制。特别是传统的城乡分割的二元户籍管理制度，把劳动力割裂为城市的和农村的两个部分，农民和市民成为世袭的身份，限制了农村人口进入城镇，抑制了劳动力在城乡之间的自由流动。改革现行的户籍管理制度，建立适应现代市场经济发展需要的新的人口管理制度，已经成为培育和发展城乡一体化的劳动力市场，保证农村劳动力合理有序转移及我国社会经济健康发展的客观要求。

最后，加快劳动力市场信息网络建设，加强就业服务体系的建设，建立和健全职业介绍机构及劳动力培训机构。劳动力供求信息网络、职业介绍和劳动力培训等市场中介组织都是劳动力市场的重要组成部分，在劳动力资源配置中发挥着重要作用。当前，农村劳动力流动基本处于自发和无序状态，迫切需要加强宏观调控及管理工作。而宏观调控又必须建立在劳动力供求信息的基础上，因而必须加快劳动力市场信息网络的建设。当前要重点抓好地区性、区域性劳动力市场供求信息的搜集和发布，加强不同地区劳动力市场的信息交流，并创造条件，形成全国统一的劳动力市场信息网络。自改革开放以来，我国劳动力市场中虽然出现了劳动服务公司这样的新型就业组织，但从整体上看还很不发达。在我国的劳动力市场中，城镇职业介绍等市场中介组织的许多职能仍然掌握在劳动行政部门手中，存在着功能不全、职责不明确、社会化程度低和服务面窄等问题，而在广大农村地区基本上没有建立职业介绍服务体系。为建立和发展劳动力市场，应当按照市场经济的内在要求，加强就业服务体系的建设，改革原有的管理体制，允许并鼓励集体、社会团体与民间组织以及个人来办职业介绍机构，加快服务手段现代化建设的步伐，发展职业介绍和劳动力培训等市场中介组织，积极开展待业人员转业训练及企业富余人员转岗培训；加强对农村剩余劳动力转移的统筹指导，在发展小城镇和农村第三产业的同时，大力发展农村职业介绍、职业培训等就业服务事业，使农村剩余劳动力向城镇的流动由无序到有序。

另外，建立和发展劳动力市场，还有赖于改善国家对城乡劳动力的宏观调控，加强劳动法律制度体系的建设等。

论控制人口数量与提高人口质量[*]

——新世纪我国人力资源开发前瞻

一、引 言

地大物博，人口众多，这是我国最基本的国情。中国是一个自然资源十分丰富的国家，耕地、森林、草原面积均排在世界的前列，能源、水泥、棉花、布等产量居世界首位。然而，中国又是一个自然资源短缺的国家，虽然许多自然资源的绝对量占世界前列，但由于人口基数庞大，相对占有量就大大低于世界的平均水平。按我国目前的社会发展趋势来看，这种短缺现象将日益加剧，因为自然资源或者是不可再生的，或者是再生非常困难的，物力资源的增加也是十分有限的，而我国人口数量上升的趋势却不可逆转。尽管实行计划生育，限制人口过快增长，但是人的寿命普遍趋于延长，总人口基数过大，这些因素必然导致人口数量发展与资源量增长的不协调进一步加剧。

二、我国人力资源现状

1998 年底中国人口已达到 12.48 亿人，占世界总人口的 21%，这是一个极其庞大的人口基数。而 12.48 亿的人口，实际是统计调查所得的人口数，

　＊ 本文原载于《西安石油学院学报》2000 年第 1 期。合作者：游五洋。

考虑到近年来人口漏报现象较为严重，把我国总人口估计在 12.5 亿人，还是较为保守的估计。同时，我国面临文化水平低，人口资源素质差，文盲、半文盲等低质量人口众多的现状。尽管新中国成立以后，政府采取了一系列政策措施，不断提高人口的身体素质、文化素质和科技水平，但作为一个发展中的大国，人口总体素质仍然较差。根据资料统计，1964 年我国文盲率为38%，1982 年为 23.67%，1990 年降到 15.88%，1997 年又降到 12.11%，这一相对指标在低收入或中等收入国家中是比较低的。但是，文盲、半文盲绝对人口相当多，仅在 1990 年全国普查人口时就有约 1.8 亿人。我国国民平均受教育程度不足小学毕业。根据历次人口普查数据计算，1964 年全国 12 岁以上人口平均受教育年限为 2.3 年，1982 年为 4.6 年，1987 年为 5.1 年，1997年上升为 5.42 年，仍不足小学毕业。另据有关资料统计，目前我国各种先天性缺陷者达 3000 多万，每年新生幼儿中，有超过 85 万名婴儿有生理缺陷。全国 3 亿多儿童中因遗传因素等原因而造成的智力低下者达 4000 万人以上，其中无法医治的先天性痴呆儿多达 200 余万人。根据抽样调查，我国残疾人占全部人口的 4.8%，因此，1998 年我国各类残疾人估计有 6300 万人。

三、坚持基本国策，控制人口总量

我国经济社会发展的战略目标是到 20 世纪末实现国民生产总值翻两番，人民生活达到小康水平，在 21 世纪中叶人均收入接近或达到中等发达国家水平。能否处理好人口、资源、生产、就业与经济发展的协调关系，是建立社会主义市场经济体制和实现这一总体战略目标的一个关键。人口众多、增长潜力大、人口素质较低、就业压力大是我国人口的基本特点，这一特点将长期制约我国社会经济的发展。我们要坚持既定国策：控制人口数量，提高人口质量，提高人力资源配置的合理程度和经济效益，保证人力资源开发与社会经济发展的相互促进。

我国政府把实行计划生育、控制人口增长作为一项基本国策。自 20 世纪

70 年代以来由于坚持不懈推进计划生育，我国人口控制取得了显著成绩，人口自然增长率从 1970 年的 25.83‰，下降到 1998 年的 9.53‰，这是 70 年代全面实行计划生育以来，我国人口自然增长率首次降到 10‰以下，再过 40 年可望实现零增长，人口高峰值可望控制在 16 亿。然而，我国面临的人口形势仍不容乐观，由于人口基数大，我国现在每年仍以净增 1200 万人的速度前进。实行计划生育、控制人口数量仍是一项艰巨而紧迫的任务。要进一步贯彻中央"不但要抓紧而且要抓好"的精神，继续实行党政一把手负责，继续鼓励计划生育，少生优生，晚婚晚育。

今后要特别注意对流动人口生育行为的管理。据调查，四川流动人口超生方式有流动超生、外出务工超生、"旅行"超生等。1993 年流动人口超生已由 1992 年的 15% 上升到 30% 以上。据成都市计生委调查，1994 年上半年在 60 万民工中，超生大军有 34 万人，在该市城乡接合部的保和乡 100 多户外来民工中，绝大多数是非婚同居，只有两户有结婚证，无计划生育现象十分严重。流动人口超生不仅给计划生育工作增加难度，使人口增长失控，而且大多数忽视了优生优育，使下一代素质受到影响。为此，必须加强对流动人口的管理，改革现行的户籍管理制度，建立适应市场经济需要的新的人口管理制度，由现在城乡分割、地区封闭的户籍制度，过渡到统一开放的户籍制度，改变现行的"农业人口"和"非农业人口"的划分办法，建立对人口实行开放式管理的户籍制度。在改革现行户籍制度尚需时日的情况下，应建立和完善计划生育证、暂住户口证等的发放与管理制度，继续充实计划生育工作队伍，重点加强基层队伍建设，逐步提高基层计划生育工作干部的政治业务素质，建立稳定的具有较高素质的基层干部队伍，强化管理，以解决至少缓解流动人口的超生问题。

我国约 70% 的人口在农村。因此，实行计划生育、控制人口数量的重点在农村，尤其是落后地区。要切实加强对农村计划生育工作的领导，适应建立社会主义市场经济体制的新形势，在继续实行目前一系列有效措施的基础上，探索利益导向新机制，使计划生育工作与扶贫、发展生产和共同致富结合起来，与建立健全养老保障制度结合起来。要突出加强后进地区的工作力度，使多胎生育和早婚早育有较大幅度的下降，把后进地区的工作逐步向以宣传教育为主、避孕节育为主、经常性工作为主的方向转变。对落后地区要加强工作指导和监督检查，并在物质条件等方面给予倾斜，使他们尽快改革落后面貌。在贫困地区要坚持把计划生育与扶贫工作结合起来，在扶助贫困地区发展经济的同时，帮助他们制定人口发展规划，落实计划生育政策，逐步改变越穷越生、越生越穷的现象。

四、努力提高人力资源的总体素质

我们既面临人口众多、就业压力大的问题，又面对人口总体素质差、就业人口文化程度低的事实。人口众多并不意味着必然落后，人口之所以成为我国经济发展的沉重包袱，根本原因在于人口素质低下。

人力资源开发是各国经济发展的最重要经验，是一国财富的源泉，普遍提高全民素质，大力开发人力资源，是世界新崛起国家的最重要原因。"二战"后的日本和德国，经济处于崩溃的边缘。可是在短短的 20 年时间里，不但恢复了国力，而且还迎头赶上了美国，成为世界经济发展的奇迹，其中最重要的原因是它们卓有成效地开发了人力资源。充足的、高素质的人力资源是它们经济起飞的先决条件。战后德国的教育经费始终居欧洲各国之首，1950～1976 年，每万人口中在校大学生由 21 人增至 115 人。日本前首相大平正芳曾明确表示："受过高等教育并精通业务的人是日本最有价值的资源。"为此，日本在 1948 年普及了初中教育，1976 年普及了高中教育，大学从战前的 48 所 11 万大学生，增至 1950 年的 200 所 22 万大学生，现在已有 430 所 180 万大学生。

再从发展中国家的实践看，"二战"后，不同的发展中国家由于采取不同类型的发展战略，因而获得了不同的发展结果。一是注重物质资本积累的战略，如巴西、墨西哥、哥伦比亚、巴基斯坦、西班牙。它们的物质资本相对充裕而受过教育的人力短缺，形成了资本密集型产品生产方面的相对优势。二是注重人力资本积累的战略，如韩国、新加坡、菲律宾、斯里兰卡以及我国的台湾地区，它们限制物质资本方面的投资而大力投资于教育，形成了技术密集型产品生产的相对优势。上述两种战略在经济增长方面的成果有较大的差别，1960~1978年，注重人力资本密集战略的国家或地区，实际人均国民生产总值平均增长率为4.86%，而物质资本密集的国家仅为3.86%。

世界各国社会经济发展的实践都表明，卓有成效的人力资源开发是经济高速增长的最主要原因。发展经济学告诉我们：发展中国家无须处处依靠自身的经历、探索和发明创造来发展经济，而可以通过充分利用改造工业化国家现成的经验，直接吸收和利用全人类共同的知识财富（包括科学技术和经营管理），从而以高于先发展的工业化国家的速度实现经济增长。但是，发展中国家吸收和利用知识财富，必须具备一个先决条件，即受过良好技术教育培训的高素质的人力资源队伍，否则根本无法吸收汲取任何现代科学技术及经营管理方面的无形财富。

我国是世界上人口最多的国家，人力资源是中国经济发展最丰富的资源。有关资料表明，21世纪初仍是我国人力资源开发的大好时机。首先，我国正处在劳动力资源存量迅速增长和抚养系数较低的时期。据统计，1978年我国的劳动者人数为4.02亿人，1998年增为6.99亿人，净增2.97亿人，平均每年增长2.7%，大大高于我国人口的增长率（1.38%），是因为我国劳动参与率即社会劳动者人数占人口的比重逐年提高。1978年我国的劳动参与率为41.7%，1998年增为55.7%，即目前我国总人口有一半以上在从事各种社会劳动。到2000年年底，全国劳动力资源总数将达到8.2亿人，可利用数约为6.6亿~7.0亿人，劳动参与率可达到61%；而同时老年抚养系数较低，约16%，社会经济负担相对较小。而后，我国将开始进入老年型社会，2000年60岁以上人口占总人口比重达到10%，到2025年，60岁以上人口约2.5亿人，占人口比重的18%，老年抚养系数约为27%，社会负担日益加重。可以认为，目前是我国年轻劳动力资源达到顶峰的时期，也是我国经济发展的黄金时期。其次，新中国成立以来，已经培养造就了一支1100万人的科技大军，仅高级科技人员就达几百万人。虽然这个数字相对于12.5亿的人口总量来说比重还很小，但其绝对数量却相当于法国人口的1/5，英国人口的1/6。这是我国发展高科技产业的基础。而高科技产业正是当前国际竞争的焦点。因此，我们应抓住这一有利时机，充分发挥我国科技人员总量大和学科比较齐全的优势，尽快建立知识密集型的高科技产业，以赢得这场经济竞赛的主动权。

五、21世纪人力资源开发展望

我国是一个社会主义大国，同时又是一个经济比较落后的发展中国家。毫无疑问，实现工业化和现代化是我国经济发展的主要目标。但如何实现工业化和现代化，如何根据中国国情实现经济起飞和发展，则是一个十分紧迫和令人瞩目的重大问题。对于中国来说，在今后几十年内保持一个较高的经济增长速度，将是一项相当艰巨而复杂的任务。因为摆在我们面前的国情是：人口持续增长、耕地不断减少、供水能力紧张、能源紧缺愈加严重、矿产资源也感不足、后备资源基础薄弱，这些都大大限制了中国经济高速增长。尽管获得大量的必要的能源与资源是经济增长的物质基础，但也不是决定性因素，中国经济高速增长的前景取决于能否合理和有效地使用一切资源，特别是最丰富的人力资源，如何把中国的人口包袱转变成社会财富。把人口包袱转变成社会财富，最重要的是应大力开发和充分利用人力资源，全面提高劳动者的素质，改革不合理的劳动制度，充分发挥人力资源特有的社会功能及不可估量的经济效益。

党的十四届五中全会制定了国民经济和社会发展2010年远景目标，要求到2010年实现国民生产总值比2000年翻一番，使人民的小康生活更加宽裕，形成比较完善的社会主义市场经济体制，并提出了实现两个具有全局意义的根本性转变，即实现从传统的计划经济体制向社会主义市场经济体制的转变，实现经济增长方式由粗放型向集约型的转变，把实施科教兴国战略，促进科学技术进步，提高国民素质，提到了十分重要的位置。这是我国在发展社会主义市场经济条件下的第一个中长期规划，是为实现第三步战略部署奠定基础并开创局面的跨世纪的宏伟蓝图。

要认真贯彻实施科教兴国战略，把提高人口素质，充分开发和利用人力资源作为我国经济长期发展的一项基本国策。要确定人力资源开发的中、长期发展目标和战略任务，把人力资源开发纳入整个国家和各地区的国民经济及社会发展规划，落实必要的资源与投入，采取切实可行的政策措施。

认真贯彻党中央、国务院发布的《中国教育改革和发展纲要》和《教育法》规定的各项政策措施，以农村为重点，切实普及九年义务教育，认真做好农村青壮年劳动力中的扫盲工作，提高全民族素质，把人口负担转化为拥有丰富人才资源的巨大优势，以保持和增强经济发展的后劲。

正确处理教育、科技和经济三者之间的辩证统一关系。1999 年 6 月，在国家科技教育领导小组举行的首次会议上，朱镕基同志指出，科技发展也好，知识经济也好，创新思维与创新人才培养也好，技术创新、知识创新也好，说到底其源头是教育，其基础是教育科技要兴国，国家也要兴科教。教育固然要为经济服务、适应经济发展的需要，但经济发展同样也要支持并依靠教育。今后要加大政府对教育的投入，努力完成国家提出的国家财政性教育经费支出占国民生产总值的比例在 20 世纪末达到 4% 的目标。在保证财政投入主渠道的同时，努力开拓教育投入多元局面的形成。要特别重视高等教育的发展。目前，我国的高等教育仍是"短缺行业"，18～22 岁的适龄青年中，仅 6.1% 的人能够进入大学，远远低于 15% 的世界平均水平。教育部已决定在1999 年扩招 33 万人的基础上，2000 年继续扩招 20 万人，这既是扩大内需的紧迫之举，也是发展高等教育的必然趋势。

要重视职业培训与技能开发，为提高劳动者就业能力作出重要贡献。由于传统的计划体制和教育制度的影响，我国的职业培训与技能开发也长期存在单纯追求学历、追求文凭，脱离经济、脱离生产的倾向。当前我国职业培训与技能开发事业面临的最重要的转变，就是从以传统的国家教育行政指令为导向，转变为以劳动力市场需求为导向。劳动力市场上的供给与需求信号将是调节和引导职业培训与技能开发工作的主要信号。职业培训与技能开发活动将主要以劳动者在劳动力市场上的求职和就业前景为中心，引导劳动者向经济发展与社会需要的各个职业领域全面发展，改变人力资源结构不合理，各类技能人才严重短缺的状况。加强在求职者的就业前培训领域、在失业者的转业培训领域、在农业向非农业转移的劳动力培训领域、在个体从业者和开业者的培训领域、在军队向民用部门转移的人员培训领域，以及在高新技术培训领域的开拓工作，以建立完整的、面向劳动力市场的、全方位就业服务的职业培训和技能开发体系。

综上所述，在进入 21 世纪之际，我们要一如既往地坚持基本国策，进一步控制人口数量，提高人口质量，紧密结合经济发展和改革的进展，制定国家人力资源开发与就业计划，并使其与国民经济及社会发展的总目标相衔接，落实政府责任和部门任务，争取全社会的支持，使劳动力资源的开发、利用与合理配置真正成为生产及社会发展的重要基础，为我国彻底摆脱人口压力带来的困境，实行经济腾飞提供切实保证。同时，要配合《劳动法》《教育法》的贯彻，制定和完善促进就业的法律法规，把人力资源开发与就业工作纳入法制化、规范化的轨道。

提高人力资本是消除贫困的关键[*]

改革开放 20 多年来，我国的农村贫困人口从 20 世纪 70 年代末的 2.5 亿人大幅度下降到 1998 年的 4200 万人。其速度之快，世所罕见。随着贫困规模的缩小，我国的贫困问题又呈现出新的特点，即农村的贫困人口由大规模的集中状态转变为小规模的分散状态，也就是说贫困人口越来越处于边缘化的境地。如何消除 20 世纪遗留下来的贫困问题，将是我国迈入 21 世纪面临的艰巨而又重要的一项任务。

一、提高人力资本的作用

产生贫困的原因多种多样，如自然条件恶劣、收入分配不公、人口增长过快等。但是，贫困人口都有一个共同的特征，即贫困人口的人力资本含量低。美国经济学家舒尔茨认为，在发展中国家广泛存在的贫困，在很大程度上是由于人力资本投资的机会遭到挫折的结果。因而，在改善贫困人口福利中决定性的生产要素不是空间、能源和耕地，而是人的资质的改进。因此，人力资本在消除贫困中的作用是显著的。主要包括四个方面的内容。

首先，人力资本投资是加快贫困地区经济发展的决定因素。贫困地区经济的迅速发展是使贫困人口脱贫致富的基本前提。新增长理论认为，在经济

---

* 本文原载于《中国改革》2000 年第 6 期。合作者：李长安。

的长期增长中，除了土地、资本、劳动力等传统生产要素的贡献外，还在于人力资本的不断积累，而且通过教育和培训所获得的专业化的人力资本及特殊知识是保持经济长期持续增长的根本动力。对我国的研究表明，人力资本存量增长引起的生产率增长自 20 世纪 70 年代以来约占整个生产率增长的 2/3，其余 1/3 是由资本质量提高和资源配置改善等因素引起的。因此，教育发展和人力资本存量的增加是推动生产率增长的主要因素。

其次，人力资本投资有利于提高贫困人口的知识。知识存量是指人们所具有的智力、知识、能力、技术等，它主要来自于教育和培训。因此，提高贫困人口的教育水平，增加他们的知识存量，是促进他们摆脱贫困状态的重要手段。

一是教育程度的高低影响着人口的贫困发生率。据对 80 年代末中国农村地区贫困发生率的研究表明，户主具有小学及小学以上文化程度的农户与户主是文盲和半文盲的农户之间有着较为明显的差别，户主是文盲的农户的贫困发生率比户主是高中文化程度的农户高出 8 个百分点，比户主是小学文化程度的农户高出 7.7 个百分点。二是教育程度影响着农村居民的生育行为，从而影响着人均的收入水平。教育程度与生育水平呈明显的负相关性，另外与人均收入水平呈现出较高的正相关关系，教育程度高的，收入就相对较高，收入增长速度较快。三是教育程度影响着农户对新技术的利用程度。一个农户的教育水平对农户采用杂交种子的概率和采用密度具有正的和统计上的显著效应，即教育水平高的农户在利用杂交种子的概率和采用密度上均明显地高于教育水平低的农户。

再其次，人力资本投资有利于增加贫困人口的健康存量，健康存量是指人口的身体状况或身体素质。健康存量的增加，意味着"生病时间"的减少而"健康时间"的增加，使得劳动人口参加生产的时间增加，从而有利于生产的增加，个人收入也随之增加。

最后，人力资本投资有利于促进贫困地区的人口流动。人口流动的意义在于使劳动者进入一个更好的就业区以获得更高的收入。

二、提高人力资本投资收益的制度环境

要充分发挥人力资本在消除贫困中的积极作用，需要一系列行之有效的制度来加以保证。仅仅说知识应该增长还是不够的，重要的是要有一套传播知识和运用知识的制度形式。不正确的或不完善的制度降低人力资本投资的收益率，从而抑制贫困人口对人力资本投资的积极性。从90年代以前的越南和菲律宾的研究发现，尽管这两个国家的劳力动力从历史上就具有高于该地区其他国家劳动者的成人识字率和文化水平，但经济增长却较为缓慢，其主要原因就在于这两个国家执行的发展战略——前者是计划经济体制，后者是进口替代政策——已被证明难以充分利用其人力资本的优势。从我国来看，自改革开放以来，虽然制度扭曲的情况有了很大改善，但由于社会主义市场经济体制还很不完善，使得人力资本投资的实际收益仍低于其潜在的收益。具体来说，目前我国制度上的缺陷主要表现在三个方面。

第一，劳动力市场存在着制度性分割。在我国，不仅存在着以户籍制度为划分的城乡劳动力市场，还存在着以所有制为划分的国有经济劳动力市场和非国有经济劳动力市场，严重阻碍了劳动力的自由流动和优化配置。

第二，教育投资体制不合理。多项研究表明，在初等教育、中等教育和高等教育三级教育中，无论是私人收益率还是社会收益率，初等教育的收益率都是最高的，与大多数发展中国家一样，教育尤其是初等教育在减少贫困发生率和提高劳动者收入方面起着更为决定的作用。但是，在我国有限的国家教育投资长期向高等教育倾斜，而对具有较高收益率的初等教育重视不够，从而导致初等和中等教育投资不足，严重影响了初等和中等教育的发展，农村地区的九年义务教育目前仍未能普及。

第三，社会保障制度不健全。目前我国的社会保障制度仍未完全覆盖广大农村地区，尤其是贫困地区。贫困人口的生育、养老、医疗等基本上还是以家庭保障为主，由于收入低下，这种保障便显得十分脆弱。

三、结论与政策建议

第一，人力资本含量低下既是贫困人口的典型特征，也是导致贫困的主要原因。因此，加大对贫困人口的人力资本投资是消除贫困的根本手段。

第二，通过对贫困人口的人力资本投资，可以促进贫困地区的经济增长，提高贫困人口的知识存量、健康存量和流动性，这些都是增加贫困人口收入水平的重要前提及必要条件。

第三，充分发挥人力资本投资在消除贫困中的积极作用，要有一定的制度条件加以保证。为此，我们必须尽快消除劳动力市场的二元分割状态，建立完善统一的劳动力市场，促进劳动力的自由流动；改善不合理的教育投资体制，重视对贫困地区初等教育的投资，树立"科教扶贫"为主、多种扶贫方式同时进行的扶贫战略，提高贫困人口投资教育的积极性；健全农村社会保障制度，为贫困人口提供基本的生活保障，是扶贫战略必不可少的一个重要环节。

第四，重视对贫困地区女性的人力资本投资具有特殊重要的意义。多项研究表明，对女性的人力资本投资的收益率要普遍高于男性，也就是说，提高贫困地区女性的人力资本含量，能够使贫困家庭获得更高的收入增长率，从而更快地摆脱贫困境地。不仅如此，女性的人力资本低下还会对男性的人力资本的社会收益起着一定的制约作用。据世界银行的一项调查表明，要使儿童的营养获得一定程度的改善，当收入来自父亲时，所需要的开支是收入来自母亲的15倍。这是因为男性收入中的相当一部分用于无效益，甚至负效益的消费，如酗酒、吸烟等。因此，如果贫困地区妇女的人力资本含量总是不能提高到男性的水平，那么，由于片面地提高男性的人力资本含量而取得的社会效益就会被抵消。

论加快社会保障体系的建立[*]

一、引　言

　　长期以来，我国实行的是以"企业保障"为主的社会保障制度，即由企事业单位承担职工的养老、医疗、待业的绝大部分费用，这既使企事业单位背上了沉重的经济和管理方面的包袱，成为职能齐全的"小社会"，又造成职工对原单位的依附，因为如果职工失业，不仅意味着丧失了就业岗位，而且也失去了原来享有的保障和福利。因此，现在城市职工变换工作岗位，绝大多数都流往能提供类似保障和福利的单位，少数流往不能提供类似保障和福利单位的职工，都要求新岗位提供较高的工资收入以弥补损失。这种劳动力流动的行为方式大大限制了劳动力流动的范围和数量，尤其对减少在职失业总量上收效甚微。要让劳动者真正走上市场，就必须改变原有的保障和福利制度，把这些职能从企事业单位转移给社会，消除职工对就业单位的依附。同时，原有的社会保障制度超越了我国生产力发展水平较低的现实，一方面使企事业单位和国家越来越难以承受；另一方面又由于缺乏有效的自我监督约束机制，造成社会保障资金的极大浪费。因而，按照个人、企业和国家共同负担的原则建立多层次的社会保障体系，对于确保国企改革，促进社会经济的持续稳定发展及社会主义市场经济体制的建立具有十分积极的意义。

---

　　* 本文原载于《社会科学论坛》1998 年第 2 期。合作者：李长安、杨德宏。

二、建立新型失业保险制度

自 1984 年起，我国相继在养老保险、医疗保险及失业保险费用社会统筹等方面进行了一系列有益的探索，对于平衡企业之间费用负担和保障社会稳定曾经发挥过积极的作用。但是，目前我国社会保障制度改革的进程已在相当程度上滞后于市场经济体制转换的客观需要，已经成为很多企业转换经营机制的一个主要障碍，影响了劳动力市场的建立和完善，还存在不少矛盾及问题：覆盖面不够大，实施范围不够宽；社会保险的激励机制和法制不够健全；社会化管理服务程度低，企业办社会的问题远未得到解决；一些地方基金管理制度不健全，管理不严格，缺乏必要的监督措施。这些矛盾及问题只有通过进一步深化改革来解决。通过近年来的探索和试验，我国社会保障制度改革的基本思想已经形成：一是扩大覆盖面，适应劳动者在不同所有制企业、不同行业、不同地区和不同部门之间合理流动的需要，逐步实现城镇各类劳动者统一的社会保障制度；二是社会保障基金的筹集由国家、企业和个人共同负担；三是保险金的发放要体现公平与效率相结合的原则；四是加强社会保障基金的管理和运营，建立健全社会保障的监督机制，确保社会保障基金的保值和增值。

1. 失业保险基金

适应发展社会主义市场经济和深化改革的要求，逐步建立起覆盖城镇全部职工基金三方合理负担，救济与再就业紧密结合，管理和服务社会化的新型失业保险制度。为确保社会稳定，要逐步扩大失业保险的范围和覆盖面，把失业保险的实施范围扩大到城镇全部职工，包括国有企业职工、集体企业职工、外商投资企业中方职工、私营企业中的雇员，以及机关、团体、事业单位中订立劳动合同的职工。各类企业实行统一的缴费标准，缴纳的失业保险费全社会统筹使用。强化对失业保险基金的筹集、使用与管理，逐步理顺失业保险管理体制。失业保险基金实行企业、个人、国家三方合理负担，以国家、企业负担为主，个人负担为辅。失业保险基金按照以支定收、留有适当储备的原则筹集，实行社会统筹。失业保险基金实行地域管理。现阶段以市、县统筹，省级调剂。随着失业保险社会化程度的不断提高，逐步将目前的市、县统筹，省级调剂过渡到省级统筹、中央调剂。明确由劳动部门负责制定全国失业保险工作总体规划和统一政策，并对全国失业保险工作进行指导、监督及检查。县以上人民政府劳动部门所属就业服务机构具体管理并实施本地区失业保险工作。

2. 失业救济金的发放

合理确定失业救济金发放条件、标准与期限。对参加失业保险的职工，凡属于非自愿失业者并在失业前累计工作时间满一年的，到当地劳动就业服务机构登记后都可按规定领取失业救济金。失业救济金的发放标准应低于各地最低工资标准，高于当地民政部门的社会救济标准。失业保险待遇的给付期限应按职工失业前工作时间的长短划分不同档次，但最长不得超过24个月。期满仍未就业者，符合民政救济条件的，按规定享受社会救济。对双职工失业的情况，实行特殊困难补助；对接近退休年龄的失业人员，适当延长失业救济期限。失业救济金标准还可随着城镇居民生活费用、物价增加情况做相应调整。

3. 再就业工程

促进转业培训和帮助失业人员再就业工作。完善的失业保险制度应该具备两项功能：一是保障功能；二是帮助失业人员再就业的功能。随着失业保险范围的扩大，失业人员将会大量增加。因而必须把解决失业人员再就业问题作为完善失业保险制度的一项重要工作认真抓好。对失业人员再就业，在运用转业培训和生产自救费予以扶持的同时，还可鼓励他们组织起来就业与自谋职业，并将其应享受的救济金一次发给本人，作为启动资金。重点做好长期失业者的再就业工作，组织其参加再就业工程的职业指导、职业介绍、转业培训、工作试用、生产自救等项活动。失业人员无正当理由两次不接受劳动就业服务机构介绍就业，或无故不参加再就业服务项目的，停止其享受失业保险待遇。我们要坚持把失业保险与就业统一管理，把救济失业人员同实施现就业工程紧密结合，加快社会化管理和服务的进程。同时要广泛利用社会各方面的力量，鼓励和支持社会力量办培训和搞职业介绍，充分利用现有的培训设施和生产自救基地，积极开拓多种就业渠道，共同做好失业人员的再就业工作。

三、深化改革养老保险制度

1. 统一建立基本养老保险制度

进一步深化养老保险制度的改革。实行养老保险金由国家、企业、个人三方共同负担，形成国家基本保险、企业补充保险、个人储蓄保险相结合的养老保险机制。扩大职工基本养老保险的范围，要从目前仅限于国有企业职工、部分集体企业职工逐步扩大到城镇全体职工，破除企业之间的所有制界线、劳动者的身份界限、企业的隶属关系界线，逐步实现城镇各类劳动者统一的基本养老保险制度。职工基本养老保险费用由单位和个人共同负担。随着经济发展，在理顺分配关系，加快个人收入工资化、工资货币化进程基础上，逐步提高个人缴费比例。基本养老保险实行社会统筹与个人账户相结合，参加基本养老保险的职工都要建立个人账户。养老金的水平高低与社会平均工资、缴费年限长短和缴费多少以及个人账户储存额多少相联系，以体现公平与效率相结合的原则。鉴于现有离退休职工和在职职工以前没有实行个人缴费，且有些职工因年龄关系，实行个人缴费后不久即将退休。因此要实行"新人新办法、中人中办法、老人老办法"的方式，搞好新老养老保险制度的衔接和平稳过渡。

2. 实施"三结合"新养老保险制度

建立职工基本养老保险、企业补充养老保险和个人储蓄性养老保险相结合的养老保险制度。职工基本养老保险由国家立法强制实施；补充养老保险由企业在国家政策指导下，根据自身经济效益为本单位职工建立，企业可自主选择保险机构；个人储蓄性养老保险，由职工个人根据经济能力和不同需求自愿参加。积极发展商业保险作为社会保险的补充，大力提倡社会互助。

3. 强化养老保险基金的管理与监督

加强养老保险基金的收支、管理工作。要强化养老保险基金收缴手段，提高基金的收缴率；要保证按时足额支付离退休金，采取各种措施确保困难企业离退休职工的基本生活，维护社会稳定；要加强养老保险基金的管理，建立健全基金财务、会计、统计、审计等管理制度。

提高养老保险管理服务的社会化程度。要强化社会保险经办机构的服务功能，由社会保险基金经办机构委托银行代发养老金，企业退休人员的管理服务工作逐步与原单位脱离，转向主要依托社会进行社会化管理和服务，增强社区服务功能。

要建立健全社会保险监督机制。各地区和有关部门要设立由政府代表、企业代表、工会代表和离退休人员代表组成的社会保险监督委员会或监事会，加强对社会保险政策、法规执行情况和基金收支、管理及运营情况的监督。

四、健全社会保障体系

1. 推行统筹医疗保险制度

在医疗保险制度改革方面，同样要实行由国家、企业、个人三者合理负担，积极推行企业职工大病医疗费用社会统筹和企业离退休职工医疗费用统筹。健全医疗费用约束和监督机制，逐步建立社会统筹医疗基金与个人医疗账户相结合的社会保险制度，改变目前医疗保障"吃企业和国家大锅饭"和支出无度的现状，使医疗保障与个人利益直接挂钩，形成自我约束机制，提高个人缴纳基金和控制支出的自觉性，提高医疗保障支出的效果，杜绝目前医疗资源严重浪费的现象。

2. 建立社会最低生活贫困补贴制度

对包括失业者、低收入者建立救急济难基金，按国家规定的最低生活标准予以救助，使失业者、低收入家庭以及不能充分就业的职工最低生活有所保障。这是一项政策性极强的工作，要求政府有关部门、社会保险部门和工矿企业尽快建立联系制度，及时了解他们的困难，并切实帮助解决。现在一些大中城市举办的"送温暖"活动应坚持下来并逐步予以制度化，同时，要逐步推行到中小城市以至小城镇。有效的社会保障制度是推进国有企业改革，建立现代企业制度的需要，也是维护社会稳定的需要。

3. 加强政府的社会保障职能

加强政府在社会保障制度改革过程中应起的作用，建立社会保障管理的权威机构。建立适应社会主义市场经济体制的社会保障体系，应实行国家、企业、个人三方合理负担的原则。就国家而言，除了国家财政预算安排一部分社会保障基金以外，应将部分国有资产存量转换为职工保险金积累，以补充转轨时期所需社会保险基金不足的问题。新中国成立以来，国家采取了低工资政策，没有为职工支付足够的工资以形成保险金的正常积累，国家或企业把这部分资金用于投资建设，形成国有资产的一部分。因而，现在在建立完善社会保障体系的过程中，动用适量的国有资产存量重新划归社会保险基金，用于职工养老保险、失业救济是完全合乎情理的，实际上是过去国家和企业代职工缴纳后，由基金投资运用了，并不存在国有资产流失问题。动用适量的国有资产存量补充社会保险基金，既增大了社会保险基金的总量，又使国有企业卸下了沉重的包袱，有利于国有企业的改革，建立新的社会保障制度，从而加快建立社会主义市场经济体制的步伐。此外，还可以把减少国家财政对部分亏损企业的补贴作为失业人员的专项经济保障基金，用于失业人员的生产自救、转业培训和失业者的管理服务工作。

长期以来，参与社会保险管理的部门有五个：原国务院劳动部、人事部、民政部、卫生部和人民保险公司，管理内容互相交叉、重复，客观上缺乏一个从总体上制定社会保障战略规划，并指导和协调诸职能部门工作的权威机构，行政管理部门同时又承担着社会保障基金的经营性管理。因此，现已建立的国务院劳动和社会保障部负责各项社会保障制度改革的设计、修改、规划、协调和管理。同时要把社会保障行政管理和社会保障基金分开，应把社会保障基金以契约形式交给企业法人式的经办机构来经营，以实现社会保障基金的保值和增值。

我们要在20世纪末，基本建立起适应社会主义市场经济体制要求，适用城镇各类企业职工和个体劳动者，资金来源多渠道、保障方式多层次、社会统筹与个人账户相结合、权利与义务相对应、管理服务社会化的社会保障体系，以保证老有所养、病有所医、失业有所救济。

五、建立农村社会保障体系

在逐步实现城镇各类劳动者统一的社会保障制度的同时，对农村也要逐步建立社会保障体系。由于我国农村各地经济发展极不平衡，部分地区农民温饱问题刚刚解决甚至尚未解决，目前将农民纳入统一的社会保障体系是不现实的，只能由当地政府根据经济发展的情况自行确定，不能强求统一。社会保障是工业化和城市化的产物。工业化和城市化既使社会保障成为必要，又为社会保障的建立和发展提供了物质基础。我国城镇社会保障体系的建立和发展必然会影响农村的保障形式。特别是随着大批乡镇企业的兴起和发展壮大，在农村的许多地方确实有必要而且也有可能建立农村社会保障体系，实现农村社会保障。

我们认为，在农村逐步建立社会保障体系应从乡镇企业着手，积极发展乡镇企业的社会保障事业，逐步将社会保障的覆盖面扩大到乡镇。改革开放以来，我国的乡镇企业获得了极大的发展，尤其在沿海发达地区有的乡镇企业由社队企业发展起来，已有20多年的历史。伴随着乡镇企业的迅速发展，乡镇企业职工养老、疾病、工伤、失业和生育等问题已经开始显现，如何使占全国农村劳动力总数约1/4强的1亿多乡镇企业的劳动者在年老、患病、工伤、失业、生育和丧失劳动能力的情况下获得帮助和补偿，以解除这些职工的后顾之忧，关系到社会的稳定。并且从发展的角度看，随着我国经济体制改革的深入和市场经济的发展，国有企业转换经营机制和现代企业制度的建立，以及乡镇企业技术的升级换代，城乡企业之间的劳动力对流是大势所趋。

乡镇企业社会保障制度的建立，将为城乡企业劳动力流动创造有利条件。从我国目前的现实情况出发，乡镇企业的社会保障事业应从养老保险开始。目前，各地乡镇企业的退休养老金制度都是由各乡镇企业根据各自的经济水平自行规定的。因而在实施的范围、退休养老的条件、退休养老金的标准和基金的来源渠道上，做法各不相同。有的由企业一次性投保，企业职工享受统一待遇；有的企业对本地工和外地工实行不同办法；有的企业从职工工资中扣除一定比例的余额，建立退休养老基金，用利息支付退休职工的退休金，调动工作的，还本不付息等。因此，国家在制定有关社会保障法规时，应从乡镇企业的特点出发，对乡镇企业的养老保险做出大致统一的、原则性的规定。对于乡镇企业的其他保险如医疗、工伤、失业、生育等，国家也应当从我国经济发展水平、乡镇企业的特点和承受能力出发，制定相应的法律法规，逐步将乡镇企业的社会保险纳入整个社会保险体系。

农村的社会保障要根据当地经济发展水平和农民的承受能力确定保障的方式及进程。在现阶段应发挥家庭自我保障的作用以对抗意外风险；在有条件的地方可以依靠集体经济搞养老、医疗等项目；也可以实行储蓄式保险，发展商业性社会保险形式。同时，为维护老年人的合法权益，各地应把养老列入乡规民约，使家庭养老落到实处，并保持有效的社会监督。总之，农村社会保障的发展取决于农村经济发展水平的不断提高，农村的社会保障应采取灵活多样的方式，因地制宜地发展农村社会保障。

论我国社会保障制度中的公平与效率 *

在建立和完善我国社会保障制度过程中如何正确处理好公平与效率的关系，不仅影响到社会保障制度的自身建设，而且关系到整个社会主义市场经济体制能否顺利建立起来。从社会主义初级阶段的基本国情出发，坚持效率优先、兼顾公平的原则是加快我国社会保障制度建设的一项重要保证。

在传统的高度集中的计划经济体制下，社会保障基本上被以企业为中心的企业保障所取代。企业保障制度的一个显著特点，就是企业从生产经营收入中提取一部分基金，用于保障职工及其家属的生、老、病、死、残，在片面追求"福利均等化、全面化"的情况下，逐渐形成"大而全、小而全"的"企业办社会"现象。这种做法不仅曲解了公平的正确含义，将公平等同于平均，而且还造成了企业活力的丧失，严重影响了广大职工积极性、创造性的发挥。具体来说，以"公平"为唯一准则的企业保障制度的弊端主要表现在五个方面。

第一，在企业保障制度下，不论职工的贡献大小，保障水平一律均等。例如在养老保障中，不管职工工作期间为社会和企业创造了多少产值，贡献大的职工与贡献小的职工在退休后一律拿大体相同的退休金；在分配住房时，也不是根据贡献大小来分，而是论职务级别的高低、工龄的长短，论资排辈。这势必造成职工生产积极性和创造性的丧失。

---

* 本文原载于《思想政治课教学》1998 年第 5 期。合作者：李长安。

第二，片面追求企业保障内容的全面化、平均化，养成劳动者对企业的依赖性和惰性。由于企业保障制度为本企业的职工及其家属提供了全面的保障，劳动者从"摇篮"到"坟墓"均有保障，而且没有失业的风险，职工很容易形成对企业的依赖心理，养成不思进取的惰性。而企业由于不用承担盈亏责任，无经营上的风险，也愿意充当"父母亲"的角色，尽力满足和维护职工各种各样的保障需要。

第三，在平均主义思想的影响下，企业不是去追求生产效率的最大化，而是去追求职工福利的最大化。从企业的本质来说，企业应该是以实现利润最大化为基本原则的经济组织。但是，在企业保障制度下，企业的生产经营行为被扭曲了，陷入了角色错位的困境之中。一方面，企业要进行生产经营；另一方面，企业的领导者还要花费大量时间和精力来处理企业保障事务，这势必影响企业的经济效益。同时，在企业的生产经营行为缺乏硬约束的情况下，当公平与效率发生冲突的时候，企业必然会舍弃"效率"而去追求所谓的"公平"，尽力去实现福利最大化的目标。

第四，以均等化为主要特征的企业保障制度严重削弱了企业的竞争力，导致企业效率的不断下降。目前，我国明亏和潜亏的国有企业数量已超过全部国有企业总数的 2/3 以上，而且亏损额不断扩大，已成为当前经济生活中不可忽视的重大问题。当然，国有企业效率下降、缺乏市场竞争力而形成亏损的原因多种多样，但与追求福利保障的全面化、均等化、最大化的企业保障制度不无关系。

第五，企业保障水平的均等化，最终造成公平与效率的共同丧失。从公平的含义来看，它与平均有着本质的区别。公平指的是机会的均等，而不是最终分配的结果相同。公平符合社会主义"按劳分配"的原则，即多劳多得、少劳少得、不劳不得；而平均则是不管贡献大小，追求的是最后的分配结果相同。当公平被曲解为"平均"，必然会造成平均主义思想的泛滥，使得提高效率的动力消失。在没有效率的企业保障制度下，保障水平也必然是低下的，又由于这种保障制度损害了贡献较大的职工的利益，多劳不多得，所以也是不公平的。

由此看来，在建立和完善社会保障制度的过程中，必须改变传统的以"公平"为唯一原则、以企业为中心的企业保障制度，尽快建立效率优先、兼顾公平，符合社会主义市场经济要求的社会保障制度。

首先，衡量一种社会保障制度是否具有生命力、更具优越性，只有一个标准，即生产力标准。我们建立和完善社会保障制度，目的是实现社会安定，发展经济，提高社会主义社会生产力。效率是公平的基础，任何损害效率的行为终将损害公平，只有效率提高了，公平才能有保证，才能在更高的层次上得以顺利实现，社会保障制度才能在高经济效率—高水平的社会保障—更高经济效率—更高水平的社会保障这样一个良性循环中运行。

其次，坚持效率优先，符合我国的现实国情。我国是一个发展中国家，还处于社会主义初级阶段，社会经济发展水平不高，国家的物力、财力极为有限，不可能对全体社会成员实行统一的、高水平的社会保障。从目前我国的社会保障范围来看，主要集中在城镇国有企事业单位、集体企业及党政机关当中，大多数的非公有制经济单位和广大农村地区仍未包含在社会保障的范围之内。从经费来源来说，主要来自国家、企业和个人三个部分。这就使得国家在有限的财力范围之内，可以充分调动受保障者的积极性，有效地提高社会经济效率，而国家财政也不致因此而背上沉重的包袱。反观西方一些所谓的"福利国家"，由于片面追求社会保障的高水平和均等化，不同程度地造成财政负担日益沉重，财政赤字不断扩大，并最终导致经济长期停滞的恶果。例如，1986年社会保障给付占国民收入的比率，瑞典为39.7%、法国为36.1%。到90年代后，这种情况进一步发展，各"福利国家"的财政负担进一步加重，财政赤字越来越大。瑞典在1993年已背上了约1250亿美元的巨额国债，而失业率却高达10%以上。发达国家尚且如此，作为发展中国家的我国更应该从中吸取教训，力求在提高效率的前提下，实现社会的公平。

再其次，在社会保障制度中坚持效率优先，符合现阶段我国社会主义收入分配的基本原则。党的十四届三中全会做出的《关于建立社会主义市场经济体制若干问题的决议》中，首次提出了在收入分配中要坚持实行效率优先、兼顾公平的原则。党的十五大对此再次做了重申。社会保障属于国民收入分配和再分配的范畴，它是通过国民收入在全体人民之中进行分配和再分配，给那部分在特殊情况下发生生活困难的社会成员提供物质帮助的社会机制，其目的是要维护劳动力的再生产和社会的发展。因而，必须从提高效率出发，按照劳动者的贡献大小进行分配，这有助于调动广大职工的生产积极性，增强企业的活力。

最后，在社会保障制度中坚持效率优先，有助于减轻受保障者对企业的依赖，减少人力资源的浪费。各地已建立了旨在保障职工基本权益的最低工资线。同时，为了保障失业人员的最低生活需要，各地还调整了发放失业救济金的标准，将过去相当于当地社会救济金额的120%～150%，改为按当地法定最低工资的70%～80%发放。这种规定将使得企业职工要想获得较高收益，就只有通过努力工作来提高企业的经济效益，若依赖最低工资或失业救济金生活，必定会陷入生活困境。此外，各地还相应地缩短了领取失业救济的期限，这有助于使失业者努力寻找工作，尽快摆脱失业状态。

在我国的社会保障制度中坚持效率优先，绝不是说不要社会公平。恰恰相反，效率优先的目的，就是要重建社会公平。社会保障的重要职责之一，就是要使社会成员"老有所养、病有所医"，这无疑是保证社会公平的主要机制。高效率与高水平公平的统一建立在经济发展、社会生产力提高的基础之上。因此，只有建立效率优先、兼顾公平的社会保障制度，才能促进整个社会经济持续、快速、健康地发展，同时为国有企业的新一轮改革和尽快建立社会主义市场经济体制创造良好的社会环境。

马克思服务劳动价值决定的一种解读 *

一、问题的提出

新时期以来，就服务劳动是否创造价值的问题，国内学术界展开了讨论，形成了截然相反的两种观点：一种观点认为服务劳动创造价值；一种观点认为服务劳动不创造价值。

认为服务劳动创造价值的观点也不尽相同，根据对服务劳动宽窄理解的不同举例如下。其一，刘荣材（2006）认为："按盈利性把服务业分为非营利性的服务部门和营利性的服务部门；按服务提供方式把服务业分为公共服务部门和私人服务部门。""只有营利性服务部门和私人服务部门的服务劳动创造价值，公共服务部门和非营利性服务部门的服务劳动不创造价值。"根据是"按照马克思劳动价值论，如果某种物品不是商品，则生产这种物品所耗费的劳动便不创造价值。"[①] 其二，徐学峰（1981）认为："科学研究、文化艺术、教育卫生、娱乐旅游、理发、沐浴等生活服务和批发零售等非物质生产部门统称为服务部门。""社会主义服务劳动不仅是创造价值的劳动，而且是生产劳动。"其能创造价值的理由是"服务劳动是人类的一般劳动，又能创造一定

---

　*　本文原载于《郑州大学学报》（社会科学版）2010 年第 5 期。合作者：曹永栋。
　①　刘荣材：《服务创造价值的理论分析》，载于《兰州学刊》2006 年第 1 期。

的使用价值"。① 李江帆（1996）也认为："三大产业的所有劳动，无论是工农业劳动还是服务劳动，只要它们能创造出用于交换的使用价值就创造价值。"他所谓的服务劳动包括商业、饮食、裁缝、修理、运输、通信、科、教、文、卫、体。② 其三，宋则行（1996）认为："作为服务部门的第三产业的各个层次的劳动，在我国社会主义市场经济体制下都可视为创造价值的劳动。"其理由是："按照马克思'总体工人'的概念，间接为社会生产服务的部门也可视为创造价值的劳动。"③ 辜堪生（2002）认为："作为党政机关、军队警察、法院监狱、社团组织等社会服务机构的劳动，既是特殊的具体劳动，也是一般的人类劳动；既是有投入又有产出的劳动，也是要进行市场交换的劳动。所以，它们的劳动也像其他层次的服务劳动一样，也是创造价值的生产劳动。"④

关于服务劳动不创造价值的论点近些年很少，但 20 世纪八九十年代有许多学者持这样的观点。李江帆（1997）撰文批驳时列举的观点主要有五种。其一，"价值转移说"，认为服务有价值，但它不是由服务劳动创造的，而是由物质生产部门转移来的。其二，"服务生产价格说"，认为服务性劳动不形成价值，它所以能带来利润与增值资本是因为资本主义经济中的竞争与利润平均化的市场机制的作用。使物质生产部门创造的价值以类似生产价格形成的方式转化为服务生产价格，不仅补偿服务成本，而且无偿地给服务领域的资本家带来了一份物质生产领域的劳动创造的剩余价值。其三，"基金说"，认为因为马克思说过"医生和教师的劳动不直接创造用来支付他们报酬的基金"，所以服务劳动不创造价值。其四，"国民收入再分配说"，认为服务领域里服务劳动者和资本家的收入（v + m）并不是服务劳动者创造的，而是通过

① 徐学峰：《社会主义服务劳动是创造价值的生产劳动——兼与洪远朋老师商榷》，载于《复旦学报》（社会科学版）1981 年第 6 期。
② 李江帆：《劳动价值理论的新发展——服务价值理论》，载于《经济学家》1996 年第 2 期。
③ 宋则行：《服务部门劳动也创造价值》，载于《经济学家》1996 年第 6 期。
④ 辜堪生：《试论公共服务劳动也能创造价值》，载于《社会科学研究》2002 年第 6 期。

"国民收入的再分配"由物质生产领域转移过来的。在物质生产领域的工人和资本家其收入支付服务费时就是如此。其五，"非生产劳动说"，认为马克思常把服务与生产劳动相提并论，可见服务劳动是非生产劳动，因此不创造价值。①

笔者几年前也曾撰文论述过服务劳动价值决定问题，但近期阅读马克思《资本论》《剩余价值理论》，以及一些学者的观点后，产生了一些新的想法，故也想尝试论述之，以求专家指正。

二、对马克思的服务劳动价值决定理论的解读

笔者认为研究马克思的服务劳动价值决定理论，应先厘清马克思对服务劳动的分类，然后再考察其对服务劳动价值决定的论证。

（一）马克思对服务劳动的分类

考察马克思对服务劳动的分类，服务劳动大体上可以分为三类。

第一类：物质生产过程在流通领域继续的服务劳动。这些服务劳动"它们可以产生于生产过程，这种生产过程只是在流通中继续进行，因此，它的生产性质只是被流通的形式掩盖起来了"。②

第二类：可以与收入相交换的转瞬即逝的服务劳动。马克思说："某些服务，或者说，作为某些活动或劳动的结果的使用价值，体现为商品，相反，其他一些服务却不留下任何可以捉摸的、同提供这些服务的人分开存在的结果，或者说，其他一些服务的结果不是可以出卖的商品。"③ 又说："收入的一部分同充当使用价值的商品交换，一部分同作为使用价值来消费的服务本身交换。"④因此，马克思的第二类服务可称之为可与收入相交换，转瞬即逝的服务劳动。

①　李江帆：《服务劳动不创造价值吗？——与否定服务劳动创造价值的流行论点商榷》，载于《财贸经济》1997 年第 9 期。

②　《马克思恩格斯全集》（第 1 版）：第 24 卷，人民出版社 1972 年版。

③　《马克思恩格斯全集》（第 1 版）：第 26 卷　第一册，人民出版社 1972 年版。

④　同上，第 155 页。

这类服务又被马克思称为纯粹的服务。其又可分为三类。

其一，艺术家，如歌手、乐器演奏家、舞蹈演员等的服务劳动。作为纯粹服务，它们具有使用价值和交换价值。使用价值就是它们满足人们某种需要的服务。作为交换价值就是它们所具有的与收入相交换的性质。这种服务可物化为物质产品的情况不包括在内，如唱片，但若不物化，此类服务一经提供便即消逝。①

其二，教师和医生。马克思说："有些服务是训练、保持劳动能力，使劳动能力改变形态等等，总之，是使劳动能力具有专门性，或者仅仅使劳动能力保持下去的，例如学校教师的服务、医生的服务。"②

其三，国家官吏、军人、法官、警察等。马克思说："有些服务也可以是强加于人的，例如官吏的服务等等。"③ 马克思指出，这类服务不是出于个人需要，而是为了解决个人利益冲突和民族利益冲突。

第三类：可以物化的服务。马克思说："生产结果是商品，是使用价值，它们具有离开生产者和消费者而独立的形式，因而能在生产和消费之间的一段时间内存在，并能在这段时间内作为可以出卖的商品而流通，如书画以及一切脱离艺术家的艺术活动而单独存在的艺术作品。"④

（二）马克思服务劳动价值决定论证的考察

马克思关于服务劳动的概念经常与生产劳动和非生产劳动的概念交织在一起。他曾这样描述服务："凡是货币直接同不生产资本的劳动即非生产劳动相交换的地方，这种劳动都是作为服务被购买的。"⑤ 又讲："只有生产资本的劳动才是生产劳动"⑥ "什么是非生产劳动，因此也绝对地确定下来了。那

---

① 《马克思恩格斯全集》（第 1 版）：第 26 卷 第一册，人民出版社 1972 年版，第158 页。

② 同上，第 159 页。

③ 同上，第 437 页。

④ 《马克思恩格斯全集》（第 1 版）：第 24 卷，人民出版社 1972 年版，第 442 页。

⑤ 同①，第 435 页。

⑥ 同①，第 147 页。

就是不同资本交换，而直接同收入即工资或利润交换的劳动。"① 因此，可以说服务是同收入相交换的非生产劳动。很明显，这里马克思对服务劳动的界定是在资本主义生产方式范围内的界定。按此界定，上述服务劳动分类中的第一类，即物质生产过程在流通领域继续的服务劳动属于生产劳动的范畴，不是服务劳动。第二类服务劳动，即可以与收入相交换的转瞬即逝的服务劳动符合马克思的服务劳动的定义。很明显，与收入相交换的服务劳动不是资本主义雇佣劳动，不是生产劳动，不能带来剩余价值。当然，艺术家、教师、医生乃至官吏等劳动如果与资本相交换了，它们也便成为雇佣劳动、生产劳动，并能带来剩余价值，因而也就不是服务劳动了。第三类，即可以物化的服务，马克思讲："在这里，资本主义生产只是在很有限的规模上被应用……这种关系同真正的资本主义生产方式无关，甚至在形式也还没有从属于它。"② 因此，这类服务不是生产剩余价值的生产劳动，是与收入相交换的非生产劳动，也应算做马克思定义下的服务。

然而，在资本主义条件下，与收入相交换的服务劳动创不创造价值呢？答案应该是肯定的，是创造价值的。马克思说："服务这个名词，一般地说，不过是指这种劳动所提供的特殊使用价值，就像其他一切商品也提供自己的特殊使用价值一样；但是，这种劳动的特殊使用价值在这里取得了'服务'这个特殊名称，是因为劳动不是作为物，而是作为活劳动提供服务的。"③ 作为活劳动与收入相交换，收入购买的是活劳动的使用价值，而活劳动能与收入相交换，即它具有交换价值。作为各种各样的活劳动是具体劳动。作为抽象劳动，它们也是人类无差别的劳动。因此，作为活劳动的服务劳动是商品是无疑的，能形成价值也是无疑的。因为，我们知道，马克思《资本论》是从考察商品入手的，而他首先考察的商品应该是一般商品经济社会形态下的

---

① 《马克思恩格斯全集》（第1版）：第26卷　第一册，人民出版社1972年版，第148页。

② 同上，第442页。

③ 同上，第435页。

商品，而不仅仅是资本主义社会形态下的商品。既然不仅仅是资本主义社会形态下的商品，这个商品中又包含了人类抽象劳动的价值，也就是说非资本主义社会形态下的商品生产也是创造价值的商品生产。马克思又说："个人服务是生产性雇佣劳动的对立面。"① 照此，非生产性雇佣劳动，即非创造剩余价值的劳动就都是服务劳动。依前述，资本主义条件下的与收入相交换的服务劳动也应该是创造价值的劳动，尽管它不创造剩余价值。

至于说到商业雇佣工人，马克思说过："从一方面说，一个这样的商业工人，和别的工人一样，是雇佣工人。"② "但是，产业资本和商业资本之间，从而产业资本家和商人之间的差别，必然会在产业工人和产业资本直接雇佣的工人之间发生。因为，商人作为单纯的流通当事人既不生产价值，也不生产剩余价值，所以，他雇佣的执行同样职能的商业工人，也不可能直接为他创造剩余价值。"③ 但是，按照上文我们的分析，马克思定义的服务是同收入相交换的非生产劳动，不是雇佣劳动，雇佣劳动是生产劳动，是与资本相交换的劳动。因此，商业雇佣工人无论从事什么商业工作，都是生产价值，也是生产剩余价值的资本主义生产劳动。从而，马克思的论述有矛盾之处。原因何在？笔者认为，其一，马克思《资本论》主要论述的是物质产品生产领域里的资本主义生产问题，在《资本论》中，马克思界定的价值主要是物质产品的价值，并认为流通领域里的与纯粹流通费用相交换的活劳动不创造价值。其二，马克思认为纯粹的流通费用，包括花在"买卖时间""簿记""货币"上的费用，甚至花在流通过程中物质产品的储备上的费用都是非生产费用，是不创造价值的。这与马克思对资本主义的认识有关。作为资本主义条件下的流通费用，特别是花在销售阶段的流通费用。由于资本主义特有的生产相对过剩的规律，是一个特别的浪费或一个特别的成本，认为它是不生产的似乎是顺理成章的。至于银行雇佣工人，也可如是观。

---

① 《马克思恩格斯全集》（第 1 版）：第 46 卷　上册，人民出版社 1972 年版，第 463 页。
② 《马克思恩格斯全集》（第 1 版）：第 25 卷，人民出版社 1972 年版，第 326 页。
③ 同上，第 326、第 327 页。

三、对各种服务劳动价值决定问题认识的简短批判

首先，我们看看上文中认为服务劳动能创造价值的几种观点。这几种观点对服务劳动的界定与马克思的界定是明显不一样的，它们基本上是按照三次产业划分法来界定服务劳动和非服务劳动的区别，一般认为除了第一产业的农业和第二产业的工业、建筑业以外的所有行业都是服务业。前文我们研究的马克思对服务劳动的界定是，与收入相交换的非生产劳动，并且认为这样的服务只要是为了出售商品就创造价值。那么，我们考察第三产业中处于第三层次的教育、文化、广播电视事业、科学研究事业、卫生、体育和社会福利事业，第四层次的国家机关、党政机关、社会团体以及军队和警察等，他们中除了可以划入生产劳动的少数外，大部分服务劳动也应该是与收入相交换的非生产劳动，也无疑是创造价值的服务劳动。这里创造价值的服务劳动是在商品经济条件下的服务劳动，无论这个商品经济条件是简单的商品经济，还是发达的商品经济。

其次，我们再看看上文中认为服务劳动不创造价值的几种观点。其一，关于"价值转移说"，认为服务有价值，而这个价值又不是自己创造的，是由物质生产部门转移过来的。这种说法的矛盾之处是显见的。服务有价值，这个价值何来，难道这个价值不是体现着无差别的人类劳动吗？因为与收入相交换的服务也是商品，本身有价值，这个价值只能是服务劳动创造的。而绝不可能是物质生产部门转移过来的。其二，关于"服务生产价格说"，认为服务性劳动不形成价值，这本身就是错误的说法。马克思《资本论》主要研究资本主义物质产品生产问题，对于作为活劳动的处理的一个例证，主要是在第三卷对于商品资本和生息资本的研究中。上文已经阐明，商业雇佣工人和银行雇佣工人的劳动不是马克思定义下的服务劳动，而是雇佣的生产劳动，对它的分析应该与物质产品价值决定的分析一样。如果分析的不是与资本相交换的生产劳动问题，而是与收入相交换的非生产性的服务产品问题，前文

阐述了这种劳动创造价值的理由。其三，"基金说"，认为马克思说过"医生和教师的劳动不直接创造用来支付他们报酬的基金"①，所以服务劳动不创造价值。但是，这句话的上文是"如果资本家和工人还想以物质产品的形式消费原先那样大的价值量，他们就要少购买医生、教师等的服务。如果他们对医生和教师必须继续花费以前那样大的开支，他们就要减少对其他物品的消费"②。可见，这里"基金"的含义是物质消费品的其他产品，并没有说明医生和教师的劳动不创造价值。相反，这句话的后文是"尽管他们的劳动加入一般说来是创造一切价值的那个基金的生产费用，即加入劳动能力的生产费用"③。这句话的意思是医生和教师的劳动服务是创造一切价值的那个基金，即劳动能力的生产费用，也就是说医生和教师的服务劳动是创造价值的劳动。其四，关于"国民收入再分配说"，认为服务领域里服务劳动者和资本家的收入（v＋m）并不是服务劳动者创造的，而是通过"国民收入的再分配"由物质生产领域转移过来的，对这种说法的批判没有新的内容，只要综合上述其一、其二的批判就可以说明，此不赘述。其五，"非生产劳动说"，认为马克思常把服务与生产劳动相提并论，可见服务劳动是非生产劳动，因此不创造价值。上文阐述了马克思服务的概念，即服务是同收入相交换的非生产劳动，所以服务是非生产劳动没有错。但是，这种观点的错误在于认为非生产劳动不创造价值。马克思非生产劳动的概念，指的是不能带来剩余价值的劳动，但不能带来剩余价值的劳动并不是不能创造价值。相反，价值是商品的一个属性，只要是商品经济社会，一切用来交换的人类无差异劳动所凝结的使用价值，不管是物化劳动还是活劳动，就都是价值体，因而，服务劳动是创造价值的劳动。

四、社会主义市场经济条件下服务劳动的价值决定

我国社会主义初级阶段的两个典型特征是：其一，公有制为主体，多种

---

① ②　《马克思恩格斯全集》（第1版）：第26卷　第一册，人民出版社1972年版，第159页。
③　同上，第159、第160页。

所有制共同发展；其二，按劳分配为主体，多种分配方式并存。社会主义市场经济中，市场是资源配置的基础性手段。从这样的前提出发，马克思在资本主义生产方式下关于服务是同收入相交换的非生产劳动的界定是否适用？笔者认为还是适用的。理由是，不管公有制的实现形式是什么，公有制经济体都要作为独立的、边界清晰的市场主体，与其他非公有制经济体一样，一起平等地参与市场竞争。而按劳分配体现在公有制经济体内部，即便这样，全社会范围内的劳动资源配置是按照市场原则进行的，在此条件下，所谓按劳分配必然遵循市场原则，更多地体现为按要素的市场价格分配。因此，我国社会主义市场经济的微观运行层面，与资本主义市场经济相比并无本质差别，我们完全可以借用资本主义生产方式下的商品、资本、价值、剩余价值等范畴来刻画社会主义初级阶段的微观经济运行。当然，对服务劳动这个范畴亦然。

既然这样，社会主义初级阶段市场经济条件下服务劳动的价值决定，也与资本主义生产方式市场经济条件下服务劳动的价值决定相似。这里需要澄清的是，社会主义初级阶段市场经济与资本主义生产方式下的市场经济的主要区别体现在其宏观经济运行层面。一是社会主义初级阶段的市场经济应该更具计划性。因为在社会主义初级阶段的市场经济中，公有制经济所占比重较大，而国家的计划主要可以通过对公有制经济体市场性手段的控制得以贯彻。二是社会主义初级阶段的市场经济中分配应该更具公平性。这种公平性应该依据国有资产的全民所有性通过再分配渠道得以保证。

总之，我们可以得到这样的结论：在社会主义初级阶段市场经济条件下，服务劳动也是同收入相交换的非生产劳动（不生产剩余价值的劳动）。服务劳动也创造价值，其价值决定于服务活劳动中包含的人类一般无差别的抽象劳动。

第二篇
国有企业改革研究

- 国有企业的内部治理与外部控制
- 中国上市公司管理层收购的定价研究
- 中国企业风险管理研究
- 国有企业激励机制探析
- 国企改革与社会保障
- 建立产业国际竞争力提升指标体系的框架思路
- 西方激励性规制理论研究综述
- 城域网的重复建设及解决对策
- 高等教育应按照产业化模式运行

国有企业的内部治理与外部控制[*]

一、企业与市场的关系

企业在本质上是一系列契约关系的总和。不同要素的所有者通过市场交易签订契约来组成一个企业。要素的所有者之所以要交换他们对要素的所有权，是因为在企业内通过联合生产比个人单干更有效率。这个观点可以通过"专业化分工"或"纵向一体化"来加以解释。但是要素的交易不一定非要构成一个企业，如可以在市场上通过买卖关系来协调分工、组织生产。对此，科斯论述道，这是因为交易是需要成本的，而通过企业内的管理协调比通过市场的价格机制协调更能节约交易费用。所以，企业与市场只是配置资源的两种不同手段而已，二者的边界取决于企业配置资源与市场配置资源边际费用的比较。

鉴于以上原因，企业与市场是紧密联系的。不同要素的所有者本着提高生产效率或获得投资收益的目的来交换他们对自己要素的所有权，这种交易活动的结果是企业的产生，而这一系列交易的完成主要是通过市场来进行的。资本市场就是专门进行产权交易的市场。在企业内部，企业的利益相关者之间的权利义务关系是由在市场上经过交易确立的各种契约来界定的，包括确立股东和公司之间关系的股份公司章程、公司职员与公司之间的雇佣合同、

---

* 本文原载于《管理世界》2000 年第 5 期。合作者：游五洋。

银行和公司的借款合同、出租人与公司的租赁合同等。没有市场的这种通过竞争性的价格进行要素交易配置资源的机制，科斯意义上的企业制度就不可能形成。所以，从这个意义上讲，市场是企业制度的前提，并且，初始的企业内部产权结构是适应交易时候的市场环境的。此后由于企业生产和内部交易的复杂化，外部交易环境存在的不确定性，初始企业内部产权结构会变得越来越难以适应外部环境的变化，从而导致内部治理结构低效率，但是要企业主动退出市场或进行结构调整是很困难的。一方面，由于信息不对称，企业的经营者往往没有有关本行业足够的生产信息，对于竞争对手的生产信息更是知之甚少，因而对于是否进行结构调整是不清楚的。另一方面是代理问题的存在。在股权分散的企业中，经理人员在事实上掌握着企业的控制权，由于害怕在退出市场或在进行结构调整之后丢掉职位，往往不愿意承认企业已经存在的低效率问题。特别是在企业经历了高增长，具有很多的现金流量和高利润时更是如此。企业的经营者会用现金流量来弥补亏损。因此，在公司的内部控制系统无效时就需要借助于市场的力量，特别是控制权交易市场。在公司的控制权市场上，通过大量的兼并、收购和代理权争夺，取代原来的管理者，进行公司发展战略的调整，重新配置企业内部各种要素资源，从而大大提高全社会的福利水平。所以市场对企业的影响和制约表现为一个动态的过程。在这个过程中，劣质企业被淘汰，优秀的企业得以发展壮大。所以，市场就是在外部为企业提供了一个筛选机制，它通过实施一种严厉的惩罚机制，实现一种事后的帕累托最优。没有一个成熟的、有序的市场环境，就很难形成规范、高效率的企业组织形式。印度和中南美洲私有制低效率的例子也为此提供了证明。

反过来，企业制度对市场的贡献在于，企业在交易上的需求扩大了市场交易的广度和深度。首先，随着技术手段的发展，企业生产规模的扩大，要求产品和要素的交易突破地域的限制，市场就在广度上取得发展，如跨国公司对利润的追求使得市场的交易活动扩展到全球范围；企业对交易复杂化的要求使得市场交易在业务和工具上得以不断取得创新，如20世纪70年代之后，由于浮动汇率制的流行和全球经济一体化的加强，企业内部流动性需要和所有者风险规避的要求，导致大量的金融衍生工具的出现，促进了国际金融市场的深化。

总之，企业对市场的制约关系主要表现在市场能够有效缓解和解决"企业缺陷"上。市场存在"缺陷"已是公认的事实，主要表现在：垄断的存在对价格机制发挥作用的制约；信息不充分导致的均衡价格扭曲；公共物品的供给和外部性问题等。市场缺陷的解决要依靠第三种资源配置方式——政府计划、政策和其他强制性措施来解决，同样，政府在解决"企业缺陷"方面也发挥着重要的作用，这在后面会加以论述。企业的缺陷主要表现在：（1）由于信息不对称导致股份公司中董事会与公司经理之间存在代理成本，这导致了企业内部治理效率的下降；（2）由于信息不完备和未来的不确定性，企业内的契约是不完全的，因此存在"道德风险"问题；（3）股权分散情况下，股东对经营者的监督存在"搭便车"问题。企业制度存在的缺陷依靠企业内部本身的治理结构难以解决，必须依靠外部的控制机制，包括：资本市场机制、产品与要素市场机制、政治与法律机制。所以，我们把企业的治理分为内部治理与外部控制，下面结合国有企业的具体情况来加以论述。

二、国有企业内部治理结构失效

企业内部治理主要是针对所有权与经营权分离的股份公司内部各种代理问题的解决机制。它规定着企业不同要素所有者的关系，划分他们对企业的权利义务关系。企业治理结构的核心是以董事会为核心的内部控制机制。

对国有企业而言，财产的所有权属于全体人民，全体人民将其"委托"给国家或政府来行使。在这里，国有企业在取得全体人民委托权的时候并没有通过市场交易与人民签订明确的契约，而是通过赋税融资、收入融资和负债融资等不平等的手段取得，表现为国家是国有企业财产的所有者。在计划经济体制下，国家通过高度集中的行政性计划指标直接经营国有企业。这类似所有权与控制权统一的古典资本主义企业，虽然难以避免信息传递迟缓带来的决策效率低下和失误，但并不会产生代理成本问题。

改革开放之后，国家逐步向企业内部下放了经营权，而国有企业的股权由国家设立的中央和地方各级国有资产管理局来行使，从而形成了"全民—国家—地方政府—国有企业"这样的委托代理形式。

从企业内部的激励机制来看，"扩权让利"的改革措施极大地调动了国有企业生产经营的积极性。国有企业的经理可以通过工资、奖金和福利来调动企业职工的生产积极性。而国有企业的经理可以通过对企业内资源的控制权获得各种货币和非货币的收益，例如得到奖金、福利，获得政府主管部门的提拔，享受舒适的办公环境、宽敞的住宅等。并且，经验显示经营业绩好的企业的经理比亏损企业的经理能获得更多的利益，这也在一定程度上调动了国有企业经营者努力搞好企业的积极性。

从国有企业和国有资产管理部门的关系看，国有资产管理部门作为国有企业的"股东"拥有控制权（决定重大投资、选择经理的权力），但是国有资产管理部门本身又是政府部门，并不是独立进行资本运营的企业或基金，国有企业的剩余在法律上是属于国家的，因而国有资产管理部门的官员并没有剩余索取权。这就造成国有资产管理部门没有积极性去挑选、激励和监督国有企业的经营者。在这种情况下，企业的经营者就可能利用信息优势侵犯国家的利益，即"内部人控制"现象。虽然，在所有权与经营权分离的贝利—米恩斯企业模式中都存在代理成本问题，但是，这个问题在国有企业中却特别严重。这是因为，除了信息不对称和经理行为本来就难以观察外，国有企业控制权的掌握者——政府官员根本没有多大积极性去搜寻信息，监督企业的经营者。所以，在国有企业内部腐败问题往往很严重，企业的经理们通过做假账、在职消费占有了大量货币与非货币的好处。而且，国有企业的经理为了保住自己的位子，主要精力不是放在提高企业的经营水平上，而是热衷于与政府官员搞好关系，甚至与他们合谋，侵吞国家财产。

三、国有企业的外部控制

促使企业经营者实现企业价值或股东价值最大化的外部控制主要有三大类：资本市场机制、法律和政治机制、产品和要素市场机制。各种外部控制机制的共同特征是，它们都具有某种强制性，实现事后的帕累托最优。

1. 资本市场是最常用的一种外部控制机制

通过股票市场上股东的"用脚投票"机制，可以影响董事会的"用手投票"机制，间接替换无能的经理；更为严厉的是通过恶意收购与兼并、公司破产和重组，促进无效企业退出市场，低效企业重组，不同企业之间资产的重新配置等。20世纪80年代以来，英国资本市场或公司控制权市场的繁荣被认为是经济实现稳步增长的最重要的原因之一。但是在中国，资本市场仅仅发挥着其融资作用的一面，其矫正企业内部治理扭曲的作用则很难得以体现。

我国的股票市场，一方面受上市公司资格额度限制，市场狭小，而同时市场需求又比较大，供需的失衡导致较强的投机性。例如，1999年深圳股票市场上的平均市盈率高达36.3倍，A股的平均市盈率达37.56倍。相比之下，国外成熟的股票市场平均市盈率不过10~20倍。高企的股价使股票市场传递企业经营信号的功能严重扭曲。许多真实业绩很差的公司都热衷于所谓的"资产重组"，来编制看似完美的财务报表，以继续保持"壳资源和配股资格"。于是，在深沪股市上，劣质资产剥离、优质资产的注入、集团内部重组、托管、股权转让等各种资本经营手法成了绩差上市公司改变业绩屡试不爽的手段。

另一方面，截至1999年年底，在我国的1008家上市公司中，国有企业性质的上市公司占了2/3强，而国有上市公司中流通股比例又偏小，一般不超过40%，而发起人股（国家股、法人股）在总股本中的比重却相当大并且不上市流通。对流通股的收购可以按照《证券法》和《股票发行与交易管理暂行条例》的有关规定来进行，而发起人股的收购须取得持股单位或授权持股单位的同意，一般只能通过善意方式协议受让股权。由于中国股票市场和国有上市公司股权结构的上述特点，直接在二级市场上发动要约收购难以成功或是成本极高。而国有股与法人股的协议转让，都需要经过国家国有资产管理局和省级国有资产管理局的批准，由于地区和部门的利益，所以一般的情况是只有当国有企业负债累累，失业情况严重，已经成为地方政府部门的包袱，或者威胁到有关政府官员的官位时，才允许亏损企业被其他企业兼并收购。

在中国破产机制也不能有效地约束国有企业，反而被许多企业和地方政府用来做逃债的工具。因为，国有银行还不是真正意义上的商业银行，国有银行与国有企业之间也不是真正意义上的债权债务关系，而更像是国家对企业的股权。当国有企业无力偿还银行债务时，国家并不愿意看到企业破产，因为企业破产之后不但贷款无法收回，而且还涉及职工失业等问题，在社会保障系统还没有完善的时候，这将增加政府的财政负担。因此，银行往往会采取展期、减息或直接转为股权等措施。

2. 公司外部控制机制的第二种形式是产品和要素市场

如果一个企业不能以有竞争力的价格向市场提供消费者所需的产品，它将不能生存于市场。但是，产品和要素市场发挥控制作用需要付出很大的成本，一旦市场不能提供足够的"货币选票"给企业的经营者时，企业经常已陷入难以挽救的地步。

产品和要素市场对国有企业的控制也难以发挥作用。由于国有企业是国家重工业优先发展战略的产物，多是资本密集型企业，在市场竞争中无法发挥比较优势。此外，国有企业与非国有企业在产品、要素市场等外部竞争环境中处于不平等的地位。国有企业背负着沉重的职工养老、医疗、教育、住房负担，一部分国有企业产品的价格严重扭曲，而非国有企业则没有这些问题。国有企业承担的大量社会责任增强了其与政府讨价还价的能力，即使亏损的企业也能从政府那里取得亏损补贴，从而能够继续在市场中生存。所以在国有企业与非国有企业的市场竞争中，很难判断被市场淘汰的企业是否就是经营绩效低下的企业。

3. 第三种公司外部控制机制来源于法律、政治和其他规章制度

但是，由于法律规章制度的相对固定性使得其作用十分有限。更多的时候，政治体制及法律规章制度的最大意义并不在于被实施的频率，而是它的威慑作用。历史上著名的例子是美国电话电报公司（AT&T）由于导致垄断而被美国政府强制一分为二。目前，微软公司因涉嫌垄断遭到起诉也是一个例子。

政治、法律及监管机制对国有企业的控制也十分有限，并且成本很高。例如，国家经贸委在1999年2月颁布了必须淘汰的落后生产能力、工艺和产品目录，要求各地区、各部门和有关企业限期完成。90年代中期国家要求各地实行限产压锭的措施，以控制纺织品市场供大于求，产品剩余的矛盾；90年代后期国家曾下令强制关闭一批污染严重，能源利用率低的小水泥厂、小煤矿。但是，这些措施的实行情况并不理想，一方面，执行这些措施要求中央和地方各级部门配合，但由于许多地方和主管部门本身就是这些小企业和落后企业的所有者或者是既得利益者，因此他们往往不认真执行，甚至阻碍中央政策的执行；另一方面，国有企业的退出涉及人员安置等问题，需要有相应的补偿机制，成本很高。

中国上市公司管理层收购的定价研究*

——管理层贡献和控制权溢价的量化及实证检验

管理层收购过程中不管是谋求部分股权还是谋求控股权都存在定价的问题。为了购买拥有支配这些资产并使其在这一时点以后的相当长时间里产生的效益的权利，在实施管理层收购时需要制定一个基于未来价值的价格。在定价的过程中，作为收购者的管理层和作为出让者的公司股东，均希望达到利益最大化。由于各自所处的地位及专业程度的限制，很难确定一个比较公平的价格。因此，在定价环节我们必须明确公平定价的原则，在考虑管理层历史贡献和控制权溢价的同时，保护流通股股东的权益不受侵犯。在兼顾各方利益的前提下，制定合理的收购价格。

一、管理层收购的定价：理论回顾

在国内 MBO 定价的过程中，由于目前存在着流通股与非流通股之分，实施 MBO 的上市公司都是以非流通股股权作为收购对象。已有的 MBO 案例表明，我国上市公司管理层感兴趣的正是上市公司的国有股和法人股，83.33% 的 MBO 采用了针对这类非流通股的协议受让方式，88.98% 的收购价格都是围绕着净资产做文章，大大低于流通股股东的持股成本。事实上，上市公司

---

* 本文原载于《北京师范大学学报》（社会科学版）2005 年第 5 期。合作者：王延明。

的管理层没有任何意向全面收购二级市场的流通股，而是充分利用我国股权结构和价格的双轨制，避高就低，采取了一种成本最小化的攫取控制权的方式。由于流动性本身是一种权利并直接影响其所对应的股权的可变现性，割裂的市场股权结构使得上市公司流通股价格难以真实反映非流通股股权的内在价值。这样 MBO 就无法通过市场实现其定价机制的合理性。因而目前国内上市公司 MBO 定价主要根据账面价值法（净资产法）。采用这种方法更多是以防止国有资产是否流失为判定标准，而割裂了资产的实际价值（市场价值）与收购成本之间的联系，且主要是通过管理层与大股东之间的讨价还价，定价的透明度低，对交易价格的最终确定缺乏科学的评估依据。

目前存在于 MBO 实施过程中的普遍问题是收购价格低于公司每股净资产。各公司公告对此的解释均为股权转让价格是在考虑到管理层和员工对企业的贡献的前提下确定的，不违反相关规定。但在 MBO 具体操作中，有些上市公司变相地以管理层既往贡献追认的名义，在价格谈判中大肆压价，导致估价结果严重缩水。为了防止 MBO 演变为上市公司管理层的一种"撇脂"游戏，2004 年底，国资委表态，大型国企不准 MBO，中小国企可受限探索。

在西方国家的 MBO 过程中，定价主要借助于市场机制、评估与谈判三种方式协同进行。由于国外上市公司不存在流通股与非流通股的割裂问题，市场价格可以在很大程度上反映投资者对于该公司未来盈利能力的预期。鉴于市场价格的预期效应，因此 MBO 估价过程本身并不是对公司现有资产的一个静态评定，而是对于其未来生命周期内可持续盈利的预期。作为收购者的管理者和作为出让者的股东，由于各自所处的地位及专业程度的限制，很难确定一个比较公平的价格，因此就要聘请具有专业水准及资格的中介评估机构。在价格谈判的过程中，虽然也会产生由于管理层内部控制而导致的价格的偏差，但由于股份出售者具有真实的股份拥有权，卖方产权明晰，所有者到位，只要双方达成一致，就不存在关于价格的争论。以美国为例，资产的估价由独立且有专业资格的估值师或其他专家进行确认，并清楚说明估值所根据的基础。具体操作也都是采用西方国家通行的评估办法和较为成熟的财务模型，如现行市价法、账面价值法、市盈率法、收益现值法、经济增加值法（EVA法）等，侧重于通过对企业的财务状况、盈利能力和发展潜力来评估资产的价值，再辅以公开竞价等方式，使交易价格的确定较为透明（孙国茂，2002）。

因此 MBO 目标企业的定价与其他收购定价并无不同。但国外的学者还注意到管理层收购中的控制权溢价[①]，其收购价相对于接管宣布日前一两个月的股票市价来说，控制权溢价可以达到 40% 或更多（Zingales，1994；Shleifer and Vishny，1997）。管理层一旦取得控股地位，和其他大股东一样，会利用其对公司的控制权，采取种种手段谋取个人利益。假如公司收购者相信目标公司在他的控制下，未来的现金流量会迅速增加，因而公司未来价值会达到一个理想的增长，那么他将愿意为控制公司付出比市场价格更高的价格，即控制权溢价。尤其在下列情况中，MBO 的控制权溢价是不容忽略的。（1）目标公司存在着很大的管理效率空间，收购者的经营管理经验、知识、声望或其他特征有利于提升 MBO 后目标公司价值，提高公司的获利水平。（2）目标公司控制权分散，决策缺乏效率，导致公司的管理效果不理想。集中控制权有利于提高决策效率，提高对市场变化的反应速度，从而将增加公司未来的现金流量和公司价值。

国内外状况的不同主要表现在以下几个方面。首先，国内股票不能全流通，二级市场收购难度极大，并且通过竞标方式的协议收购仍处于发展阶段，已实施的 MBO 运作极不规范，暗箱操作屡屡发生。其次，国内企业的激励机制不完善，诸多已实施 MBO 的企业的管理层对所在企业进行了长期的、巨大的人力资本投资，却未得到相应的补偿。因而在 MBO 中存在管理层贡献追认问题。最后，控制权溢价所代表的壳资源价值以及资本的规模效应等没有在我国上市公司 MBO 定价中得到体现，而这一重要价值在资本并购中是不容忽视的。

---

① 持有大宗股权的控制性股东在转让股票时，往往会得到与其所持股份不相称的超额收益，这部分超额收益就是控制权溢价。它反映了获得对目标公司控制权的价值并取决于被并购企业前景、股市走势和并购双方讨价还价的能力。

二、我国上市公司 MBO 定价的模型建立

VIBO 交易价格的估价原理和决定机制比定价结果更重要。MBO 的定价有两个基本要素需要考虑，即"管理层"和"控股"。MBO 大多是为了实现管理层对目标企业的控股地位而进行的收购。因此，对 MBO 定价必须同时将这两个因素考虑进去：一是管理层对公司的历史贡献；二是公司控制权的价值。

1. 拟解决的问题

在国内特有的状况下，研究 MBO 目标企业的定价模型，该模型要使收购价格正确体现对管理层人力资本投资的补偿，以及管理层所获控制权的溢价。这两部分的价值是独立于企业财务评估的外生变量，很难由中介机构给出具体值，应该进行附加计算。考虑到以上因素，本文给出 MBO 的估价模型为：

MBO 协议收购价格 = 独立专业机构的评估值 − 管理层贡献的补偿 +

控制权溢价

2. 模型的建立

MBO 目标企业的定价公式：

$$V = V_0 - V_d + CV \tag{1}$$

其中，V 为 MBO 目标企业的价值；

V_0 为专业评估机构评估的拟转让股权的价值；

V_d 为在考虑管理层贡献的前提下，拟转让股权的一定程度的"折价"；

CV 为控制权溢价。

首先，进行管理层贡献的度量，即确定的值。

$$V_d = V_1 - V_2 \tag{2}$$

其中，V_1 为对管理层（以及核心员工）贡献的量化值；

V_2 指企业为管理层人力资本价值投资已进行补偿的部分及为其人力资本价值提升所付出的成本，包含企业为管理层已经支付的年薪、奖金以及为提升管理层的经营管理能力所投入的培训成本。

由式（1）及式（2）得：

$$V = V_0 - V_1 + V_2 + CV \tag{3}$$

V_1 由在管理层的领导下企业产生的超额收益来体现，所以可表示为：

$$V_1 = \sum_{i=1}^{n} NA_i \times (ROE - \bar{k}) \times (1 + r)^i \tag{4}$$

其中，n 为管理层在任的年限；

NA_i 为第 i 年企业的净资产；

ROE 为第 i 年企业的净资产收益率；

k 为行业平均净资产收益率；

r 为资本市场的无风险报酬率。

$$V_2 = \sum_{i=1}^{n} (W_i + I_i) \times (l + r)^i \tag{5}$$

其中，W_i 为管理层的年薪及奖金；

I_i 为第 i 年企业为管理层投入的培训成本。

当管理层对企业有零贡献或负贡献时，$V_1 = V_2$，即企业所付出的薪金及培训成本已经完全补偿了管理层对企业进行的人力资本投资。这种情况不再适用于本模型。

其次，我们进行控制权溢价的量化，即确定 CV 的值。

以 T_V 表示存在控制权转移的大宗股权每股价值，N_A 代表被转让股份的每股净资产（不同于前述管理层贡献量化中的 NA_i，在那里 NA_i 代表第 i 年企业的净资产），则控制权溢价 CV 可定义为：

$$C_V = \left(\frac{TV - NA}{NA} - EV \right) Q \tag{6}$$

其中 $TV - NA$ 代表大股东所获得的控制权收益，EV 代表投资者对目标企业增长率的合理预期，Q 为拟转让股份数。

选择每股净资产作为股份的原始价值，是出于对数据代表性和可取性的考虑。因为净资产值既是公司股票上市发行价格确定的重要依据，也是投资者在选择证券时的主要参考指标。但是，简单地以 $TV - NA$ 代表大股东所获得的控制权收益也存在不当之处。与市场交易形成的资产价格不同，每股净资产是一个即期财务指标，它并不包含对公司未来收益的预期。在模型中如果对这种合理的收益预期不加以扣除，就有可能夸大控制权收益，不能准确反映控制权溢价水平。所以我们将目标企业增长率的合理预期变量纳入模型结构中加以考察，并用收购前三年的平均净资产收益率来反映对公司未来增长的预期。由于样本中可能存在 ST 公司，其资产收益率大大低于零值而且波幅较大，所以我们将平均净资产收益率为负的公司的预期值设定为 0。

由式（4）、式（5）及式（6）得到 MBO 目标企业的定价模型为：

$$V = V_0 - \sum_{i=1}^{n} NA_i \times (ROE - \bar{k}) \times (1 + r)^i + \sum_{i=1}^{n} (W_i + I_i) \times (1 + r)^i + \left(\frac{TV - NA}{NA} - EV \right) Q$$

3. 模型的缺陷

（1）以净资产收益率是否超过行业水平来量化管理层对企业的贡献值存在一定的片面性，因为企业超额收益的获取是多方面的，而模型无法量化出管理层人力资本投资之外的因素对企业的贡献值。

（2）模型对管理层贡献的量化是在将管理层作为一个不可分割的团队的前提下进行的，因此它无法量化出管理层团队中单个管理者的贡献，进而该模型无法解决核心高管人员频繁变动的 MBO 目标企业定价问题。

（3）模型适用对象较窄。只适用于现任管理层是该企业的创业者且绩效良好，企业的净资产收益率超过同行业水平。收购方式为以协议转让股权方式完成管理层收购。

（4）在度量控制权溢价时，以每股净资产作为基准价格。而每股净资产是一种静态的账面指标。这样就使模型缺乏动态性。但目前还没有更好的指标来替代。

三、我国上市公司 MBO 定价的实证检验

本部分构造了一个计量模型，以 1999 ~ 2003 年发生的 MBO 案例为样本，

重点分析管理层贡献和控制权溢价与 MBO 价格的相关性。其中，衡量管理层贡献的指标有：净资产增长率和规模增长率；衡量控制权溢价的指标为：管理层收购股份占总股本的比例以及控股权。

1. 样本的选取

由于特殊的股权结构以及 MBO 起步较晚，如果用国际通行的 MBO 概念在我国上市公司中寻找相关案例，可能没有一家符合要求。所以只能用广义的概念来确定上市公司实施 MBO 的样本，即收购者为上市公司的管理层、内部员工或由其组建的法人实体，收购了一定比例的上市公司股权，意在部分控制或相对控制上市公司的经营。样本公司选择的标准是对实施 MBO 的事实进行了正式公开披露，我们倾向于把正式公开披露信息作为公正性和合法性的重要标志。根据中国股票市场自 2000 年 4 月以来的相关数据统计，符合条件的样本上市公司有 20 家①。表 1 对上市公司管理层收购的样本在统计上进行了概括描述。

表1　　　　　　　　　　上市公司管理层收购样本统计

	平均值	最大值	最小值	标准差
协议收购价	3.473	10	0.79	2.263
同期每股净资产	3.616	8.92	0.31	1.985
同期净资产收益率（%）	5.263	23.76	−26.68	0.093
同期流通比率（%）	46.844	77.76	11.4	0.166
规模增长率（%）	209.810	735.3	10.1	1.966
购股比例（%）	24.395	43.8	11.46	0.078

资料来源：根据上市公司在指定媒体（以《中国证券报》和《证券市场导报》为主）上发布的重大事件公告以及中国证监会公布的相关数据计算得出。

2. 研究假设

本文从影响上市公司 MBO 定价的因素出发，并结合本文的研究目的，提出以下待检验的假设。

---

① 也许有关文献提及的上市公司 MBO 还要超过上述样本，但它们主要是一种对管理人员的激励措施或公司原有的股权安排，且相当一部分没有得到上级审批通过，成为"烂尾工程"。因此，暂不作为本文考察对象。

假设一：管理层的收购价格与收购标的的账面价值呈正向变动关系。

上市公司账面价值用 MBO 同期每股净资产来表示。若收购标的的每股净资产高，表明企业财务状况良好，企业价值高。买者在收购时理当支付较高的价格。而管理层预期到企业未来良好的绩效，也愿意为之支付较高的价格，因而最终达成的交易价格较高。

假设二：管理层的收购价格与上市公司流通比率正相关。

管理层协议收购的标的一般都是非流通股。流通比率越高的股票，其全流通后对二级市场股价的冲击越小，非流通股票价格相对于流通股票价格的折价越低，因而非流通股票的价格就越高。所以，管理层收购的价格就越高。

假设三：管理层的收购价格与管理层贡献负相关。

管理层贡献在此用净资产收益率和规模增长率来衡量。净资产收益率和规模增长率高，则表明管理层经营绩效良好，管理层的人力资本投入就大。在 MBO 定价时，管理层历史贡献大，拟转让股权的价格"抵扣"就多，因而成交价格就低。创业型领导人比任命制领导人得到的价格减让更多，所以成交价格更低。

假设四：控股股份的转让价格应高于非控股股份的转让价格，即在管理层收购的价格中，存在控制权溢价，控制权溢价与控股股东对公司的控制力正相关。

若管理层得到上市公司的控制权，则可以获得各种隐性收益，那么原控股股东在出让控股权时就会索取相应的补偿价格。而管理层预期到控股权带来的隐性收益，也愿意以较高的价格购买该部分股份，从而控股股份的转让价格就高。管理层收购的股份越多，其控制力越强，控制权溢价就越高，转让价格也就越高。

3. MBO 定价的影响因素分析

模型 I：$V = \beta_0 + \beta_1 BPS + \beta_2 ROE + \beta_3 Ratio + \beta_4 Time + \beta_5 RSI + \beta_6 MSR + u$

考虑到管理层的创业性质和控股与否会使管理层对未来收益产生预期差异，从而影响到最后的协议收购价格，所以我们在此引入虚拟变量 SU 和 Control，当管理层为创业者且取得控股权时，SU 和 Control 都为 1，否则都为 0。

由此得模型 Ⅱ：

$$V = \beta_0 + \beta_1 BPS + \beta_2 ROE + \beta_3 Ratio + \beta_4 Time + \beta_5 RSI + \beta_6 MSR + \beta_7 SU + \beta_8 Control + u$$

表 2 给出了解释变量的定义。

表2 变量定义一览表

符号	名称	描述
BPS	每股净资产	收购同期的每股净资产①
ROE	净资产收益率	收购同期的净资产收益率
Ratio	流通比例	流通股占总股本比例
RSI	规模增长率	上市日至收购日期间的总资产增长率②
SU	创业性质	进行收购的管理层为本公司创业者时取 1，否则取 0
MSR	管理层购股比例	管理层收购股份占总股本的比例
Control	控制权	管理层控股时取 1，否则取 0③

注：① 每股净资产、净资产收益率和流通比例三个变量度为成交价格的基本面。

② 管理层贡献用规模增长率和创业型两个变量来衡量，其中创业型为虚拟变量，引入的用意是，对任命制的企业领导人和创业型的企业领导人区别对待。

③ 控制权溢价用管理层购股比例和控制权来衡量，其中控制权为虚拟变量。

4. 实证结果及分析

笔者用 OLS 对模型进行了估计，误差项考虑到异方差进行了修正。表 3 为回归分析结果。

表3 影响管理层收购价格的变量回归分析

	模型 Ⅱ - 1		模型 Ⅱ - 2	
	参数估计值	t - 检验值	参数估计值	t - 检验值
截距	0.342	0.241	- 0.146	- 0.099
BPS	1.023	4.325	0.915	4.168
ROE			0.296	0.083
Ratio	1.688	0.701	1.544	0.605
RSI			- 1.910E - 02	- 0.100
SU	- 1.122	- 0.923		
MSR	- 0.183	- 0.036	- 1.515	- 0.266
Control	- 0.470	- 0.509	- 3.283E - 02	- 0.037
F - 值	9.603		6.890	
R^2	0.774		0.761	
调整后 R^2	0.649		0.650	

从表3可知，R^2的水平在0.761和0.774之间，调整后的R^2的水平在0.649和0.650之间，说明这些变量有足够的能力来解释管理层收购价格水平的变化。每股净资产的系数为正值，且在5%水平下t检验值极为显著。即我国上市公司的MBO都是围绕每股净资产进行定价，净资产高则价高，净资产低则价低。成交价格与账面价值高度正相关，假设一得到验证。

从回归结果知，流通比例的系数为正值，管理层的收购价格与上市公司流通比率正相关。流通比率越高的股票，流通股价格受非流通股的放大作用越小，其二级市场价格波动就小，全流通后的预期流通价格就高，因而当前的非流通股票的价格也就越高。所以，管理层收购的成交价格就越高。

模型Ⅱ-1以"创业型虚拟变量"来衡量管理层贡献，结合其他解释变量对管理层收购价格做出说明。回归结果显示，系数变量为负值，创业型虚拟变量的回归系数t-检验值较为显著（在5%水平下）。表明政府在出让股份时，考虑到管理层历史贡献，给予了一定程度的"抵扣"，并对创业型的企业领导人和任命制的企业领导人给予了区别对待，创业型的企业领导人人力资本定价高，在成交价格中给予的"抵扣"较多。假设三得到验证。

模型Ⅱ-2以"规模增长率"和"净资产收益率"取代"创业型虚拟变量"进行了再检验。"规模增长率"回归系数为负值，t-检验值不太显著（在5%水平下）。"净资产收益率"系数为正值，与假设相反。说明在MBO实际操作中，管理层贡献并没有得到具体量化，至少没有考虑到这些变量的影响。对成交价格的"抵扣"有一定的随意性，实际上，定价结果取决于双方的谈判能力，甚至成为双方利益的一种勾兑。

"控制权"和"管理层购股比例"作为衡量控制权溢价的变量，其系数均为负值，与假设四相悖。说明我国上市公司管理层收购中也没有考虑控制权溢价，成交价格有"缩水"的嫌疑。事实上，控制权溢价在企业并购中是普遍存在的，管理层在收购中有意忽略，是出于降低收购成本的需要。

四、结论及政策建议

本文通过对我国上市公司管理层收购定价的理论分析建立了定价模型。继而对 MBO 定价中的两大难点，即管理层贡献和控制权溢价，通过选取适当参数予以量化，并利用已实施 MBO 的上市公司数据为样本，对影响管理层收购定价的各个变量进行了实证检验。结果表明，收购价格与账面价值显著正相关，与国有资产转让的净资产底线规定相吻合；收购价格与管理层贡献负相关，并且创业型的企业领导人比任命制的企业领导人享受了更大的价格"抵扣"，体现了人力资本定价的公平。但管理层贡献的其他量化指标在回归结果中的显著性不强，说明在价格谈判中受其他非市场干扰因素影响较多。另外，在成交价格中没有体现出控制权的价值，这是管理层低收购成本的有意行为，也是在今后的 MBO 定价中需要进一步关注的。

总体来说，我国上市公司 MBO 定价还处于探索阶段，包含了太多的非市场行为，造成这种状况有交易主体的因素，也有交易制度的因素。要从根本改变目前非市场化的定价机制，应该建立一种新的市场化 MBO 定价模式——构建由政府、产权交易市场、资产评估机构、卖方四方组成，政府宏观调控，资产评估机构独立估价，产权交易市场具体组织，多个买方（包括管理层）博弈的市场定价模式，同时还要考虑管理层贡献和控制权溢价因素，设立量化标准，使之进入可操作的层面。

参考文献

[1]《中国上市公司 MBO 报告》，载于《上海证券报资本周刊》2004 年第 3 期。

[2] 杨瑞龙、周业安：《相机治理结构与国有企业监控》，载于《中国社会科学季刊》1998 年第 3 期。

[3] 王巍、李曙光：《MBO 管理者收购——从经理到股东》，中国人民大学出版社 1999 年版。

［4］孙国茂:《公司价值理论与股票定价》,载于《经济学动态》2002 年第 2 期。

［5］ Zingales, L. , "Private benefits of control: An international comparison", *NBER Working Paper Series*, 1994.

［6］ Shleifer and Vishny, "Private benefits from control of public corporations", *Journal of Financial Economics*, 1997.

［7］陆满平:《为自己干——MBO 操作实务》,中国财政经济出版社 2003 年版。

［8］ Wrigth. Hoskisson. Busenitz & ∗ Dial. Entrepreneurial Growth through Privatization; The Upside of Management Buy—outs, Academy of Management Review, Vol. 25. No. 3. 2000.

［9］聂文忠、张辉波:《MBO 在我国国有企业改革中的应用研究》,载于《华南金融研究》2003 年第 2 期。

［10］张多中:《管理层收购(MBO):理论与实际应用》,载于《经济与管理研究》2003 年第 3 期。

第二篇 国有企业改革研究／中国上市公司管理层收购的定价研究

中国企业风险管理研究[*]

　　市场经济范围的横向扩大和纵向发展正在给企业造就一个未来不确定性越来越大的世界。外部经营环境和内部交易活动的不确定性使得企业的经营者们难以为他们的每一个经营决策变量确定一个准确的值，从而使企业面临着遭受经营损失的风险。然而，换一个角度说，企业的生存和发展也是在克服各种风险，有效实施风险管理的条件下取得的。

　　在国外，风险管理自 20 世纪 70 年代以来得到迅速发展，目前已经成为经济学界和企业界备受关注的热门学科。其主要成就在于对纯险市场（pure risk）的研究。目前，国内有关企业风险管理的研究还缺乏系统性，多数研究侧重于对商业银行风险的分析，显然不能推及普通企业。另外，考虑到中国风险管理市场的发育程度和中国诸多企业、市场制度的特殊性，因此，中国企业的风险管理更加复杂。

一、企业风险的本质

　　对风险进行开拓性研究的是美国经济学家弗兰克·奈特，他在 1921 年出版的《风险，不确定性和利润》中对风险做了经典的定义。奈特认为，风险（risk）是"可测定的不确定性"，是指经济主体的信息虽然充分，但却难以对

---

　　* 本文原载于《江西师范大学学报》（社会科学版）2000 年第 4 期。合作者：游五洋。

未来可能出现的各种情况给定一个概率值。与风险相对应，奈特把"不可测定的不确定性"定义为不确定性（uncertainty）。奈特进一步指出，企业家的利润主要是企业家处理经济环境状态中各种不确定性的经济结果。

我们注意到奈特使用的风险概念与我们所理解的风险概念存在某些差别。对一个经济主体而言，无论是可测定的风险还是不可测定的不确定性，都是与企业的损失可能性相关联的，都会引起经营决策者风险管理的动机。经济学家黄有光（1973）区分了两种风险：一种是和做决策相关的风险；另一种是参与者无法控制的外生的或自然的风险。可以看出，黄有光对风险的划分更为全面，与我们所理解的风险含义更为接近。如果一个企业经营决策者所遇到的不确定性主要是由外部环境引起的，是他完全无法控制的，那么就是"风险"，而不是"不确定性"。相反，企业生产经营决策所需要的最重要信息，是有关他人的偏好（外部信息）和他人的资源（内、外部信息），这两者都是不确定的。由于获取这类信息的费用太大，企业家不得不面对某些风险。这些风险是与企业家的经营决策相关的，即不确定性。

结合契约经济学的有关理论可对以上结论做进一步的分析。企业风险一方面来自企业内部交易的不确定性和外部经营环境的复杂和变化。（1）企业内部交易的不确定性是指企业内部的劳动雇佣交易、委托代理交易的各种状况是不确定的，如企业雇佣工人劳动，付给工人工资，但是工人每天的工作性质、实际工作时间、努力程度是不一样的，而这些差异都会给企业的利益带来影响。（2）企业外部经营环境的复杂变化是指与企业经营有关的环境，如利率、汇率、价格、政府法律、宏观政策、政治环境等处在不断地变化之中。另一方面，企业风险来自企业内部契约的不完备性和经营管理人员知识的有限性。（1）企业内部契约的不完备是指，企业内部契约难以准确地描述企业未来交易的各种状况和每种交易状况下契约各方的权利与义务。（2）经营管理人员知识的有限性是指企业的管理人员获取的信息（关于不确定性的知识）是有限的，所以经理人员必须不断学习，以消除企业所面临的不确定性。

以上四种情况只有两两配合才能产生企业风险。（1）企业内部交易的不确定性和内部契约的不完备使企业产生委托—代理问题及相应的代理费用，这可以称为企业制度风险。（2）企业外部经营环境的不确定性和经理人员知识的有限性使得企业面临决策的困难和必须付出信息搜寻的成本，这是企业外部经营环境风险。实际上，两类风险的共同之处在于都给企业带来生产费用或交易费用的变化，从而使企业的收益成为一个随机变量。

二、企业经营环境风险管理

完整的企业经营环境风险管理分析框架至少应包括以下几个部分：对企业环境风险的辨别与分析；企业风险分类；风险管理工具；企业风险管理组织的建立；风险管理绩效评析。这五个部分的逻辑关系见图1。

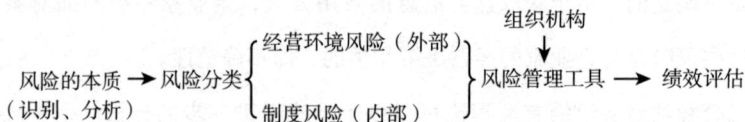

```
                              组织机构
                       ┌ 经营环境风险（外部）┐    ↓
风险的本质 → 风险分类 ┤                    ├ 风险管理工具 → 绩效评估
（识别、分析）          └ 制度风险（内部）  ┘
```

图1

1. 风险的识别与分析

企业风险表现为交易费用的上升，而企业外部经营环境的不确定性和企业内部治理结构失衡都会增加企业的交易费用。企业的经营决策者应该建立企业风险的预警系统，密切注视一些有关企业利益的重大变量的变化情况。例如，原材料、产品的价格变动情况，竞争对手的策略，国家宏观经济政策，利率、汇率的变动等。识别风险之后，企业还要对风险进行度量，确定风险可能带来的损失，以便为采取管理措施提供依据。

2. 企业风险分类

风险分类的标准在于对风险本质的认识。如前所述，企业风险分为外部经营环境风险和制度风险。其中，经营环境风险又可分为"外生的自然的风险"和"与经营决策有关的风险"两类。前者专指企业风险中的纯粹风险，即只有损失而无收益的风险，对这类风险可以通过保险市场来进行管理，所以是可保的；后者属于投机风险，既可能带来损失，也有可能带来收益的不确定性。这类风险发生的概率是不可估计的，所以是不可保的。

消除"与经营决策有关的风险"与企业经营管理是一个问题的两个方面。西方学者认为，企业家（企业）利润的源泉就在于不确定性，不确定性越大，企业家获利的可能性也就越大。企业家通过收集信息，加强经营管理的过程就是不确定性转化为利润的过程。既然消除企业外部经营风险与正面的企业经营管理可以归结为一个问题，那么，企业外部风险就可以按照企业管理的内容划分为市场营销、财务、生产与技术等几个方面。

综上所述，企业风险分类图如下（见图2）。

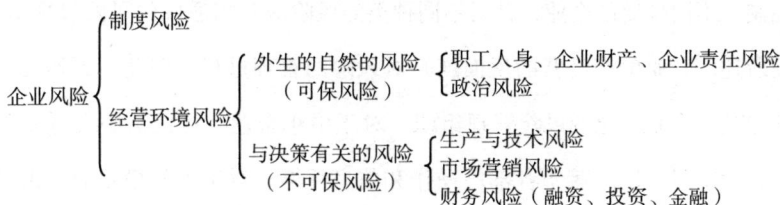

图 2

3. 风险管理工具

包括企业利用外部现成的风险管理工具和利用企业内部资源加强管理两类。采取何种风险管理工具不仅取决于风险的类别，而且取决于对风险的态度。对于纯粹风险一般利用保险市场加以管理，而对于投机风险，管理的办法则多种多样，最常见的是对于金融风险（利率与汇率）采用金融衍生工具进行管理。西方的金融衍生市场比较发达，但是在我国，金融市场发育程度低，外汇的远期交易业务尚未开办，更谈不上金融期货和期权了。因此，企业可利用的风险管理工具种类较少。对于其他的外部经营风险管理，根本的措施在于广泛收集信息，减少信息非对称，从而减少企业面临的不确定性。应该注意到，由于风险本身的变化，由于科学技术的进步和保险人其他能力的提高，或由于在承担的风险中引进了某些强制性的因素，可保风险的范围是扩大的。

制度风险主要表现为内部契约不完备所引起的企业内部治理效率低下问题。目前，中国的国有企业普遍存在制度风险，制度风险管理的办法比较特殊，已经远远超出了管理学的内容。这在后面将加以论述。

企业在选取风险管理工具的时候要权衡风险管理的收益和成本，但又与企业对待风险的态度有关。如果企业是风险厌恶者，则可能忽略成本而采取能完全规避风险的办法；如果企业是风险偏好者，则有可能采取风险自留的做法，以期获得额外的投机收益。

4. 企业风险管理组织的建立

企业需要有一个专门的组织机构对风险管理的整个过程实施有效的监督和控制。不同规模的企业，针对不同种类的风险应有相适应的风险管理组织。如前所述，企业生产经营的反面就是对风险的管理过程，因此，成熟的企业往往也是一个系统化的风险管理组织。对于中小企业，可以不必设置专门的风险管理部门，但应赋予各部门操作和信息反馈。对于大规模企业，由于信息沟通相对困难，企业各部门又有盲目追求业绩和完成目标任务的冲动，于是，风险因素往往被低估或忽视。因此，在大型企业的经营风险管理中，一个重要原则就是风险管理监督和风险承受部门必须有效分离，相应地，企业在风险管理的组织结构安排上也应当予以保障。

5. 风险管理绩效的评估

绩效的评估与对风险的度量、评估及风险管理目标的设置是联系在一起的。其主要任务在于风险管理部门对比风险管理结果与风险管理目标做出评判、发现问题，提出改进补救措施，并及时地予以反馈、执行。风险管理债权的评估应该是全流程的，是一个实时监控系统，而不仅仅是最后的总结。

三、国有企业的制度风险

如前所述，企业制度风险产生于企业内部契约的不完备性。企业内部契约的不完备性产生了企业所有权（即剩余所有权与控制权）问题。在企业契约不完备的情况下，企业所有权无论如何安排，不确定性总是无法完全消除的，因为代理成本存在，即交易费用不为零。但是好的企业所有权安排可以使代理成本最小，使企业抵御风险的能力最大。

企业是一系列契约的有机组合，企业的委托—代理契约所形成的企业内部治理结构是这一组合的结果，表现为一套规定企业利益相关者之间关系的制度安排。它的主要功能是对企业参与者加以控制、监督、激励和约束。企业内部治理结构的效率会极大地影响到企业交易成本的高低，当企业内部交易成本增加超过企业"分工协作"或"纵向一体化"本身所能节约的交易成本时，企业就面临破产的危险。

国有企业委托—代理关系的扭曲所带来的内部治理结构效率低下表现为：国有企业产权的控制决策者腐败，经营决策者无能与"内部控制"，生产经营者的偷懒与"搭便车"行为。对于中国国有企业，制度风险是最为严重的企业风险。可以说，国有企业的亏损乃至倒闭，在很大程度上不是由于市场因素造成，而应归结于国有企业的制度前提。

中国 20 年的改革在解决国有企业内部激励方面应该说是卓有成效的。国家通过一系列的改革措施（包括利润留成、承包制）实际上把相当一部分剩余索取权由国家转移给企业内部成员，特别是经营人员。这对调动经营者的积极性和发挥他们的信息优势起到了非常重要的作用。但是，由于原有的企业管理体制是一个严密的系统，"放权让利"的结果是使企业的监督成本迅速上升，政府难以对企业实施有效的监督，企业经理人员（或者与工人合谋）实际占有的剩余远远大于政策的规定和统计显示的份额。这种事实上的占有可能导致资源配置扭曲和分配格局的变化，是经济学上典型的"内部人控制"。内部人控制和国有企业经营决策者的选择问题往往结合在一起，是目前国有企业最大的问题。

国有企业管理体系，国家控股公司的经营者在很大程度上拥有对企业的最终控制权，但并不是最终的剩余索取者。这样，控制权就成为一种"廉价投票权"，无能之辈也可以通过贿赂国家控股公司经营者而取得企业经营者的位置。在这样的前提下即使企业的管理工作做得再好，企业也难免亏损乃至破产的风险。

总之，企业风险是由外部经营环境的不确定性引起，又与企业的治理结构有关。因此，构建企业风险管理的分析体系，尽可能地收集信息，消除不确定性，建立有效的企业内部治理结构就成为防范和控制企业风险的关键所在。

国有企业激励机制探析[*]

　　现代企业管理既是一门科学也是一门艺术，而其管理内容的核心是对人的管理，即努力激发人的主动性与创造性，满足人的各种需要，促使企业目标函数与人的目标函数的统一。从世界范围来看，随着全球范围内的技术革新和产业升级，国际企业的经营理念和管理模式逐渐从产品、技术经营转向资本、智力经营；企业竞争的重点已从物质资本转向人力资本。就国内环境而言，国企改革进入攻坚阶段，面对外资和私营企业的挑战，国有企业要迎难而上，在企业制度创新的同时，努力建立适应市场经济的人员激励机制，最大限度地开发国有企业内部丰富的人力资源，适应"以人为中心"的现代企业管理革命。

一、人力管理理论与激励机制

　　人力管理是现代管理的核心。它强调企业以人为本进行管理，把过去以生产流程为中心的管理转换到以人为中心的管理轨道上来。因为经济活动是以人为主体的有目的改变客观世界的活动。人是经济活动中起决定性作用的因素，是最活跃的生产力要素，经济活动不仅要最大限度追求利润，而且要充分满足个人和社会的需要，因为人既是经济活动的手段也是经济活动的目

---

　　* 本文原载于《石油工业技术监督》2004 年第 4 期。合作者：李由。

的。人力管理应该是以人为本的管理，管理者要非常尊重人，重视企业内人力资源或人力资本的配置使用，协调优化人际关系适应人力管理的需要，企业的激励机制应该是在满足职工各种层次需要的同时，激发职工的主动性与创造性，发挥职工的主人翁作用，增强企业的凝聚力、向心力，创造出最佳的工作业绩和劳动生产效率，最终取得企业的经济和社会效益。

进入19世纪末20世纪初，资本主义由竞争向垄断阶段过渡，传统的企业管理体制也开始变革。泰罗、法约尔、韦伯等人提出了科学管理即古典管理理论，古典管理理论的核心是后来被称为经济人假设的X理论，泰罗等人认为工人追求的是高工资，雇主追求的是低成本和高利润。企业管理的中心问题是提高劳动产率，企业管理的关键在于工作定额原理和标准化原理的贯彻执行。在这种管理方式下的企业激励机制主要是依靠定量分析、各种严格的规章制度、增加工作奖金等手段来激发工人的劳动积极性，把人看作一种与资金、设备等同的生产要素，看作是单纯追求物质利益的经济人。显然，这种理论忽视了人的全面需求。

梅奥等人19世纪20年代在美国进行了霍桑工厂试验，由此提出了行为管理理论。该理论认为工人是社会人，工人不仅是追求高工资的经济人，而且追求人与人之间的友情、安全感、归属感、社会尊重等社会需要。企业中除了受企业规章制度约束的正式组织外，还存在着抱有社会感情的非正式组织，正式组织和非正式组织都对企业的劳动生产率有很大的影响。行为管理理论意味着对有的员工来说，吃饱穿暖这种最基础的生理需要或许就是他们的追求目标；而对有的员工来说，他们或许渴望荣誉、声誉、地位、名望、受人尊敬。因此，管理者应充分了解员工的各种需要，因人而异地借助激励因素来达到效果。

赫茨伯格的双因素理论提出两类因素：一类是激励因素，包括工作本身、工作成就的公认、提升和责任等；另一类是保健因素，包括公司的政策、监督、薪金、工作条件和人际关系等激励因素能激发人们做出最好的表现，是影响人们工作的内在因素；而保健因素则防止员工对工作产生不满的情绪，是外在的起维持作用的因素。如果这些条件得不到满足，往往使人产生消极的情感，导致精神沮丧，出现迟到、缺席现象，甚至离开企业。因此，管理者要兼顾激励因素和保健因素，用发自内心的真诚给人赞美，对员工的工作成就给予充分的肯定，用授权的办法让员工具有较大的自主权，使员工的责任感大大加强。此外，企业应注意改善工作条件，制定合理的薪金福利制度，安排合理的工作时间，布置舒适的工作环境，以意见沟通代替指挥监督。

经济学在其发展过程中也越来越关注人在经济活动中的作用。人力资本是个古老的概念，但是主流经济学一直把分析重点放在了土地、资本、劳动和生产交易过程的分析，而没有充分重视人的价值。最近二三十年，经济学家在解释当代经济增长的性质和源泉时，舒尔茨、丹尼森、肯德里克、米勒、贝克尔等人认为，经济增长不仅取决于人们的工作时数，而且取决于这些工作时数的生产力大小。决定工人生产力的一个重要因素是教育，在教育上的投资产生了人力资本，人力资本的发展来自正规的学校教育、父母的教育、在工作中的学习等方面的投资，个人教育程度的高低与其收入水平成正比。

从管理理论和经济理论的发展趋势可以看出，现代企业越来越重视对人力资源的开发和管理，以人为根本的人力管理已经成为现代管理理论和实践的精髓，现代人力管理的基本内容和特征是尊重人、依靠人、发展人、满足人。在社会主义市场经济体制中，人力管理对于国有企业尤其具有重大意义，国有企业不仅要牢固树立职工在生产经营中的主人翁地位，而且要建立有效的激励机制，充分尊重和满足职工的正常需要，使职工得到全面发展。

二、国有企业收入分配管理

国有企业在开发内部人力资源时，最关键、难度也最大的一项任务就是企业人员激励和工作绩效考核规划的制定与实施。激励的形式分为精神的和物质的。精神激励用以满足"心理上的需要"，物质激励用以满足"生理上的需要"。国外对物质激励十分重视，认为这是激发人的动机，调动积极性的重要手段。目前，由于我国大多数人的物质生活水平不高，人们比较关心切身的物质利益，采取适当的物质激励，对提高企业生产效率、调动职工积极性是十分必要的。

在国有独资公司中，公司的收入分配还可以继续贯彻按劳分配原则。因为企业资产属于全民共同占有，个人之间不存在资产占有上的差距。在改制后股权多元化的公司中，公司收入分配就不能全面推行按劳分配原则。因为此时公司的资产来源多样化，职工除了向公司提供劳动外，还可能拥有股本等非劳动性的生产要素。这时，公司的收入分配原则就要转化为多样化了：按要素分配，即劳动者得到工资，资本者得到利息、股利或利润。对于公司来说，只有建立适应市场经济要求，又符合公司特点的收入分配制度，才能充分调动职工的生产积极性和创造性。

工资是公司收入分配中最普遍的形式，是职工劳动报酬的基本形式和职工收入的主要来源。在社会主义市场经济中，公司的工资管理应该坚持以下原则：一是公司享有工资奖金分配的自主权，公司可以根据经济效益和经营特点，在自负盈亏的前提条件下，实行灵活多样的内部分配形式，合理确定职工的工资水平和工资差距，政府不再直接干预公司的工资分配状况；二是公司平均工资增长率低于公司劳动生产率增；三是公司应该依照法律规定参加社会保障制度，并建立公司的福利体制；四是个人工资水平应该与其劳动生产率和工作性质相联系，工资反映个人的劳动贡献程度；五是工资水平应该随通货膨胀率和社会生活水平的变动而及时调整，政府对公司工资主要通过税收制度、产业政策、社会保障制度等进行宏观间接调控。

公司的工资制度包括工资形式、工资等级、工资增长机制等方面的内容。在工资形式上，公司可以采取的基本形式有等级工资制、岗位工资制、计件工资制、计时工资制、职务工资制等不同形式。在这些基本形式基础上又可以形成岗位技能工资制、结构工资制等工资形式，公司可以根据其行业经济技术水平、职工劳动特点等情况采取适合公司的工资形式。

在工资等级和工资增长上，公司的工资等级可以适度拉大，真正推行多劳多得的分配原则。对有突出贡献的职工应该重奖,有效激励职工的劳动积极性。公司工资增长的基本依据是公司的经济效率,特别是劳动生产率水平。政府对于依靠经营、资源等方面具有垄断地位而带来高收益的行业和公司,如邮电、金融、房地产、电力等行业,应该制定限制性政策,形成合理的产业工资顺序。

实行股份制改造的国有企业部分职工除了是公司的劳动者,还是公司的股东,这部分职工在领取劳动报酬的同时,还要参与公司的利润分配。股利是股息和红利的统称,是股东依据所持股份从公司的年度利润中分配所得的收入。其中,股息是指在资本上计算的利息,公司可按章程在股东大会决议后按规定的期限和比例向股东支付股息,也可以在优先股股票上载明股息的利率;红利是指股息之外分配给股东的公司盈余,红利的分配数额或比例要根据公司年终决算的情况决定,税后盈余多则多分。在实践中,一些公司将股息定为优先股的分配方式,将红利定为普通股的分配方式,在优先股分配之后根据税后盈余决定分配的多少。公司利润分配的顺序或原则是:依法弥补公司以前年度的亏损,依法纳税,提取法定公积金和公益金以及任意公积金,此时公司如果仍有盈余就可以向股东分配股利。

为了对国有企业的经营者建立起有效的激励机制,自 1992 年起,北京、上海、深圳、福建、四川等省市先后进行了经营者年薪制试点。党的十五届四中全会通过的《中共中央关于国有企业改革和发展若干问题的决定》强调,少数企业试行经理(厂长)年薪制、持有股权等分配方式,可以继续探索,要不断总结经验,切实建立起经营管理者收入与企业的经营业绩挂钩的机制。

三、国有企业的精神激励

国有企业不仅要重视职工的物质需要,而且还要满足职工的各种非经济性的需要,管理者既要以身作则,又要注意与职工的沟通和了解,使职工工作具有挑战性及成就感。

第一，加强企业民主管理，真正落实职工的主人翁地位。在深化国有企业改革中，要坚持全心全意依靠工人阶级的方针，增强职工的主人翁意识，激发职工在生产经营中的自觉性、积极性、主动性。

从制度上看，要强化公会制度，赋予职工参与公司管理的一定权利，工会或职工代表参与公司的一些重大决策，特别是涉及职工利益的重大决策。国有企业只有尊重职工的个人意见，特别是对员工中的"领袖人物"所反映的情况予以充分重视和信任才能将职工的体现个人价值的欲望有机地融合于企业的整体目标之中。

第二，企业要协调好职工之间的关系，创造融洽、和谐的企业人际关系氛围。人力智能的发挥与所处的组织人文环境密切相关。大量的实践证明，一个人在领导公正廉明、人文和谐的人际关系中，他不仅能有效发挥现有能力且他的潜能也能得到展现。在生产经营活动中，职工由于能力、经历、岗位等差异，可能产生工作上的冲突和人际关系上的摩擦，公司管理者要创造条件使职工之间能够彼此尊重、信任、团结和协作。同时，公司可以通过建立和发扬企业文化等手段，培养良好的群体意识及公司行为规范，其中，政府也可以通过劳动就业的平等权利法规保障职工在公司中享有平等的工作条件。

第三，国有企业要积极发展极具特色的企业文化，企业文化是具有相向价值观和美丑观的意识形态。

共同的价值观是指能够激励人的，将职工个人追求与企业组织目标很好结合起来的价值观念或目标，也是企业灌输给全体人员的指导性观念。一个企业若树立了正确的、崇高的共同价值观，就意味着员工思想上的统一，企业朝着一定的方向集中发挥总体力量。可以说价值观是企业的上层建筑，是企业经营管理的灵魂。若把某种价值观作为企业文化的意识形态，在员工的心中不断加以强化，便可形成一种稳固性、牢固性的企业文化，企业文化作为企业职工价值观念、信念、传统、习惯的提炼和结晶，在相当长的一段时间内是稳定不变的。企业文化一旦形成，就在员工中产生心理定势，成为所有员工共同遵循的原则。

长期以来国有企业所提倡的把国家、集体和个人利益结合起来的集体主义价值取向，以及人与人之间的互助合作精神，在企业中对于维护正常的生产经营秩序，减少欺骗、偷盗等机会主义行为，仍起着不可忽视的作用。因此，国有企业应利用这一优势，并结合现代市场经济法则形成一种新的企业文化。这些企业文化对于增强企业职工的内聚力，激发工作积极性，减少偷懒、"搭便车"行为，提高企业经济绩效，都起了十分积极的作用。

第四，国有企业应强化企业培训，加大人力资本的投资。对职工的培训和继续教育是人力资本投资中最主要的部分，它能极大地提高人的综合素质和创新能力，它能给企业带来比物质资本投入更长远的收益，也能增强职工的主人翁精神。因此，国外大公司都力求用人力资本的投入，用丰富的人力资源优势来替代物质、自然资源的优势。美国的企业提出，为了使员工感受到生命的意义，应当使企业成为"学习型组织"；日本一向以职业技能开发作为振兴经济的基石，提倡企业把对员工的"终身雇佣"变为"终身培训"。比较而言，我国的国有企业在职工学习和培训上的投资相当落后。为了加强国有企业的国际竞争力，迎接国际大公司的挑战，国家应制定相应的政策，加强对职工培训的指导、服务和宏观管理；企业在制度创新中，应对职工和提高职工素质做出明确规划，加大人力资本的投资。

国企改革与社会保障[*]

国有企业改革目前已经进入攻坚阶段，一些长期积压的深层矛盾和问题集中暴露出来，其中一个突出问题就是冗员过多。因此，实行下岗分流、减员增效是国有企业改革的一项重要内容，也是实现国有企业 3 年脱困目标的关键因素之一。但是，这项工作又涉及社会稳定与改革顺利发展的问题，这就要求改革能切实减轻国有企业的社会负担，保障国有企业下岗职工基本生活，同时建立起完善的社会保障体系。党的十五届四中全会通过的《中共中央关于国有企业改革和发展若干重大问题的决定》，对做好减轻国有企业的社会负担，成员增效和再就业工作，加快完善社会保障体系建设提出了明确要求，是指导我们进一步做好国企改革的行动纲领。

一、国有企业的社会负担和社会保障资金

减轻国有企业的社会负担，加快建立和完善社会保障体系存在两个难点：一是国有企业社会负担的转移问题；二是社会保障资金的筹集问题。

1. 国有企业社会负担的转移问题

国有企业长期负担了诸如生育、退休、医疗、伤残、失业等各种社会保障任务，职工宿舍、食堂、托儿所、幼儿园、浴室、休养所、疗养院等物质

---

* 本文原载于《经济热点活页文选》2000 年第 3～4 期。

福利设施，文化宫、俱乐部、图书馆、体育设施等文化设施，修路、建校、赞助、征兵、计划生育等社会服务。对此，国有企业已经开始把社会职能与企业的经济职能分开，把这些企业承担的社会服务设施转化为经营性业务，或者由社区承担这部分职能。从以后看，社会管理职能应该由政府承担，至于企业是否承担、承担多少社会服务职能，应该由企业根据其经济效益状况来具体决定，企业只要有能力而又不违反国家财经制度，就可以继续为职工谋福利。如果企业效益低下，那么企业自然对职工福利无能为力。

2. 社会保障资金的筹集问题

过去我国在社会保障资金使用上采取的是现收现付或以收定支的方式，不是资金预筹积累的方式，而且过去政府和企业又把一部分社会保障资金用于投资和生产活动，形成了一定的国有资产存量。从 1984 年开始，特别是 1995 年进行的城镇职工养老保障制度改革，把资金缴纳的责任主要是按人头分摊在国有企业头上，特别是国有老企业头上，而由于过去几十年职工就业和退休集中在国有企业，非公有制企业几乎不存在退休职工，由此形成了社会保障负担过分集中在国有企业的不合理现象，在建立社会保障制度时，应该公平合理地确定不同企业的资金负担。1997 年 7 月国务院颁布的《关于建立统一的企业职工基本养老保险制度的决定》，仍然要求通过当期即现有的企业统筹经费来解决老职工的养老金来源，这种制度要求企业承担新职工的资金供给，这是完全合理的，但要求企业承担老职工的资金供给，这显然并不完全合理。况且，资金供给集中于国有企业特别是国有老企业，导致许多亏损企业无力缴纳或以各种方式拒绝缴纳。近期各地养老金的收缴普遍出现下降趋势，有些地区的收缴率只有 50%～60%，不少地区养老金入不敷出。1997 年全国养老金当年收入为 1337.9 亿元，支出 1251.3 亿元，当年结余只有 86.6 亿元，这实际上仍是现收现付制度。截至 1998 年 3 月，全国共拖欠离退休人员养老金 46.8 亿元，而实际数据恐怕还不止这些。

所以，今后要拓宽社会保障筹资渠道，加强社会保险基金管理。由于社会保险基金的收支缺口不断增大，这两年财政加大了资金支持力度。党的十五届四中全会通过的《中共中央关于国有企业改革和发展若干重大问题的决定》（以下简称《决定》）提出了通过征收利息税、变现部分国有资产、合理调整财政支出结构等充实社会保险基金的措施是十分必要的。要切实按照《决定》的要求，在努力开拓新的基金来源的同时，严格管理各项社会保险基金，严禁挤占挪用，确保基金的安全和增值。

二、保障国企下岗职工的基本生活和再就业

目前，部分国企下岗职工生活困难已经成为一些地方影响社会稳定、经济发展的因素之一。各级劳动和社会保障部门应切实贯彻有关政策、法规，保障国企下岗职工基本生活。

1. 认真办好企业再就业服务中心

把符合条件的下岗职工都组织到中心来，保障其基本生活，并代缴各项社会保险费。鼓励有条件的国有企业实行主辅分离、转岗分流安置企业富余人员，减轻社会的就业压力。对列入三年脱困目标的大中型国有企业，要加大下岗分流的力度，真正为企业脱困和改制创造条件。

2. 筹集资金是做好国有企业下岗职工基本生活保障工作的关键环节

要认真按照"三三制"原则落实资金，坚持企业、社会、财政各自负担的办法。一是对于有能力的企业，该出的钱一定要出。二是加大社会筹集资金的力度，下大力气做好失业保险费征收工作，在保证支付失业保险金的同时，调剂更多的资金用于下岗职工基本生活保障。三是各级财政都要加大调整支出结构的力度，做到优先、定额安排基本生活保障资金。对老工业基地、困难行业和困难企业，通过中央和地方财政的支持确保下岗职工的基本生活。

3. 搞好三条保障线的互相衔接

下岗职工在原就业服务中心期满仍未实现就业的，按规定与原企业解除劳动关系，符合条件的可到当地的失业保险经办机构登记，享受失业保险待遇。下岗职工和失业人员家庭经济困难的，可按规定享受城镇居民最低生活保障待

遇。三条保障线互相衔接、互相补充，形成具有中国特色的社会保障制度。

三、加快建立和完善社会保障体系

关于如何建立新型的社会保障制度这个问题，可分为两个方面的内容：一是社会保障制度的改革目标和社会保障制度的基本内容；二是具体改革和建立社会保障制度的过程和方法。

1. 社会保障制度的改革目标

首先，我国原有的城镇社会保障水平远远高于农村居民，这也与户籍制度的二元分割相对应。其次，城镇社会保障也分为不同部分，政府和国有企事业单位的社会保障水平高于非国有单位，社会保障制度改革也集中在国有单位。由此，新的社会保障制度的改革目标是坚持权利和义务相统一、兼顾公平与效率的原则，建立同社会主义市场经济、社会生产力发展水平、人口和老龄化发展趋势相适应，统一、平等、适度的社会保障制度。对此，有必要加以解释。

（1）统一的社会保障制度。统一是指社会保障制度应该包括中国全体居民，不能忽视和歧视非公有制单位人口和农村人口享有社会保障的权利，应该依法建立全国统一的社会保障制度。当然，现阶段基于城镇和农村的社会经济发展水平不同，其社会保障层次、范围、水平可以不同，农村近期内还难以实行全国统一的社会保障制度，但社会保障的基本原则和运行机制应该相同。中央 15 个部门已经在 1998 年 8 月底与劳动和社会保障部正式签署了养老保险移交地方，实行属地化管理的协议，这标志着我国的养老保险制度改革在经历了十多年的条块分割后，终于开始了社会保障制度的并轨统一。从今后看，还应该将城镇和农村的其他社会保障工作统一起来。在社会保障制度上，应该成立统一的管理机构，如社会保障部，将目前过渡性的劳动和社会保障部、民政部等承担的社会保障职能统一到社会保障部。

（2）平等的社会保障制度。平等是指全体居民都应该享有政府统一提供的、福利水平相差不大的社会基本保障待遇。社会保障应该具有社会统筹、转移支付、社会平等的功能。当然，高收入阶层的居民如果不满足社会保障，可以通过个人储蓄和商业保险来获得更高的保障水平。

（3）适度的社会保障制度。适度是指社会保障水平应该与社会经济发展水平相适应，社会保障制度应成为社会经济运行的减震器和安全阀，但社会保障不应该损害竞争、风险、激励等应有的市场机制。发达国家的社会经济实践表明，适度的竞争、风险、收入差距是调动居民、企业的经济积极性、创造性的基本机制，个人只有置身于充满风险和竞争的社会中，才可能最大限度地发挥他的体力和智力潜能。过度实行社会保障制度，过分强调社会公平和安全，将会消磨、扼杀个人的竞争和创新能力，不利于社会经济的运行与进步。英国、瑞典等高福利国家，中国国有企业在工资和社会福利上的平均主义，已经暴露出了一系列不良的社会经济后果。因此，社会保障只能坚持在一个适度必要的水平上，以不损害市场竞争和经济效益为前提条件。

2. 社会保障制度的基本内容

现代社会的保障制度大致可以分为三部分：一是个人储蓄和家庭保障，如农民的储蓄养老及养儿防老；二是通过保险公司、互助会、企业等社会机构和机制提供保障；三是政府统一提供的基本保障，即政府的社会保障制度。社会保障制度主要由社会保险、社会福利、社会救助、社会优抚等构成。

（1）社会保险。包括养老保险、失业保险、医疗保险、工伤保险等部分内容。其一，养老保险作为政府对离退休人员提供的生活保障，是社会保障制度中的关键部分。我国应该成立社会统一的养老保险制度，保险资金由政府发起，鼓励有条件的企业建立商业性的补充养老保险，鼓励职工个人自愿参加的储蓄性养老保险，积极发展商业人寿保险和社会互助。目前，要大力推进养老保险的全额缴拨和社会化发放，通过银行、邮局等社会服务机构发放养老金。在这个基础上，逐步实行退休人员与原企业相分离，按照属地化的原则，由社区管理有关事务。其二，失业保险是政府对非个人原因造成的失业、中断收入的劳动者，在一定时期内提供援助并促进再就业的保障制度。

其三，医疗保险制度要实行社会统筹与个人账户相结合。医疗保险制度除了要进行自身的改革外，还要进行医疗单位和制药行业的管理，医疗保险制度改革必须与医疗、预防机构相配套。医疗单位要制定技术规范和加强行业监督管理，在医疗单位之间要逐步引进竞争机制，实行医疗服务与药品销售分开核算制度，允许病人到就诊医院外买药。其四，工伤保险经费应主要由各个单位负担，不应过多强调社会统筹和削弱单位责任。

（2）社会福利。它是保障城乡居民生活安定的重要组成部分。现阶段改革的主要内容有：一是要根据国情国力，发展社会福利事业，逐步增加福利设施，如社会福利院、儿童福利院、职工疗养院、残疾人福利企业等；二是要建立和推广住房公积金制度，实行买房、租房相结合，买房中商品房和成本房相结合的多样化住房制度；三是要改革教育制度，既要保障九年制义务教育的全面有效推行，又要发展高等教育，实行收费和助学金制度，还要大力发展职业教育。

（3）社会救助。它是最低限度的社会保障安全网，是保障社会成员生存权利的基本手段。社会救助的主要对象是生活在贫困线以下的贫困人口和温饱还没解决的人群。

（4）社会优抚。它是我国拥军优属工作的重要内容，社会优抚主要是对退伍军人、伤残军人和军烈属给予优待和抚恤，保障其基本生活，安置退伍军人就业。当前存在的主要问题是社会优抚水平偏低，应该提高抚恤补助标准。

总之，我们要认真学习和贯彻党的十五届四中全会通过的《中共中央关于国有企业改革和发展若干重大问题的决定》，切实减轻国有企业负担，建立新型社会保障制度，为国有企业创造公平竞争的外部环境，并达到从总体上增强国有企业活力、提高国有经济控制力的目标。

建立产业国际竞争力提升指标体系的框架思路*

2010 年 10 月，国务院颁布了《国务院关于加快培育和发展战略性新兴产业的决定》，并以此明确了我国未来产业发展的重点，即通过战略性新兴产业（下文称"重点产业"）国际竞争力的提升带动我国整体国际竞争力水平的提升，以保持我国经济持续平稳快速发展。然而，提升我国重点产业国际竞争力也是一项艰巨的系统工程。虽然理论上和国际经验都为提升产业国际竞争力提供了一定的借鉴，但产业国际竞争力是个比较的概念，为了更好地把握竞争力程度，适时设置并调整竞争力提升的激励，需要设置合理的指标体系。

一、相关文献综述

（一）国外研究概况

为产业国际竞争力研究确定一个经济分析范式，是重要的学术研究课题。其中，在国内外的诸多研究中，产业国际竞争力研究的分析范式主要是对产业国际竞争力决定因素的分析，即对产业竞争力的来源、影响因素等的分析。迄今为止，对该问题进行系统研究的是美国哈佛商学院的管理学大师迈克尔·波特教授，他提出了著名的"钻石模型"理论，第一次为产业竞争力的研究提供了一个系统完整的分析框架，该理论突出了国家商业环境对产业竞争力

＊ 本文原载于《商业研究》2012 年第 3 期。合作者：陈少克。

的作用，强调了高级要素对产业竞争力的影响，重视相关与支持性产业的地位。但也存在比较明显的不足，例如，过分强调商业环境对产业竞争力形成的作用，未把产业内部因素作为主导；淡化了技术创新对产业竞争力的决定性作用；突出了国内需求条件的作用，却低估了国际需求条件的重大影响；忽视了政府在产业竞争力中的特殊作用。但这些也为后人的研究提供了依据。在一定程度上说，关于产业竞争力决定因素的分析都是建立在波特钻石模型理论的基础之上。

在对产业国际竞争力理论研究的基础上，各国政府也对产业国际竞争力问题十分关注。1983 年，英国政府委托经济社会研究理事会对本国 20 多个项目进行了国际竞争力研究，并于 1992 年起由贸易与产业部每年提交不同主题的竞争力研究报告。法国计划部、德国经济部等也曾经分别就本国的经济实力、产业竞争力等问题进行了研究并形成相关的研究报告。日本通产省也对日本与美国在产业国际竞争力的影响因素（如政府作用、环境因素等）方面进行了比较分析和深入研究。许多研究机构和学者构建了产业国际竞争力的评价指标体系。其中最具影响力的是总部设在日内瓦的世界经济论坛（WEF）和瑞士洛桑的国际管理发展学院（IMD），它们形成各自独立而成熟的国际竞争力评价理论、评价方法和评价指标体系。随着经济和社会的发展变化，这两个组织不断调整评价理论、方法和指标，实现了与时俱进，从而对国际竞争力理论做出了巨大的贡献。其研究成果在全球范围内得到了普遍认同和广泛采用。

（二）国内研究综述

我国学者从 20 世纪 90 年代就开始产业国际竞争力方面的研究。金碚（1997）提出研究产业国际竞争力的视野应集中于经济分析较易把握的领域以及因果性比较清晰的关系。从工业品国际竞争力研究开始，从国产工业品的市场占有率和盈利状况及其直接与间接决定因素的分析入手，建立适合我国产业发展实际情况并易于进行更深入国际比较研究的经济分析模型。裴长洪（1998）指出产业国际竞争力的指标可以分成两类：一类是显示性指标，即可通过市场占有率指标、利润率指标和价值增加指标或增值率指标来说明产业国际竞争力的结果；另一类是分析性指标，即可从直接原因指标和间接原因指标来解释为什么具有国际竞争力的原因。国家计委课题组（2001）把产业国际竞争力范围概括为竞争实力、竞争能力、竞争潜力、竞争环境四个方面的内容，并据此设计出一套三级评价指标体系，分别用于反映产业"要素供给"方面的实力、竞争潜力（包括比较优势、后发优势）、竞争能力（包括市场化能力、资源转化能力、技术创新能力）和竞争环境（包括竞争动力、竞争压力、竞争活力）。

周星、付英（2000）从产业的素质、产业的结构现状及发展趋势、产业发展的环境制度因素及产业国际化程度和能力四个方面来分析评价一国的产业国际竞争力，侧重于反映一国产业的总体国际竞争力，对单个产业国际竞争力的研究也有一定的指导意义。但该指标体系非常庞大繁杂，大部分相关数据还难以获得，在实际运用该指标体系分析时，存在较大的困难。张金昌（2001）基于出口与国际竞争力呈正相关关系，设计了一套用进出口数据评价产业国际竞争力的指标体系。该指标体系包括三个部分，即反映市场占有率的指标（主要有市场渗透率指标、进口所占比例指标、出口贡献率指标和出口增长优势指数）、反映贸易盈余（净出口）的指标（主要有贸易竞争力指数、相对竞争力指数和贸易分工指数）、反映出口所占比例的指标（主要有显示性比较优势指数、显示性竞争优势指数和净出口显示性比较优势指数）。张铁男、罗晓梅（2005）通过确定某一产业的投入要素和产出要素来评价某一特定产业国际竞争力的强弱。他们把产业投入因素分为两大要素模块，即基础要素和核心要素。其中，核心要素是决定产业国际竞争力的中心环节，是评价特定产业国际竞争力时关注的重点；基础要素支持核心要素的长期持续发展并直接提供竞争动力。在指标设置上，分别从产业的收益能力、产业的规模效益、产业的社会效益、产业的生产效率、产业的国际竞争优势等几个方面揭示出产业的国际竞争能力的强弱，即主要从盈利能力、市场份额和贸易竞争能力三个方面分析，而这三大要素的子层分析要素由产业利润总额、资产利润率、产业增加值、产业生产率以及产业出口份额等组成。

（三）总体评述

在市场经济中，任何市场主体都无法避免竞争，在市场竞争中，任何竞争主体只有增强自身的某种优势、形成竞争力才能立于不败之地。对产业国际竞争力提升的理论梳理及研究现状的分析，对我们提高产业国际竞争力提供了一定的思路。

现有的产业国际竞争力研究范式不管多么不同，但经过我们的梳理可以看出，产业国际竞争力的提升取决于三大方面的协调发展。其一是微观环境，即作为产业竞争力提升主体的企业竞争力的形成，这不单取决于企业的管理创新、成本控制、要素占有条件等企业战略和策略层面，还取决于企业参与竞争和企业内部研发的能力与机制。

其二是宏观环境，即一个国家的市场环境与公共部门的协调环境与能力。产业竞争力的提升，不仅取决于政府的产业政策的引导甚至规制，还取决于一个国家的竞争政策，即市场的竞争环境是否有利于企业形成竞争力，是否有利于具有竞争力的企业脱颖而出。

其三是中观环境，即宏观环境和微观环境之间的过渡，或者说是宏观环境作用于微观主体的特定环节。具体地说，可以考虑以下几个问题：首先，国家的产业政策是否有利于形成相对比较完整的产业链，即能否形成有助于产业国际竞争力提升的产业链条，保证产业与相关性产业的可持续发展；其次，国家的产业政策是否有助于企业竞争力提升的基础环境的形成，从国际经验上看，这一内容不但取决于政府的产业规划，更重要的是体现在产业技术创新体系的构建或国家创新体系的形成；最后，国家的产业政策和产业规划能否与市场环境相适应。在市场环境中，竞争力最重要的体现就是效率水平的提升，因而，产业竞争力的提升最终需要企业或者各微观主体在市场竞争中"锤炼"出来。而产业政策政府主导和市场竞争两者之间矛盾关系的处理也是产业国际竞争力提升构建中的基础性因素。

二、产业国际竞争力提升指标体系设置思路

从现有的研究来看，产业竞争力理论研究的发展越来越趋向综合性理论，一国的竞争优势是因为产品、技术、规模、政府政策等多方面的差异造成的，价值链分工、产业集聚等因素越来越多地被考虑进来。据此，我们能够大致得出以下结论：首先，产业国际竞争力的提升需要政府的产业政策（含产业技术政策）；其次，产业国际竞争力的提升最终要通过企业的竞争力来反映；再其次，产业国际竞争力中的核心竞争力或者其根本作用的是资本、技术和人才等要素；最后，产业国际竞争力是一个社会性系统工程。据此，在我国战略性新兴产业发展规划已经确定的情况下，我们对我国重点产业国际竞争力设置三层互相依存、环环相扣的指标体系，即状态指标体系、发展指标体系和激励指标体系。它们之间的关系如图1所示。

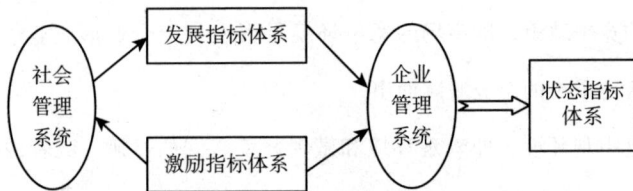

图1　我国重点产业国际竞争力指标体系组合

其中，状态指标体系是对某一行业某一时期产业竞争力的评价，衡量的是经过一段时期的产业发展，该产业的国际竞争力达到了什么状态。

发展指标有两重含义：其一，从发展指标和状态指标的关系上看，状态指标是发展指标在一定时期内对产业国际竞争力提升结果的状态反映；其二，发展指标衡量的是动态过程，它们反映的是状态指标的发展方向。因此，发展指标体系解决的问题是产业国际竞争力如何提升的问题。

激励指标体系的设置有两方面含义：其一，对社会层面的激励，即通过一定的社会管理（公共政策）对整个社会系统创造一种激励，这种激励作用

于发展指标体系（激励整个社会系统调动能够促成产业国际竞争力提升的各个因素的指标值）通过企业管理系统提高产业国际竞争力；其二，产业国际竞争力的提升最终要通过企业竞争力来实现，因此，需要针对企业管理层面设置激励体系，即通过各微观政策（如税收优惠、投资优惠等）引导并促进企业管理系统提升其竞争力。

三、产业国际竞争力提升指标体系框架阐释

（一）状态指标体系

状态指标体系是相对静止的。在这一指标体系中，可以通过产业整体竞争力、市场竞争力、企业竞争力和产品竞争力来衡量。状态指标体系如图 2 所示。

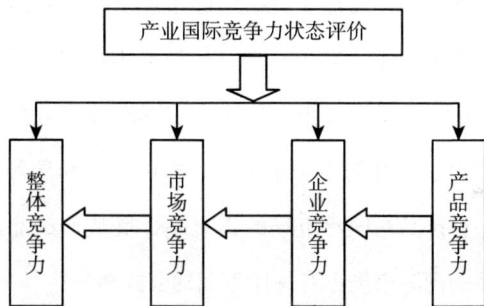

图 2　产业国际竞争力状态指标体系组合

1. 产业整体竞争力

产业整体竞争力是衡量过去产业竞争力成果的积淀、现状和未来发展潜力的重要内容。一方面表现现有产业的发展水平；另一方面表现为未来发展的基础。该项竞争力可以用总产量、产业地位和产业利润率来进行分析评价。

首先，总产量、产业利润率可以分别从绝对指标和相对指标两个方面衡量产业状况，而且数据也很容易获得，具有可操作性。同时，这两个指标也分别衡量了产业整体的产、销状况。但在实际操作中，用利润指标衡量竞争

力可能会产生一定的虚假，如高利润可能与低工资、出口补贴等相联。

其次，产业地位的衡量可以是一个主观的概念，可以通过问卷调查、专家打分等形式获得主观评价，但也可以通过量化形式进行客观评价。例如，可以通过某产业的增加值与 GDP 的比重来衡量。在开放经济条件下，考察产业的国际竞争力状况，可以用国内该产业的增加值和全球该产业增加值的平均水平做对比，来反映本国该产业在全球该产业中的地位；同样可以用国内该产业的增加值与国际该产业最高水平的增加值做对比，来衡量与最高水平之间的差距。

2. 市场竞争力

市场竞争力是产业竞争结果的体现，市场竞争力可以通过国际市场占有率和贸易竞争指数来衡量。

首先，国际市场占有率反映的是一个国家或地区出口的产品在国际市场上占有的份额或程度。它包括在开放的国际市场上，某种国产品销售额占世界该类产品总销售额的比重、某种国产品出口额占世界该类产品总出口额的比重。一个产业的国际竞争力大小，最终将表现在该产业的产品在国际市场上的占有率。在自由、良好的市场条件下，本国市场和国际市场一样，都是对各国开放的。一种产品在国际市场的占有率，反映该产品所处产业的国际竞争力大小。产品的国际市场占有率用下面的公式衡量：

$$某国 i 类产品的国际市场占有率 = \frac{某国 i 类产品的出口额}{世界 i 类产品的出口总额}$$

其值越高，该产品所处产业国际竞争力就越强；反之则弱。

其次，在世界市场背景下，市场竞争力指标考察中还必须考虑到国内市场占有率，因此，可以考虑国内市场占有率指标（用本国该产品国内市场销售额与在国内市场上国内、国外该产品的销售额之和的比值来表示），但是，在存在贸易壁垒的情况下，该指标不能准确地反映真实的竞争力，因此，可采用贸易竞争指数来表示：

$$贸易竞争指数 = \frac{产品出口额 - 产品进口额}{产品出口额 + 产品进口额}$$

该值越接近于 1，反映出的竞争力就越强；反之，则越弱。

3. 企业竞争力

企业是产业的细胞，产业竞争力最终要通过企业竞争力来实现，特别是一个产业的国际竞争力可以通过该产业中大企业的竞争力来反映。国内大企业在世界同行业中的产销量排名可以简明地反映企业竞争力的大小。企业的领导地位是与历史过程紧密相联的，它的成功取决于外部因素、知识结构、组织以及过去积累的自身能力之间的协调。

4. 产品竞争力

产品竞争力是产业和企业竞争力的载体，因此，分析和评价产业国际竞争力就必须对产品的质量、价格、结构等进行全面分析。由于统计上的问题及相关数据的缺乏，用国际上常用的出口产品的质量指数衡量我国产品的质量及附加值的变化比较困难。但考虑到产品价格是以产品质量为基础的，同类产品出口价格与进口价格比较可以间接反映出一国产品质量与档次，因此，我们借鉴金碚（2003）的分析方法，用单位产品价格变动反映的制成品质量水平（质量指数）和进出口商品价格比来进行评价。

$$质量指数\ Q_i = \frac{E_i^T / X_i^T}{E_i^Q / X_i^Q}$$

其中，Q_i 为替代质量指数的价格变动指数；E_i^T 为报告期 i 产品的出口额；X_i^T 为报告期 i 产品的出口数量；E_i^Q 为基期 i 产品的出口额；X_i^Q 为基期 i 产品的出口数量。

$$进出口商品价格比 = \frac{i\ 年出口商品单位价格}{i\ 年进口商品单位价格}$$

产品竞争力从一定程度上反映产业的差异化竞争水平，与产业的研发水平和企业管理水平有密切的关系。

评价产业国际竞争力的状况需要用到状态竞争力指标体系中的三个竞争力，而这三个竞争力之间的关系也是很明确的：产业整体竞争力水平取决于产业的市场竞争力；在开放经济条件下，产业在国际市场上的竞争力又具体化为国内该产业内部各企业的竞争力；而企业竞争力从根本上看要由其产品竞争力反映出来。

（二）发展指标体系

从相关理论研究和国际经验的角度看，产业的发展取决于多重因素，但从根本上看，产业国际竞争力提升中根本性的因素在于资本、技术和人才，这已经被相关经济学理论所证明。但是，资本因素、技术因素和人才因素的改善并不必然带来产业国际竞争力的提升，这些因素必须通过合理的配置才能对产业国际竞争力的提升做出应有的贡献。因此，本文对发展指标体系的构建包括对资本竞争力、技术竞争力、人才竞争力和政府与市场竞争力四个方面及其相互关系的考察。而正是因为这四个方面的相互关系能够提高企业经营绩效，因此，他们便成为产业竞争力发展的主要动力（如图3所示）。

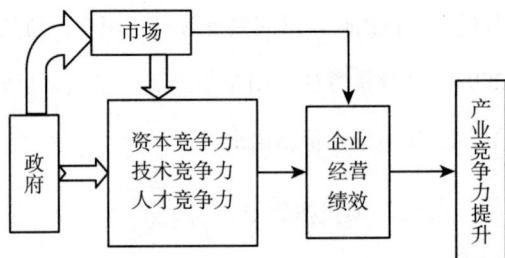

图3 产业国际竞争力发展指标体系

1. 资本竞争力

资本竞争力反映的是产业吸引和利用资本的能力，因而，该指标在一定程度上反映了产业生产能力以及规模经济的利用程度。对我国战略性新兴产业而言，能否吸引社会资本进入并在此基础上充分利用社会资本，是产业国际竞争力提升的关键。

资本竞争力可以用产业总资产数量、平均资产规模（产业总资产数量在该产业内所有企业之间的平均）等反映资产规模的指标来衡量，也可以用总资产贡献率、成本费用利润率等反映资本效益的指标来衡量。

2. 技术竞争力

一个产业的真实竞争力是与技术进步、生产率提高相关的。按照波特的竞争优势理论，竞争力体现在成本竞争能力、差异化竞争能力和领先一步的创新能力上。技术竞争力则对成本、差异化及领先一步等竞争力均会产生重大影响。

技术竞争力可以从劳动生产率、产业技术水平、技术创新经费、技术创新机制等方面衡量。其中，劳动生产率是国际上衡量技术水平的通用指标。产业技术水平的衡量需要进一步具体化，例如通过设备的技术水平（可用先进技术装备数量/总设备数量衡量）、产业技术依存度（技术贸易总额/GDP）、单位产品物（能）耗率和专利数量来衡量。技术创新经费既可以从绝对量上衡量，也可以从相对量上考察，如可以采用R&D经费支出强度（R&D经费支出/总产值或销售收入或工业增加值）。

产业技术竞争力从量化指标的角度入手进行衡量是必要的，但技术竞争力从根本上还取决于一个国家的技术创新机制，例如，一个国家技术创新体系中企业是不是技术创新的主体，企业有没有实现从生产型向创新型转变，一个国家是否形成了创新国家氛围等。

3. 人才竞争力

人才竞争力指标的衡量可以从人才培养、人才应用和人才流动三个方面来衡量。这三个方面从本质上讲都是定性的概念，但也可以从量性关系出发找出代表性的定量衡量指标。

首先，就人才培养方面而言，人才培养是一个过程，涉及整个教育体系的完整过程。从广义上看，涉及的有入学率、教育结构、师资队伍、课程体系等。但作为人才竞争力的衡量指标，我们可以从高等教育毛入学率、研究生比例、研究型大学比重来衡量人才培养的数量和质量。考虑到人才培养是一个不断循环的过程，因此，还应该考虑继续教育与专业培训的可得性。

其次，就人才应用方面而言，在国际技术与创新基地的激烈竞争中，单枪匹马的个体和单一学科领域再也无法拥有能与竞争对手抗衡的全面技术优势。处于价值形成过程各个环节的个体，只有通过紧密合作，结成创新联盟，突出创新重点，形成区位优势，才有可能在激烈的国际竞争中驾驭国际分工的、不断发展所带来的深刻社会和经济变革。因此，衡量人才应用可以从创新型人才团队的数量的角度来衡量，在知识经济时代，这应该是一个极其重要的指标，也是创新型国家建设的关键所在。另外，人才的应用离不开人才识别系统、人才考核体系。

最后，就人才流动方面而言，人才竞争力是通过人才的竞争来实现的，而人才竞争必然伴随人才的流动。从提高我国产业国际竞争力的角度，对人才流动的考察关键在于考察相关重点产业对人才的吸引力，这可以通过人才净流入来衡量。

4. 政府与市场竞争力

政府与市场是产业国际竞争力提升的重要因素。通过政府和市场这两种资源配置方式可以使资本、技术和人才物尽所用，人尽其才。因此，政府与市场竞争力考察的是政府和市场两个因素在外部环境创造方面对产业国际竞争力的贡献。虽然，政府和市场是两种不同的机制，但在我国，市场机制和市场环境的形成、规范与发展也离不开政府因素的作用。因此，对这一外部环境性质的竞争力因素的考察重点要关注政府本身的直接作用（政府改善生产要素和扶持产业发展）及政府通过规范市场机制而产生的间接作用（改善竞争环境）。

（1）政府在改善生产要素方面的竞争力表现。

首先，政府在产业技术创新中的作用。可以从以下六个方面来反映：①建立国家技术创新体系，完善技术研发的基础设施，如重点实验室、关键性实验设施、信息资料库等；②组织力量进行基础理论研究，为应用型研究和技术创新提供基础保障；③对关系国民经济发展的战略性支柱产业和新兴技术进行研发；④从事高风险性技术的投资；⑤对企业技术创新提供资金和政策支持；⑥组织企业公关协作。

其次，政府在人才培养中的作用。①通过大力兴办国民教育和职业教育，使更多的社会成员得到受教育的机会，提高全社会劳动者的素质；②围绕产业发展，调整学科和专业设置，把与战略性新兴产业相关的学科和专业作为重点，为提高这些产业的企业素质及经营绩效提供充足的人才资源；③增加教育经费投入；④有针对性地帮助企业进行培训；⑤制定优惠政策，加大人才引进力度等。

最后，政府在资本形成中的作用。①加强基础设施等社会先行资本的投资力度，为产业发展创造良好的基础环境；②有选择地对基础性产业、重点行业的研发、融资进行直接财政支持或降低融资风险，完善财政投融资机制；③完善资本市场和金融体系。

（2）政府在扶持产业发展方面的竞争力表现。

就产业竞争力而言，当一个产业处于幼稚或发育阶段时，其竞争优势尚未最终形成，此时，不管是从产业成长的角度还是从国家整体利益维护的角度看，政府对幼稚产业提供一定的市场保护是十分必要的。即使产业具有较强的竞争力之后，为了应对日趋激烈的国际市场竞争，政府也应该在国际贸易规则的框架下采取灵活的方式或策略加强对本国产业的市场保护，力求做到"扶上马送一程"。只有这样，才能使本国产业在国际市场上立于不败之地。

首先，对幼稚产业来说，开拓市场是行业起步阶段并走向发展的关键。因此，政府的作用主要应体现在引导性、服务性上：①通过行政干预，诱导国内消费者增加民族产品的消费（日本20世纪五六十年代扶持汽车产业发展的做法）；②制定鼓励消费，特别是鼓励对战略性新兴产业产品的消费，引导消费习惯；③政府采购；④帮助企业进行市场推广；⑤设置市场准入制度和一定的行业技术质量标准，防止过度竞争和无序竞争损害国际竞争力的提升。

其次，在应对国际市场竞争上，主要是帮助行业（企业）提高国际市场的竞争力：①在WTO框架下设置关税和非关税壁垒，减轻国内行业的冲击；②财税金融措施的运用，如政府补贴和出口退税、汇率政策等；③通过政治经济外交为国内行业创造参与国际竞争的良好的国际环境，并为国内相关产业的发展搜集相关信息。

（3）竞争环境：市场竞争秩序的规范。

虽然，市场是一个自发的秩序，但市场竞争环境却是需要相关制度进行规范的。产业国际竞争力的提升及其持续性从根本上看需要企业在市场竞争中获得，政府的作用仅仅是提供参与市场竞争的前期准备。因此，在我国，规范的市场竞争秩序便是提升战略性新兴产业国际竞争力的关键之一。

首先，促成市场充分竞争。①完善市场经济体制。使战略性新兴产业中的企业一开始就成为竞争主体，平等地参与市场竞争。完善资本市场、要素市场等。②维护市场秩序。维护市场的统一性；加强质量评价与管理；强化知识产权保护。③限制垄断。对基础性的行业建立寡头垄断的市场结构，促成产业竞争力的提升。

其次，限制过度竞争。通过实施产业组织政策，设置市场准入制；在退出机制上，促成资产重组和实施破产。

综上所述，政府与市场竞争力的衡量指标中大都是属于定性评价，和其他指标体系一样，定性衡量是必要的，也是重要的，其应用会更显复杂。但是，根据以上内容，我们可以在政府和市场因素中选取一些可以说明问题的定量指标：①对政府的衡量，特别是衡量政府对改善生产要素方面的竞争力表现可以考察政府公共支出的结构（科教文卫支出、投资性支出、转移性支出）及其变化；②对市场的衡量可以通过市场化总指数（可参见李晓西等历年的《中国市场经济发展报告》）、商业效率来衡量；③对特定产业，可以通过股权结构、生产率、资本可得性来衡量。

（三）激励指标体系

从根本上讲，只有通过一定的激励才能激发各因素积极性来提高产业国际竞争力。因此，激励指标体系反应的是如何通过政策选择提升产业国际竞争力的问题。从图1中将激励体系单独取出构造激励体系（如图4所示），包括对社会层面的激励系统和对企业层面的激励系统。

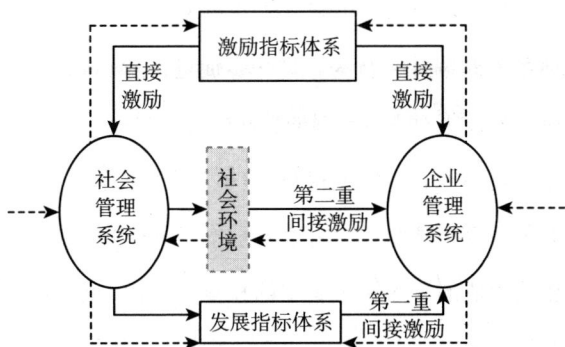

图 4　产业国际竞争力激励指标体系作用环

这两个系统的激励最重要的联系是：对社会系统的激励不单是通过发展指标体系作用于企业系统（第一重间接激励），对社会系统的激励本身又可以将这种激励通过社会环境、社会舆论等介质对企业管理系统产生一种激励（第二重间接激励）。而激励本身是一个动态的过程，不仅有正向的激励促进作用，还要不断地通过反馈来修正激励体系。因此，图4中的虚线部分反映的是由状态指标体系的反馈形成的激励体系的修订过程，即政策选择要不断地根据状态指标的反馈进行不断地完善。

据此，激励指标体系中指标的设置可以从以下几个方面衡量。

（1）财政支出实际利用率。用来衡量政府产业支持政策的实际激励效果。可以用以下公式来表示：

$$财政支出实际利用率 = \frac{财政对某产业的支出 - 产业内实际有效利用额}{财政对某产业的支出}$$

财政支出实际利用率越高，说明政府产业支持政策通过社会系统对发展指标体系的贡献越大。

（2）企业家队伍及其管理效能。这是一个定性指标，企业家队伍越完善、其管理效能越高，说明政府政策、社会政策对企业管理系统的激励越有效。

（3）社会创新环境、社会舆论与社会价值体系。这些定性指标反映了社会环境对产业国际竞争力提升因素和企业管理系统的外在作用。

（4）社会活力和政策弹性。这是反映社会和政策对状态评价的反应能力。

其中，社会活力构建了社会纠偏机制，能够迅速通过捕捉产业国际竞争力状态，通过创新体系等改编社会行为，进一步促进产业国际竞争力的提升；政策弹性反映的是政府政策对现实状况的反映能力。

对于激励指标体系而言，它们衡量的仅仅是激励作用的大小，对于产业国际竞争力提升的综合衡量而言，由于激励本身的作用，它们理所当然应当成为指标体系中的组成部分并给予一定的权重。然而，激励作用的大小毕竟不是安排的指标所能决定，本质上讲，它们都取决于其背后的激励机制。

四、结语

对产业国际竞争力指标体系的设计是全面分析和认识产业竞争力的基础，也是产业国际竞争力评价的重要组成部分。产业国际竞争力是由多种因素互相作用的结果，这些因素不但是产业国际竞争力状态评价的依据，也应该是产业国际竞争力提升的着力点和激励对象——这本身也说明，合理而科学的产业国际竞争力的指标体系应该是状态指标、发展指标和评价指标的综合——这也是本文指标体系构建的基本思路。然而，指标体系毕竟要具有很强的引导性，这些引导性在操作中更多地需要用一些确切的等级标准来加以界定。但根据本文分析可知，在这些指标体系中，有许多因素特别是对于定性指标而言，在其量化和标准化上存在内在的难度，这虽然超出了本文的研究范围，但却是产业国际竞争力提升指标体系操作上的一个重要课题。

参考文献

［1］迈克尔·波特：《国家竞争优势》，华夏出版社 2002 年版。

［2］洪银兴：《经济全球化条件下的比较优势和竞争优势》，载于《经济学动态》2002 年第 12 期。

［3］瑞士国际管理发展学院（IMD）：《2002 年 IMD 世界竞争力年鉴》，中国财政经济出版社 2002 年版。

［4］金碚：《中国工业国际竞争力——理论、方法与实证研究》，经济管理出版

社 1997 年版。

[5] 裴长洪：《利用外资与产业竞争力》，社会科学文献出版 1998 年版。

[6] 国家计委宏观经济研究院产业发展研究所课题组：《我国产业国际竞争力评价理论与方法研究》，载于《宏观经济研究》2001 年第 7 期。

[7] 周星、付英：《产业国际竞争力评价指标体系探究》，载于《科研管理》2000 年第 3 期。

[8] 张金昌：《用出口数据评价国际竞争力的方法研究》，载于《经济管理》2001 年第 20 期。

[9] 张铁男、罗晓梅：《对产业国际竞争力分析框架的理论研究》，载于《工业技术经济》2005 年第 7 期。

[10] 金碚等：《竞争力经济学》，广东经济出版社 2003 年版。

西方激励性规制理论研究综述[*]

一、西方激励性规制理论产生的理论背景

西方激励性规制理论产生于 20 世纪 70 年代末 80 年代初，下面我们对其产生的理论背景进行分析。

首先，从规制经济理论发展的纵向演变来看，激励性规制经济理论是在克服传统规制经济理论缺陷的基础上发展而来的。

传统规制经济理论经历了市场规制的公共利益理论、市场规制的俘获理论、市场规制的经济理论三个主要阶段。市场规制公共利益理论的主要思想是，由于自然垄断、人为垄断、外部性、信息不对称等原因，市场存在失灵现象，即市场的自行运行不能达到帕累托最优，因而需要政府的规制矫正。这种理论把政府设想为公共利益的保护者，不具有自身的私人利益，也不会受某个集团自我利益的左右。

然而，其问题也恰恰产生于此。这种理论没有说明对社会净福利的追求是如何进行的，也没有对市场规制发生的论断进行实证检验。相反，实证研究结果表明，现实世界中大量被规制产业既不是自然垄断产业，也不具有外部性；而且，规制仅有微小的导致价格下降的作用，并不能对价格产生较大的抑制作用。经济学家对 19 世纪美国规制史的实证研究发现，政府规制与市

＊ 本文原载于《中国流动经济》2010 年第 1 期。合作者：曹永栋。

场失灵之间不存在必然的正相关关系，相反规制却提高了生产者的利润。规制俘获理论就是在此基础上产生的。

规制俘获理论的基本思想是，规制的提供正好适应了产业对规制的需求，而市场规制机构最终会被产业所控制，规制有利于产业利润的提高而不是有利于社会福利的提高。然而，规制俘获理论与公共利益规制理论一样，面临着没有理论基础，只是对经验的归纳和总结。同时，对现实中存在的许多现象，诸如一些受规制产业中出现的交叉补贴问题，规制机构不是被生产者俘获，而是促进消费者利益等问题，规制俘获理论无法作出解释。因此，在规制俘获理论基础上又产生了规制经济理论。

规制经济理论主要用经济学的基本范畴、标准和方法来分析规制的产生，主要包括施蒂格勒模型、佩尔兹曼模型和贝克尔模型。这三个模型都遵循施蒂格勒的前提假设，即强制力是政府的基础性资源，规制的供给者和需求者都是追求最大效用的理性经济人。施蒂格勒模型、佩尔兹曼模型建立的基础是立法者或规制者为实现最大化政治支持而选择规制政策；贝克尔模型则集中讨论利益集团之间的竞争及其所决定的再分配，并由此建立了利益集团竞争的政治决策均衡模型。然而，虽然规制经济理论有助于理解政府的干预，但是它忽视了利益集团与立法者、立法者与规制者之间的信息不对称问题，没有形成委托—代理理论。

传统规制经济理论建立在信息对称的基础上，主要形成了公平报酬率规制方式。然而，这种规制方式在实践中产生了一些问题，如企业内部无效率的产生、规制关联费用的增加、规制当局的自由裁决权和寻租成本的产生、因规制滞后而导致的企业损失等。西方激励性规制理论正是为了解决这些问题而产生的，也是在信息经济学、委托—代理理论、机制设计理论等理论发展的影响下产生的。

二、西方激励性规制理论的主要内容

西方激励性规制理论建立在信息不对称的前提之下，会产生规制者与被规制者之间的委托—代理问题，即所谓的逆向选择与道德风险问题。这就要求经济学家对机制设计进行研究，以最大限度地避免委托—代理问题。这方面的理论主要包括：

1. 信息不对称下的洛伯和马盖特规制模型

洛伯和马盖特（M. Loeb and W. Magat, 1979）在假定垄断厂商完全知道成本和需求信息，而管制者仅掌握需求信息的条件下，设计了一个拍卖理论中的激励相容偏好显示机制，以及与公用品理论相联系的"说真话"机制，用以在规制者和公用事业单位的委托—代理关系中激励公用事业单位讲真话，从而将价格定于边际成本水平，达到消费者和生产者剩余的最大化，提高资源配置的效率。然而，尽管这个方案在经济上是有效率的，但为了激励公用事业单位讲真话，在这个模型中规制者允许垄断厂商侵占总经济剩余，忽略了公平性的问题。这与此模型采用不加权的社会福利函数有关。而采用加权的社会福利函数，就可以根据规制者对消费者与生产性公用事业单位的广泛权衡，为获取收益而损失一部分配置效率，这构成了逆向选择规制的内容。

2. 存在逆向选择情况下的规制模型

（1）巴伦与梅耶森模型及其扩展。巴伦和梅耶森（Baron and Myerson, 1982）认为，杜普伊（Dupuit, 1844）和霍特林（Hotelling, 1938）建立在信息对称基础之上的传统的边际成本定价最优方案与现实不符，而洛伯和马盖特规制模型又忽略了公平性问题。于是，他们提出了一个逆向选择情况下的激励相容的规制方案。这个方案是，在企业比规制者对成本拥有更多信息的条件下，把企业的价格和对企业的补贴设计为企业成本报告的函数，以便最大化社会福利期望，并满足企业利润非负和未谎报成本的激励的约束条件。最优的规制政策必然取决于规制者先验的关于企业成本的信息。在信息不对称条件下，必然只有当最优定价原则所产生的社会福利至少与固定成本一样大时，生产才能有保证。然而，巴伦和梅耶森的这个方案忽视了对成本的事后观察和随机审计。后来，萨平顿（Sappington）于1983年扩展了该模型。萨平顿认为，规制者虽然不能先验地知道成本，但可以通过事后对会计数据的观察得知成本的变化。因此，在成本不确定的条件下，规制者的最优策略要从确定性条件下的最优策略偏离，只能有两种基本方式：第一，拉姆齐（Ramsey）价格不再是最优；第二，成本最小化不再合意。不确定性的存在迫使规制者在企业实现某些技术的条件下放弃一部分剩余，以阻止企业在其他条件下侵占总剩余的绝大部分。1984年，巴伦和伯圣科（Baron and Besanko）又对该模型进行了扩展。他们的思想是，规制机构可以通过审计的途径来获得关于成本的一些信息，改进自己在信息上的劣势。具体来讲，当企业报告的成本高于某个值时，规制机构就对企业展开成本审计，如果审计结果显示企业是低成本的，就对企业处以经济惩罚。显然，这种方法可以减少企业高报成本的动机。研究表明，即使审计得到的成本信息并不完全准确，如果规制机构所能使用的惩罚足够大，成本审计也可以使规制结果趋近于完全信息条件下的最优结果。

（2）ISS方案及其扩展的ISS-R方案。1988年，萨平顿和西布利（Sappington and Sibley）提出了多时期激励模型——增量剩余补贴方案（简称ISS方案）。这个方案是在需求为共同知识，技术成本信息为规制者所缺乏，但规制者能在一个滞后的时期观察到企业会计支出的假设条件下，规制者允许企业可以在每一期按照自己的意愿定价，保持从生产中获得收益，并给予企业一个等于前后两期之间真实的社会剩余增量的补贴，以引导企业迅速、永久地站在社会利益的立场上行事。1989年，西布利（Sibley）又提出了ISS-R方案，认为即使需求信息不对称，也能通过引导需求显示使ISS机制得以实现。

3. 存在道德风险情况下的规制模型

（1）拉丰和梯若尔的委托—代理模型。1986年，拉丰和梯若尔（Laffonl and Tirole）将道德风险问题引入规制模型，提出了逆向选择和道德风险同时存在于委托—代理关系中的最优激励方案。在拉丰和梯若尔看来，政府对自然垄断行业的规制可以看作具有不同激励强度的成本补偿机制。他们在一期静态模型分析中认为，在没有道德风险的情况下，最优合约应该是成本加成合约；而在道德风险条件下，规制者不能补偿企业的全部成本，如果让企业来承担全部成本，就会产生低报企业效率并造成低产出的倾向。在这种情况下，可以通过把企业变成社会福利的剩余索取者，对企业给予一定的补偿，以避免低产出的发生。然而，企业和规制者之间一般是多期重复的关系，它们之间的博弈存在所谓的棘轮效应（也称制轮作用）。在没有承诺的重复博弈关系中，由于棘轮效应的存在，规制者只能对企业实行低强度的激励方案。

（2）萨平顿的委托—代理模型。1991 年，萨平顿（Sappington）运用规制机制设计的贝叶斯方法，提出了一个把重点放在道德风险问题上的、引入规制者对公用事业单位环境的概率信息的模型。该模型力求解决在委托人监控代理人行为有困难的情况下，激励拥有专门技术或信息的代理人在行事时能够如委托人所愿，从而克服代理人不努力的道德风险问题。

三、西方激励性规制的主要方式

西方激励性规制的方式主要有特许投标制度、区域间标杆竞争、价格上限规制等。

1. 特许投标制度

1859 年，英国人查德威克（Chad-wick）研究了当时在法国自来水行业中实行的特许投标制度，并建议把它作为维多利亚社会改革的一个环节，将之引入被规制产业，从而在理论和政策上引起了对特许投标竞争制度的讨论。但这一制度真正引起人们的关注却是在 1968 年德姆塞茨（Demsetz）发表了《为什么管制基础设施》这篇重要论文之后。这一制度所指的具体是，政府和地方公共团体提供公共服务时，在认定由一个特定企业承包比较经济的情况下，对这个企业给予垄断权，但同时又以对企业给予提高内部效率的刺激为目的，在一定时间后通过竞争投票进行决定，将特许权授予那些能够以更低的价格提供更优质服务的企业。这个制度存在的主要问题是：其一，它未必能保证有效的竞争；其二，当现有企业在竞争投标中被击败时，如何对它的资产进行转让和评估；其三，在决定授予特定企业特许权之后，是否就价格、投资等订立一些特许合同，此外对合同履行情况的监督等问题也不好解决。因此，在技术和需求不确定性较大的产业以及需要大规模设备投资、设备固定性较高的产业，很难采用特许投标制度。

2. 区域间标杆竞争

1985 年，雪理佛（Shleifer）提出了这一理论模型。其基本内容是，规制者将受规制的全国性垄断厂商划分为几个地区性厂商，规制者利用其他地区厂商的成本等信息来确定特定地区厂商的价格水平。通过不同地区间垄断厂商的间接竞争来刺激厂商降低成本、提高效率。该模型假定各个企业处于完全相同的环境中，这是不现实的。

3. 价格上限规制

1983 年，李特查尔德（Litdechild）在一份关于英国电信规制问题的报告中首次提出了价格上限规制。它指的是，在规制者与被规制者之间以类似于社会契约制度的形式签订价格改动合同，规定价格的上限，使价格原则上只能在这个上限以下自由变动，它是一种贝叶斯与非贝叶斯机制的混合，是一种典型的剩余索取权合同和固定价格机制。这一规制方式取代了以往由公平报酬率所形成的收费规制。该规制方式的优点有，它能够激励厂商通过技术创新、优化要素组合等手段降低成本，提高效率；同时，又赋予被规制厂商在不超过价格上限的情况下自由调整个别价格的灵活定价权，促使厂商建立有效的价格结构，从而使成本回收社会扭曲最小化，有利于社会资源配置效率的提高。该规制方式存在的问题有：第一，如果规制者对价格的监督机制不完善，就极有可能形成在垄断部门为垄断价格、在竞争部门为竞争价格的价格体系，从而不能保证企业的交叉补贴行为；第二，这种规制方式常常使被规制企业的价格产生停留在上限位置的趋势；第三，在实际中引入竞争的被规制产业和正在激烈竞争的被规制产业，竞争的结果使旨在提高生产率的竞争激化，因而会出现降低价格的竞争。在这种产业中引入上限价格规制，规制者与被规制企业之间很难就生产率提高问题达成一致意见，而是经常会在实际上有可能实现的生产率提高程度以下达成协议，使这种产业的价格总水平很难降低到其实际上有可能达到的水平。

四、西方激励性规制理论对我国的借鉴意义

我国是处于转型期的发展中的社会主义市场经济国家，与发达的资本主义市场经济国家相比具有自身的特点。但作为市场经济的普遍意义，在政府对被规制企业的规制中同样会面临委托—代理问题，即逆向选择和道德风险问题。西方激励性规制理论作为研究委托—代理问题的理论，它所要解决的是西方被规制企业配置效率和生产效率低下的问题。因此，对于存在同样问题的我国被规制企业，它可以在技术层面上为我国提供一定的借鉴。然而，我们必须看到，激励性规制理论也存在缺陷。例如，大部分激励性规制理论都设计得比较复杂，而模型设计越是复杂精巧，就越不容易在实践中得到广泛应用。同时，这些模型大部分都建立在一系列严格的假设之上，这些假设会在一定程度上损害激励机制设计的普适性等。而且，从上文提到的几种激励性规制方式，我们已经看到了它们各自存在的一些缺陷。因此，我国对于西方激励性规制理论与实践的借鉴一定要考虑它们自身存在的缺陷及其在我国的适用性问题，特别要充分考虑我国市场经济的社会主义特性和转轨、欠发达等特点。

参考文献

［1］Andrei Shleifer, "A Theory of Yardstick Competition", *Rand Journal of Economics*, 1985, 16 (3): 319 – 327.

［2］David E. M. Tirole, Incentives in Principal Agent Relationships, *Journal of Economic Perspectives*, 1991. 5 (2): 45 – 66.

［3］David P. Baron, David Besanko, Regulation, Asymmetric Information, and Auditing, *Rand Journal of Economics*, 1984, 15 (4): 447 – 470.

［4］David P. Baron, Roger B. Mverson, Regulating a Monopolist with Unknow Costs [J]. Economctrica, 1982, 50 (4): 911 – 930.

［5］David. E. M. Sappington, "Optimal Regulation of a Multiproduct Monopoly with Unknown Tcclinological Capabilities", *Bell Journal of Economicsi* 1983, 14 (2): 453 –463.

［6］David. E. M. Sappingtont D. S. Sibley. Regulating without Cost Information: The Incremental Surplus Subsidy Schemef, International Economic Review, 1988, 29 (2): 297 – 306.

［7］D. S. Sibley, "Asymmetric Information, Incentives, and Price-Cap Regulation", *Rand Journal of Economics*, 1989, 20 (3): 392 – 404.

［8］George J. Stigler, Claire Friedland.

［9］Harold Demset2. Why Regulate Utilities? Journal of Law and Economics? 1968, 11 (1): 55 – 65.

［10］Jean-Jacques Laffont, Jean Tirole, "Using Cost Observation to Regulate Firms", *Joumal of Political Economy*, 1986, 94 (3): 614 – 641.

［11］Martin Loeb ∗ Wesley A. Magat. A Decentralized Method for Utility Regulation ［J］. Joumal of Law and Economics, 1979, 22 (2): 399 – 404.

［12］R. A. Posner, "Theories of Ecmomic Regulation", *Bell Journal of Ecomonics*, 1974, 5 (Autumn): 335 – 358.

［13］S. C. Littlechilci, Regulation of British Tdecommunications Profitabilily: A Repon to the Secrelry of Slate for Trade and Industry J. Londori! Department of Industry, 1983: 32 – 48.

［14］Whal can the Regulation Regulate? The Case Electricity, Journal of Law and E-conomics ∗ 1962. 5 (October): 1 – 16.

［15］W. 吉帕·维斯库斯、约翰·弗农、小约瑟夫·哈林顿：《反垄断与管制经济学》，（陈甫军等译），机械工业出版社 2004 年版。

［16］藏旭恒等：《现代产业经济学前沿问题研究》，经济科学出版社 2006 年版。

［17］卡布尔：《产业经济学前沿问题间》，中国税务出版社、北京图腾电子出版社 2000 年版。

［18］张红凤：《西方规制经济学的变迁》，经济科学出版社 2005 年版。

［19］植草益：《微观规制经济学间》，中国发展出版社 1992 年版。

城域网的重复建设及解决对策[*]

城域网最初是计算机网范畴的一个概念，是指覆盖范围局限于一个城市及其近郊，支持城市范围内信息传输的网络。城域网如今已经不仅应用于计算机网络，而且广泛应用于电信网络的信息基础设施，中国电信、中国网通、中国移动和中国联通目前都在主要城市大规模建设自己的宽带 IP 城域网。有人担心这样大规模的重复建设势必造成国有资产的浪费，因而建议对城域网的建设实行政府管制。那么，是否有必要对城域网的建设和运营进行政府管制？又如何进行政府管制？理论和实践都证明这取决于城域网在电信网中的定位、提供何种电信业务，以及市场竞争环境等因素。

首先看城域网的定位。城域网最初是国家和省宽带多媒体网络在城市范围内的延伸，是介于局域网和广域网之间的计算机网络。而现在，由于计算机网络、电信网的融合发展，城域网同时可以看作运营商骨干传输网。长途电信网在城市中的延伸，是传统长途网与接入网的桥接区，也是传统电信网与数据网（计算机网）的交叉融合地带，乃至未来的三网融合区。

其次是业务应用。与局域网通常主要提供数据业务不同。城域网的业务范围不仅有数据，还有语音和图像，是全业务网络。另外，城域网是面向城市中政府、企事业单位和个人的，属于公用电信网范畴，而局域网只是企事业专用网。

---

* 本文原载于《企业改革与管理》2004 年第 4 期。

最后是竞争环境。近年来，中国电信、中国移动、中国联通、中国网通等运营商都已经建成或正在兴建自己的传输网络。但是干线传输网由于无法接入最终用户，难以满足运营需要，而依靠租赁其他运营商的电路又受制于人。同时，宽带网络业务的日趋发展对运营商产生极大激励。出于战略考虑，各运营商都积极兴建数据和传统业务并重的城域传输网。

综上所述，城域网既是国家信息基础设施的重要构成，同时也是运营商提供电信业务的重要网络平台。在市场竞争环境下，城域网已不仅作为公共基础设施由国家专门的机构负责运作，而且可以由多家电信公司建设和运营。从这个角度讲，一个城市出现多个由多家运营公司建设的城域网是电信竞争的必然结果，一定程度上的重复建设也是必然的。在电信公司自主经营、产权明晰的情况下，政府管制部门也没有必要干预运营商的市场竞争行为。

当然，重复建设存在社会资源浪费的问题，特别是在我国电信公司目前多为国有企业或国家控股企业的情况下，存在着严重的非理性投资和国有资产流失的问题。但是解决这一问题的关键，不在于政府对城域网的建设规模进行管制，而在于对国有企业产权进行改造，使之具有理性的投资行为。

试图建立一种政府管制的网络资源共享机制来避免重复建设的想法，在理论上很有诱惑力，但是实际上很难施行。例如，出于避免重复建设的考虑，只允许一家电信公司建设和拥有城域网，通过出租电路、带宽的办法让其他电信公司共享网络资源，这种做法很难施行主要基于以下原因。

第一，电信管制部门没有限制企业建设城域网的法律依据。目前的几家基础电信运营商都有城域网、宽带接入的建设经营权，可以根据企业战略发展的需要自主决定是否进行投资建设，目前我国管制部门主要是对电信业务的经营许可进行管制，语音通信属于基础电信业务，管制较为严格；宽带接入则属于增值电信业务，管制较松。城域网可同时提供语音和数据业务，而且其建设本身属于网络建设范畴。电信管制部门监管的主要是提供什么样的业务，而对网络设施建设现行的法律管制较松。

第二，虽然重复建网会增加社会成本，造成社会资源闲置、浪费。但是，如果只允许一家建设运营，又难以避免独家垄断给经济运行带来的成本。在许多时候，垄断的成本要大于重复建设的成本。我们已经看到中国电信对骨干传输网和城域网的控制，以及出租价格的不合理逼迫着越来越多的运营商建设自己的网络基础设施。而且，从战略角度出发，长期依赖竞争对手生存也不是运营商所愿意看到的局面。

第三，即使是由政府来建立一种城域网共享机制，也很难确定网络元素出租的价格。这一点美国联邦通信委员会（FCC）对非绑定网元（UNE）的定价案例给了我们很好的借鉴。FCC和本地主导运营商长久以来的争议说明，确定一个基于成本的网络出租价格是一项艰苦而复杂的工作。另外，让上述运营商拥有和运营网络对于促进创新和刺激投资都没有益处。

第四，城域网属于宽带网络范畴，出于促进Internet发展和业务创新的角度，应该放松管制。例如，2003年2月，FCC修改本地竞争规则，除了仍然必须向竞争对手以非绑定的方式开放其本地电话环路，宽带接入网络不必提供非绑定网元出租业务。FCC此举也是为了促进宽带网络的建设和刺激投资。

因此，政府对城域网的管制，不应是人为地控制其建设规模，而应采取措施规范其发展，主要包括以下措施。

第一，依据现有通信建设市场管理的法律法规，对城域网建设单位的市场主体进行准入控制。例如实行建设主体资质管理。虽然资质管制并不限制进入通信建设市场的企业数据，但是对企业的技术、资金却有要求。这样可以阻止那些技术水平低、不负责任的企业进入市场，从根本上保障通信建设项目的质量和安全。

第二，对城域网的网络质量、信息安全要求进行监督检查。城域网毕竟属于国家信息基础设施的一部分，更重要的是它主要连接国家机关、企事业单位，因此对网络质量和信息安全要求较高。电信管制部门应当依据国家有关法律法规加强对城域网这一竞争性领域的监督检查。

第三，在城域网建设中推行强制性的招投标制度。强制性的招投标制度也是一种政府管制方式。通过设置招标投标条件，可以挑选出既满足工程质量安全要求，同时也最有效率的通信建设企业，从而净化市场，提高市场整体效率。这对于目前投资主体多是国有企业的电信公司更有意义。

第四，做好城域网建设的统筹规划。虽然一个城市建设多个城域网是电信竞争的必然结果，但是政府有必要做好网络建设的统筹规划，提高城市基础设施的利用效率。在城市中的市政道路、管线、涵洞等稀缺资源对城域网的建设形成制约，为了形成电信有效竞争，同时也为了利用好这些稀缺资源需要政府统筹规划。

高等教育应按照产业化模式运行[*]

当前中国宏观经济最紧要的问题是扩大内需，以刺激经济的增长。扩大内需包括扩大国内的投资和消费。从扩大消费的措施来看，有一个潜在的巨大市场是不能忽视的，即高等教育消费市场。加快发展教育产业，启动高等教育消费不仅可以实现最迫切的扩大内需的目的，而且可以通过发挥教育的特殊功能提高经济增长的素质和效率。

一、高等教育的供求状况

在扩大内需的措施中绝大部分是瞄准我国居民近 6 万亿元的储蓄存款的，但是，持续下调的利率和征收利息税未必就能启动居民的消费。随着改革力度的加大，人们对于未来的不确定性的预期加强，因此人们增加储蓄存款是为了应付将来可能出现的种种意外，这相当于是对一种"安全"产品的购买。而在"安全"类产品中，教育，特别是高等教育是最重要的一种商品。越来越多的人认识到，投资于高等教育，即接受高等教育也就增强了未来抵御风险的能力，这比单纯的储蓄存款更有效果。

在我国绝大部分消费品处于"买方市场"的情况下，高等教育行业却一直是"短缺行业"，即供给明显不能满足需求，而且这种状况随着经济的发

---

[*] 本文原载于《改革内参》1999 年第 21 期。合作者：游五洋。

展，人们对精神生活追求的提高而显得更加突出。对高等教育产品的需求来自三个方面。首先是个人教育需求。它取决于以下因素。一是个人天赋。二是职业需要。一般情况下脑力劳动者对高等教育的需求较强，而体力劳动者的需求相对较弱，但是随着知识经济时代的到来，即使是一个工人也需要有知识，要接受正规的高等教育，这就是教育的深化。三是家庭及个人的经济条件。四是教育的预期报酬率。长期以来中国就业者收入的状况不能反映教育的作用，这主要是因为在计划经济体制下存在着严重的"脑体倒挂"现象。如今随着工资改革的深入，劳动力市场的完善，劳动者收入与受教育程度成正比的局面已初步形成，所以人们对接受高等教育的预期报酬率越来越高。

其次是企业对高等教育的需求。企业的需求是间接的，这主要反映在对劳动力和专门人才的需求上。如果企业是完全自主经营、自负盈亏的，那么企业的教育需求取决于企业生产技术条件和受教育人才对其他生产要素的边际替代率。但是，如果企业不具备完全的自主权，那么分析企业的教育需求就困难一些。

最后是国家对高等教育的需求，也就是国家对高等教育的投资和补贴。在国际关系已转向经济和科技对抗的今天，世界各国都对高等教育进行了大量的投资和扶植，我国作为赶超国，在教育产业发展中，政府将发挥着举足轻重的作用。

从供给方面看，目前，我国18~22岁的适龄青年中，只有2.4%的人能进入大学学习，包括成人教育、电大在内也不过4%，远远低于15%的世界平均水平。同时，中国高等教育的供给渠道几十年来过于狭小，几乎仅限于正规的普通高校。在这种情况下，越来越多的家长开始把眼光瞄准国外市场。另据调查，我国每年有近2.5万人自费出国，按每人1.5万~2万美元计算，每年就花掉约4亿美元。供需的矛盾表明，如果我们的高等教育供给渠道不能得到扩展，这个具有巨大潜力的市场迟早会被外资抢走。

启动高教消费的可能性还在于我国普通高校存在着增加供给的巨大潜力。1990年世界高等教育师生比（教师为1）：世界为14.1，发展中国家为14.2，亚洲为 14.1，我国仅为 6.54。只要我们把高校师生比提高到平均水平，我们在校大学生就可以增加一倍多，等于又办了一千多所大学。

二、高等教育的发展模式

要真正启动高教消费，就要把高等教育当作产业来发展。关于教育产业化一直存在着诸多的争议。我们认为，教育特别是高等教育具有产业化的特征，可以按照产业化的模式来运行，但又不能完全按照"利润最大化"的原则来操作。

说教育具有产业化的特征，是因为教育也是一个生产"产品"的过程。一般的工业生产是通过加工、制造手段生产出具有更高附加值的产品，而教育消费实际上是通过不断教育，不断地提高人才的附加值。工业制成品因其有更高的附加值，可以在市场上出售，回收成本，获取利润。高等教育的成果是具有较高知识水平的人，在人才市场健全的情况下可以获得较之未接受高等教育的人更高的报酬。有鉴于此，教育产业也要明确"效率优先"的原则，也要讲究"投入产出"。

说教育产业不能实行"利润最大化"是因为教育是一个特殊的行业，它提供的是一种"准公共产品"。我们知道，公共产品的特点是其收益的外部性，因而一般要由政府来提供，要作为公益事业来发展。而"准公共产品"是指这类产品的内部收益和外部收益都存在，因而多是由私人和政府联合提供。教育正属于这类产品，接受高等教育不仅可以使个人受益，而且能提高整个社会的科学文化水平，对国家的发展产生积极的影响。

三、关于政策选择的建议

一是扩大高等院校招生。1999 年扩招 33 万人已经迈出了开创性的一步，今后要在完善教学软硬件设备上下功夫，为继续扩招打好基础。在这个问题上要澄清关于"大学毕业生过剩"的误解。这些年大学毕业生确实出现了就业难的现象，给人大学生过剩的假象。对这个问题要做深入的分析。首先，大学毕业生就业难是由于公认的大学生就业观念的问题，以至于出现结构性过剩。其次，我国对大学生的需求不旺，但潜力很大。由于国有企业的普遍不景气和市场机制的不健全，对人才的引进不是以生产要素的角度来讲究经济效率，而往往掺杂了更多的非市场因素，这就大大制约了对大学生的需求。相信随着企业经营自主权的完备，对人才的需求会呈旺盛趋势。另外，教育有自身的发展规律，人才培养具有长周期性。教育要为经济发展提供足够的人才和高素质的劳动者，必须超前发展，为新一轮的经济增长储备人才资源。

二是建立和完善高等教育消费贷款制度，包括助学金和财政贴息贷款。目前我国高校并轨之后的收费标准尚不足以维护学校运作，完全推向市场按照产业化运作困难很大，因此建立高教信贷制度十分必要。从目前的情况看，居民对高教信贷消费的积极性很高，但是银行提供的配套业务太少。日前，教育部、财政部、中国人民银行、中国工商银行联合推出的国家助学贷款，因为有相关部门的支持，在"担保"这一"瓶颈"上有所改观，允许异地贷款。但其他商业银行无法降低风险，仍须提供担保，因此异地贷款难度不小。如果相关的个人信用制度能进一步完善，高教信贷的发展就能够成为推动信贷消费全面发展的突破口。

三是进一步开放教育市场，实行办学模式多元化，增加高教服务供给。目前我国1400所私立大学（民办高校）中仅有21所经过全国高校设置评议委员会的资格认证，经国家教育部批准具有颁发文凭的资格。而其他学校则没有颁发文凭的资格，只能组织学生参加高等教育自学考试。开放高教市场的另一个关键问题是户籍制度，由于户籍制度的限制，民办大学的学生户口不能随本人变动，毕业后还要回原籍工作，这就大大降低了学生报考民办大学的积极性。

四是深化高等教育改革，给予普通高校更多的自主权。目前高校可以说是计划体制下的最后一块阵地，高等院校还负担着庞大的社会责任，包括饮食、住房、中小学校、医疗等，今后要逐步把后勤工作从学校中分离出来，实现社会化，降低教育成本。

总之，今后高等教育要按照产业化模式来运行，实现从精英教育向大众教育的转变。高校的教育观念也要从仅注重追求尽可能高的学术标准转变为满足国家经济社会发展、科技进步的要求。受教育者也要改变高等教育是公益事业的思维，树立市场性消费的观念。

第三篇
中国商业银行及城市商业银行研究

- 构造中国商业银行业垄断竞争市场
- 中国商业银行改革：战略重点与障碍跨越
- 信贷机制、货币乘数与货币政策有效性研究
- 银行业不良资产处置的国际经验及对中国的启示
- 中国城市商业银行竞争力分析
- 城市商业银行重组：诱致抑或整合
- 城市商业银行发展现状、国际经验与改革方向
- 城市商业银行竞争力指标体系及其对策设计

构造中国商业银行业垄断竞争市场[*]

一、引　言

　　市场结构是指特定的市场中企业数目与企业规模分布以及市场力量的分化程度，包括完全竞争的市场结构、垄断竞争的市场结构、寡头垄断的市场结构和完全垄断的市场结构四种。研究市场结构，一是探讨市场结构和企业绩效的关系，二是探讨如何建立和维持垄断竞争的市场结构，该种市场结构既能保证商业银行业的有效竞争，又能体现商业银行业必须适度集中的点。

　　就中国商业银行业的市场结构，既有的研究表明：有代表性的观点认为中国商业银行业属于寡头垄断的市场结构；也有部分学者认为中国商业银行业的结构已向垄断竞争结构转变。笔者认为这些研究成果存在以下缺陷。第一，短期分析为主，过时分析为辅。即测量市场结构时，选择的年限较短，一般为三四年，即使进行了长期分析，但研究年份却早于 1994 年，甚至把 80年代的数据也引用了进来，因此这些短期的或过时的数据对于现实问题的意义就可能大打折扣。第二，考察市场结构时，绝大多数文献选择了利润这一指标，笔者认为利润更多反映的是市场力量的结果，而不是市场力量本身。因此，从利润方面来反映市场结构是不科学的，在中国尤其如此。

　　为了弄清楚中国商业银行业究竟是什么类型的市场结构，进而探讨如何

---

　　* 本文原载于《中国统计》2004 年第 3 期。合作者：刘帆。

构造垄断竞争的市场结构，笔者选取了中国商业银行业 1994～2001 年的相关统计资料，在对市场结构指标进行测度的基础上，从资产、净资产、存款、贷款四方面来考察中国商业银行业的市场结构状况，最后就构造有效的市场结构提出对策。

二、相对"刚性"的寡头垄断市场

市场测度指标包括：勒那指标（Lener Index）、洛伦兹曲线（基尼系数）、市场份额指标、市场集中度（CRn 指数、赫芬达尔指数和 N 指数）。在这几种常用的衡量市场结构的计量指标中，勒那指标最为著名，理论上也最为合理。但由于很难找到国内各商业银行的边际成本数据，本文只得采用市场份额、CRn 指数、赫芬达尔指数（H 指数）和 N 指数来分析现阶段（1994～2001）中国商业银行业的市场结构。

（一）国有独资商业银行市场份额

就中国商业银行业市场份额而言，静态来看，中国工商银行是"龙头老大"，平均占有市场份额 30% 多，中国银行的市场份额基本超过 20%，中国建设银行和中国农业银行的市场份额基本接近 20%。

动态来看，中国工商银行的市场份额逐年缓慢下降，8 年时间仅下降3.58%；中国银行的市场份额基本上也是逐年下降，8 年时间下降约为 7%，2001 年有所回升，从 19.13% 上升到 19.44%；中国农业银行的市场份额时有波动，相对 1994 年市场份额略有增加，增加约 3%；中国建设银行的市场份额波动中也略有上升，上升幅度大约为 2 个百分点。

就市场份额排序而言，基本维持了 1994 年的格局。即老大为中国工商银行，老二为中国银行，老三和老四分别为中国建设银行和中国农业银行，1998 年、1999 年和 2001 年这三年，中国农业银行和中国建设银行的排序分别为第三和第四。

（二）中国商业银行业 CRn 指数

目前，在中国 15 家商业银行中（个别年份统计为 16 或 17 家商业银行），就排名前四位的商业银行平均 CRn 指数而言，最高的 1994 年达 90.74%，最低的 2001 年也有 85.78%。

动态来看，CRn 指数在弱势反弹中总体下降，下降的幅度有限，仅约 5%。1998 年相对 1997 年，份额有所提高，这主要是国家在 1998 年增加 2700 亿元的国债用以充实国有独资商业银行自有资本金，导致四家商业银行净资产份额迅速增长，从 80.77% 上升到 89.03%。可是好景不长，1999 年净资产份额又开始了新一轮的持续下降。

（三）赫芬达尔指数（H 指数）和 N 指数

就平均赫芬达尔指数（H 指数），最高的 1994 年为 0.2304，最低的 2001 年为 0.1973；平均 N 指数正好相反，最低的 1994 年为 4.34，最高的 2001 年为 5.08。

动态来看，H 指数呈现一种反弹式的下降趋势，下降的幅度有限，8 年中仅下降为 0.0331；N 指数正好相反，但总的说来，基本还没有出现实质的变化，新增的银行数量还不到一家。

总之，通过对中国商业银行业市场份额和市场集中度 8 年的跨时分析，得出的基本结论是：第一，中国商业银行业的市场结构是"寡头垄断"的市场结构，整个市场基本由中国工商银行、中国银行、中国建设银行和中国农业银行四家寡头垄断；第二，这种寡头垄断呈现相对"刚性"的特征。首先表现为四家寡头之间市场份额变动甚微，排序几乎没有实质变化；其次表现为四家寡头组成的国有独资商业银行和股份制商业银行的市场份额基本没有出现较大的变动，8 年来前者在波动中仅下降约 5%。

三、有效市场结构的构造

中国银行业是相对"刚性"的寡头垄断市场，在这种市场上，竞争主体基本上是正统的"国"字号银行，即四家寡头，加上一些股份制商业银行，四家寡头体制不完善，股份制商业银行相对来说，应该算正常运行。因而，竞技场上是寡头垄断的角逐，而股份制商业银行仅仅是参与竞争，难以对"国"字号银行带来竞争压力。就中国商业银行的市场环境而言，国有独资商业银行的确是大树底下好乘凉，缺乏充分有效的内外竞争，也就缺乏有效期的竞争激励。因此，如何构造中国银行业的市场结构，使其从相对刚性的寡头垄断市场变为垄断竞争的市场，这样既体现商业银行必须适度集中的特点，又保证了行业的有效竞争，已经成为目前中国银行业市场改革的当务之急。

从理论上来看，增强中国商业银行业的市场竞争，有三种途径。第一，进行国有独资商业银行的产权改革，使其成为股份制商业银行；第二，放宽市场准入限制，新增股份制商业银行；第三，壮大现有的股份制商业银行，使其成长为市场竞争的主要主体。至于选择何种途径，这将取决于改革的风险和收益。

（一）产权改革：难以突破的险关

国有独资商业银行面临的主要问题是产权结构问题。既有的大多研究基本都坚持进行产权多元化的改革，其路径一般是：公司化改造→股份制改造→国有独资商业银行的境内外上市。这样的产权改革路径，至少需要渡过三道险关。

1. 政府两难：干预还是中立

国有独资商业银行之所以能在低效的条件下保持市场份额的稳定，主要原因是国家提供的隐性担保，即国家的信用。国家提供信用，保持了短期的金融稳定，却牺牲了银行效率；如果不提供信用，羸弱的"恐龙"必然被排挤出局，而这在目前情况下必然危害银行业的稳定。由于信用的不可分性，国家在"效率"和"稳定"之间走钢丝，陷入了两难境地。

不仅如此，国家提供隐性担保，对国有独资商业银行的干预或救治偏离了商业银行业的改革方向，使国有独资商业银行难以真正成为自主经营、自负盈亏、自我发展和自我约束的市场主体，而且引发了更严重的代理人道德风险。政府的"彻底袖手",做到政企分开,尽量让国有独资商业银行参与市场竞争,接受市场的检验和洗礼,这样的做法在当前无疑是将"黔之驴"送入虎口。这样的结局要紧的不是埋葬了"带病的驴",而是陪葬了中国银行体系的稳定。对于政府,这无疑是"做了好事也难留名"的另一种无奈。

2. 股份制改造:是一拍即合还是一厢情愿

产权改造的核心是引进战略投资者,实现国有独资商业银行股份制改造,彻底改变国有独资商业银行的治理机制,提高效率。可是,股份制改造不能回避的一个重要问题就是股份化后国有股所占比重。一方面,如果国有股所占比重太大,不仅无法有效地利用证券市场的竞争机制实现资源配置的优化,而且难以引来"金凤凰",即真正的战略投资者。原因很简单,战略投资者的投资如果对策略仅仅是牵制,而没有决定性的影响,那么绩效的提高就是未知数,同时如果不能改善国有独资商业银行的绩效,战略投资者的投资就面临血本无归,这样的风险就使得战略投资者望而却步。另一方面,如果国有股所占比重太小,那么需要的就是"重量级"的战略投资者。可是,国内目前基本上不存在这样的战略投资者,只有求援海外,这样国有独资商业银行将有可能处于海外资本的控制之下,这对国家经济安全无疑是巨大的威胁。

3. 上市:谈何容易

国有独资商业银行的上市,对于中国证券市场的容量和筹资能力也是不能"承受之重"。2001 年年底工、农、中、建四家国有独资商业银行所拥有的自有资本平均额为1411.97 亿元,如果按照民生银行流通股占发起人股本额25.36%的比例,以同样每股 11.8 元的价格筹资,工、农、中、建四家国有独资商业银行平均筹资额是 4225.69 亿元,这将是这几年年均上市 93 家公司筹资总额的 3 倍多;如果按照浦发银行流通股占发起人股本 19.9%的比例,以同样每股 10 元价格筹资,上述值则为 2809.9 亿元,这等于这几年年均上市 93 家公司筹资总额的 2 倍多;如果按照招商银行流通股占发起人股本额35.7%的比例,以同样每股 7.3 元价格筹资,上述值则分别为 2.8 倍。就是说,只要有一家国有独资商业银行上市,其筹资额都将远远超过中国股市年筹资额的总和。

即使解决了证券市场的融资能力，上市对提高国有独资商业银行的效率仍是捉襟见肘。就规模来讲，每家国有独资商业银行的资产总额约为GDP的24%~45%。尽管自有资本金很少，国家也不会以很低的价格上市，因此，国有独资商业银行在上市增资扩股后新股东的股份所占比例不可能很大，因而新股东的意见不足以影响国有独资商业银行的经营决策，因而其效率也难以得到提高。

（二）新增股份制商业银行有弊无益

对于新增股份制商业银行，笔者认为在目前情况下构造一个"有效的竞争市场"不仅无益，而且有弊。前面的分析表明，中国商业银行业市场结构具有"刚性"的特点，这种刚性决定了在国家提供信用的情况下四大国有独资商业银行市场份额几乎没有实质的变化，即使有所变化，如果再出现1998年式的补充资本金，其市场份额也会得到恢复。因此，新成立的股份制商业银行要拓展自己的生存空间，实际的主要竞争对手是原有的股份制商业银行，有限的市场份额带来的必然是"粥少僧多"的局面，这样在面临规模庞大、实力雄厚的外资银行竞争时，必然不堪一击，因为其本身难以做大，不能实现规模带来的规模经济和范围经济。

（三）壮大现有的股份制商业银行，使其成为市场竞争的主要主体

按照中国政府的承诺，对外放松银行业的行业准入，在五年后的不久的未来，中国银行业中银行数量的增加只是时间问题，并且已经确定了时间表。因而现在的关键问题是在有限的时间内如何壮大现有的股份制商业银行，使其尽快成长为市场竞争的主要主体。

依靠资本市场筹集资金，是壮大现有股份制商业银行的合理途径。就十家股份制商业银行来说，在上市之前早已完成股份制改造，不论从表面还是从实质来看，股份制商业银行的法人治理结构相对较为完善，在这样的基础上，股份制商业银行的上市不仅可以壮大核心资本，进而吸收更多的存款，扩大资产规模，实现规模经济和范围经济，突破发展中遇到的障碍，而且股

权更为分散化，这些都有利于股份制商业银行的健康、持续成长。

深圳发展银行1988年率先进入资本市场，1995～2001年资本收益率分别为24.99%、35.10%、29.06%、21.60%、9.29%、19.87%和11.25%，而高于同期股份制商业银行总体资本收益率分别为18.77%、20.83%、18.11%、12.18%、8.61%、8.58%和9.24%；民生银行2000年年底上市，2001年的资本收益率即从2000年的7.2%提高到12.2%，高于股份制商业银行2001年总体资本收益率9.24%；上海浦发银行1999年上市，1999年、2000年、2001年的资本收益率分别为14.84%、12.2%和15.67%，高于同期股份制商业银行总体资本收益率分别为8.61%、8.58%和9.24%。① 自此可知，上市银行的年资本收益率均高于同期股份制商业银行总体水平，而且纵向来看，上市对上市股份制商业银行绩效也具有正向作用。

四、结 论

在综述既有研究成果的基础上，通过对中国商业银行1994～2001年相关数据的实证分析，论证了中国商业银行业的市场结构是相对"刚性"的垄断市场结构，这种市场实质是缺乏充分竞争的"残疾人"竞技场。因此，当务之急是构造中国商业银行业有效的"垄断竞争"市场结构，目前应立足通过资本市场筹集资金的方式来壮大现有的股份制商业银行，使其成为市场竞争的主要主体，而不是进行国有独资商业银行产权改革这种"费力难讨好"的苦差事，也不应新增股份制商业银行，造成"粥少僧多"的"过度竞争"。

---

① 《中国金融统计年鉴》（1994～2001），中国金融出版社历年版。

中国商业银行改革：战略重点与障碍跨越[*]

一、导　言

　　对中国商业银行业的改革，理论界提出了两种截然不同的观点：一种为"体制成本"改革论（张杰、姚长辉等）；另一种为"结构"改革论。"体制成本"改革论者认为四大国有独资商业银行绩效低下，主要是承担了体制改革的成本，即大量的扶贫、解困等政策性不良贷款，因而改革重点应放在给国有独资商业银行松绑、减负上。"结构"改革论者认为寡头垄断的市场结构或产权主体单一是四大国有独资商业银行绩效低下的主要原因。具体有两个分支：一支是"市场结构"改革论（于良春、鞠源等）；另一支是"产权结构"改革论（刘伟、黄桂田等）。市场结构改革论者，运用产业组织理论的"结构—行为—绩效范式"（S—C—P）和"有效市场结构"理论，认为中国商业银行业存在的主要问题是市场结构问题，并提出"放宽市场准入限制"的政策建议。产权结构改革论者，在否定市场结构改革观的基础上，认为中国银行业的主要问题是国有银行产权结构单一，而不是行业集中的问题，据此提出的政策建议是，要充分利用加入 WTO 的有限的过渡期，在国有银行的市场份额发生显著萎缩之前，坚决地进行国有独资商业银行的产权改革，努力避免潜在金融风险的总爆发（刘伟、黄桂田，2002）。

---

　　* 本文原载于《经济管理》2004 年第 11 期。合作者：刘帆。

由于四大国有独资商业银行仍然高度垄断着中国的商业银行业，其绩效的高低直接决定着中国整个商业银行业的绩效水平，因此，不管是体制成本改革论，还是结构改革论，都无一例外地认为国有独资商业银行就等于中国商业银行业，解决了国有独资商业银行的问题，基本就大功告罄。但细究起来，两种理论都存在很大的问题。

1. 体制成本论虽然客观地解释了历史，但很难诠释现实

该派理论存在的问题是：第一，世界时移，其适用性受到质疑。1994 年前，国有银行本身并没有商业性和政策性之分，承担的更多是政策性的公共职能，因而银行低绩效的确是因为承担了经济体制改革的成本。1994 年后，随着政策性和商业性职能的分离，以及商业化改革的推行和实施，商业性银行的政策性负担大大降低。第二，国有独资商业银行在承担必要政策性成本的同时，也得到了政府的额外优惠待遇。这种"成本—收益"的对比，大大降低了政策性成本对国有独资商业银行绩效的负面影响。事实上，2000 年国家剥离了国有独资商业银行部分不良资产，可这种政策减负依然没有改变其绩效低下的状况。第三，横比来看，国有独资商业银行和股份制商业银行的贷款分布格局差别甚微，可资本收益率却相距甚远。据估计，1997 年年底，中国国内金融机构全部贷款中的 86% 流向国有企业，同时，国有银行全部贷款中超过 91% 流向国有企业（樊纲，2000），同期股份制商业银行资本收益率却是国有独资商业银行的 5.52 倍。

2. 结构改革论忽略了中国的特色

国外的 S - C - P 范式和有效市场结构学说针对的主要是成熟的市场经济国家，产权问题在这些国家不再是困扰行业绩效的一个主要因素。与此相反，中国却是一个正向市场经济转轨的国家，产权问题并没有得到很好的解决，仍是影响行业绩效的主导因素（刘伟、黄桂田，2002）。然而，从产权对国有独资商业银行进行改革，可谓难关重重，将使中国商业银行业的整体性改革走入"死胡同"（陆跃祥、刘帆，2004）。

上述两种传统改革思路异中存同的问题是未能或错误地界定了中国商业

银行业未来的主导，无一例外地认为改革的重点应放在国有独资商业银行上。笔者认为，要探求中国商业银行业的改革重点，首先应当科学界定两类商业银行在未来的地位；其次，指出未来主导银行的发展障碍，解决这个障碍才是中国商业银行业改革的重点。

二、中国商业银行业的未来主导：股份制商业银行

商业银行的经营目标是追求资金的效益性、安全性和流动性。同时，规模对商业银行谋求竞争优势也至关重要（刘伟、黄桂田，2002）。因此，要判明中国商业银行业未来"谁主沉浮"，需要对比国有独资商业银行和股份制商业银行的"三性"和规模。

1. 国有独资商业银行和股份制商业银行"三性"对比分析

度量资产的效益性、安全性和流动性，本文分别使用资本收益率、权益乘数和贷存比率三个指标。

（1）资本收益率。资本收益率也叫净资产收益率，是指银行一定时期内的净利润同平均净资产（平均股东权益）的比率，它是评价银行自有资本及其积累获取报酬水平的最具代表性的指标。净资产收益率越高，自有资本获取收益的能力越强，运营效益越好，对投资人、债权人等的保障程度越高。表1是国有独资商业银行和股份制商业银行1995～2001年资本收益率情况。

表1　　　　国有独资商业银行和股份制商业银行资本收益率　　　　单位：%

年份	1995	1996	1997	1998	1999	2000	2001	平均
国有（1）	6.70	5.78	3.28	1.16	2.06	2.54	2.36	2.94
股份制（2）	18.77	20.83	18.11	12.06	8.61	8.58	9.24	12.62
倍数（2）/（1）	2.80	3.60	5.52	10.40	4.18	3.38	3.92	4.29

注：计算方法为简单加权平均法，即资本收益率＝报告期净利润÷［（年初＋资产余额＋年末净资产余额）÷2］。

资料来源：根据《中国金融统计年鉴》（1994～2001）的资产负债表和利润表综合计算而得。

比较来看，1995～2001 年，股份制商业银行资本收益率每年都高于国有独资商业银行，相差最大的是 1998 年，前者的资本收益率分别是后者的 10.40 倍，资本收益率相差最小的是 1995 年，前者是后者的 2.80 倍。7 年平均下来，股份制商业银行和国有独资商业银行的资本收益率分别为 12.62% 和 2.94%，前者是后者的 4.29 倍。

（2）权益乘数。权益乘数 = 总资产÷净资产，该乘数主要受资本结构的影响，负债比例大说明银行有较高的负债程度，只有当投资收益率高于负 ft 利息率时，借款才有利于利润的提高，但同时给银行带来较多的风险。表 2 是国有独资商业银行和股份制商业银行 1995～2001 年权益乘数情况。

表 2　　　　　国有独资商业银行和股份制商业银行权益乘数

年份	1995	1996	1997	1998	1999	2000	2001	平均
国有（1）	29.10	31.75	34.20	23.05	17.99	18.85	18.71	22.66
股份制（2）	16.60	17.80	17.69	17.78	18.86	21.46	24.95	19.88
倍数	0.57	0.56	0.52	0.77	1.05	1.14	1.33	0.88

资料来源：根据《中国金融统计年鉴》（1994～2001）的资产负债表和利润表综合计算。

1995～1998 年，国有独资商业银行权益乘数高于股份制商业银行，从 1997 年的 34.20 下降到 1998 年的 23.05，这主要是因为 1998 年中国财政拿出 2700 亿元充实其资本金的结果，1999～2001 年股份制商业银行权益乘数高于国有独资商业银行，但均低于安全性标准 25，这表明国有独资商业银行经营过分谨慎。

股份制商业银行和国有独资商业银行 1995～2001 年权益乘数平均分别为 19.88 和 22.66，前者为后者的 88%，这说明国有独资商业银行比股份制商业银行杠杆利用程度更高，同时也说明其经营的风险更大。

（3）贷存比率。贷存比率是银行贷款对存款的比例。该比例越大，风险越大，银行经营的安全程度也就越低。这是因为，贷款通常被认为是流动性最低的资产，并且贷款的平均回笼周期往往要长于存款的平均周期，贷存比率越高，则不具有流动性的贷款占用了更多的存款来源，银行经营过程中会出现难以应对存款者提款的局面，最终导致流动性风险的发生。

表3　　　　　中国商业银行业存款、贷款和贷存比率（1995～2001）　　单位：亿元

		1995 年	1996 年	1997 年	1998 年	1999 年	2000 年	2001 年
贷存比率（%）	国有	96.31	91.84	83.49	87.76	84.63	77.54	72.98
	股份制	72.90	69.62	67.22	66.48	73.12	78.17	74.98

注：1995～2001 年中各年资产、存款和贷款均是按照简单加权平均法计算而得。

资料来源：根据《中国金融统计年鉴》（1995～2001）各商业银行资产负债表资产、存款和贷款额综合计算而得。

由表3可知，1995～1999 年国有独资商业银行的贷存比率比股份制商业银行高，2000 年和 2001 年股份制商业银行贷存比率比国有独资商业银行略高，前者高于后者两年分别为 0.63% 和 2.00%。

结合资本收益率、权益乘数和贷存比率的分析，可以看出，1995～2001年，股份制商业银行的"三性"比国有独资商业银行要高，尤其是效益性。这表明，就"三性"反映出来的竞争能力而言，股份制商业银行高于国有独资商业银行。

2. 股份制商业银行和国有独资商业银行规模对比分析

就体现竞争力的规模而言，我们使用资产、存款和贷款这三个指标对两类商业银行进行考察。[①]

为了便于分析，国有独资商业银行和股份制商业银行分别用 N 和 S 来表示，用 J 表示股份制商业银行与国有独资商业银行的规模之比，即 $J = S \div N$。用 $J(0) = S(0) + N(0)$ 表示改革初始状态的比重。转轨时期比重 J 到底是怎样决定的？其表现为一均衡值，还是处于不断变化中？若是变化的，则 J 又呈现何种变动趋势？为此，我们用 g(S) 代表股份制商业银行业的增长率，g(n) 为国有独资商业银行的增长率，则在时间 t 年的比重为 $J(t) = [S(0) \times [1 +$

---

① 此处没有选取净资产，是因为国有独资商业银行净资产的变化绝大部分不是由于自身的积累，而是由于国家 1998 年补充了 2700 亿元资本金，因而出现了国有独资商业银行和股份制商业银行资本年均增长率分别为 15.84% 和 14.66%。很显然，按此增长率来判定两类银行资本的成长是不科学的。

$g(s)]t] + [N(0) \times [1 + g(n)]t]$设定$j(0) = S(0) \div N(0)$为初始状态，如果$g(s) > g(n)$时，无论初始状态$J(0)$如何，当$t \to +\infty$时，$J(t)$会趋于无穷大。即只要股份制商业银行资产、存款和贷款增长率高于国有独资商业银行，股份制商业银行的规模就必然会在一定年份超过国有独资商业银行。

我们对股份制商业银行、国有独资商业银行的资产、存款和贷款的演进轨迹进行分析，如果$J(t) = 1$，（因为$S(0) < N(0)$）表示股份制商业银行在商业银行业中主体地位的确立，$J(t) > 1$越大，表明主体地位越稳固。

1995～2001年股份制商业银行资产、存款和贷款年均增长率分别为22.72%、22.08%和22.66%，国有独资商业银行资产、存款和贷款年均增长率分别为7.62%、16.32%和11.06%。

以2001年为基期，计算表明：如果要使$J(t) = 1$，资产、存款和贷款分别需要13年、39年和19年的时间，三项平均至少也需要23年多时间。这说明如果听任市场自发的作用，股份制商业银行要取得主导地位，得到2024年左右。

因此，短期而言，股份制商业银行难以对国有独资商业银行的主导地位形成挑战，长期而言，股份制商业银行的主导地位是必然的。

三、股份制商业银行的发展障碍：中国商业银行业的"黏性"寡头垄断市场结构

股份制商业银行发展进程中最大的问题是规模太小，这正是中国商业银行业特殊的市场结构使然，也正是因为这种市场结构才导致了股份制商业银行发展中的规模不经济和范围不经济。

1. 中国商业银行业市场结构

市场结构是指特定的市场中企业数目与企业规模分布以及市场力量的分化程度，市场结构的测度一般采用市场集中度。市场集中度也叫市场集中率，是指某一特定市场中少数几个最大企业所占的市场份额。集中度越高，市场

支配势力越大，竞争程度越低。市场集中度的计量方法有多种，本文选择 CR_n 指数和赫芬达指数（H 指数）两个指标来说明。

$$CR_n = \frac{\sum_{i=1}^{n} R_i}{\sum_{i=1}^{N} R_i}$$

指某行业中前几家最大企业的有关数值的行业比重。该指标综合反映了企业数目及规模分布这两个决定市场结构的重要方面，具有较强的说服力，但是它不能有效地反映市场力量分化的程度。式中 n 通常取 4 或 8，该值越高，表明行业垄断性也就越高。

在中国商业银行中，前四位银行正好是四家国有独资商业银行，就资产、净资产、存款和贷款所反映的平均 CR_n 指数，国有独资商业银行最高的 1994 年达 90.74%，最低的 2001 年也有 85.78%；与此相反，股份制商业银行最低的 1994 年为 9.26%，最高的 2001 年为 14.22%。

表4　　　　　　　　中国商业银行业 CR_n（n = 4）指数　　　　　　　单位：%

年份	资产	净资产	存款	贷款	平均
1994	92.72	87.77	90.12	92.35	90.74
1995	92.02	86.89	90.07	92.00	90.25
1996	90.30	83.51	88.75	91.23	88.48
1997	89.48	80.77	88.15	90.72	87.28
1998	88.47	89.03	88.45	91.03	89.25
1999	88.02	88.42	89.92	90.17	89.13
2000	85.72	88.05	88.10	87.60	87.37
2001	83.56	87.91	85.91	85.75	85.78

因此，通过对中国商业银行业市场集中度 1994～2001 年 8 年的跨时分析，得出的基本结论是：第一，中国商业银行业的市场结构是"寡头垄断"的市场结构，整个市场基本由中国工商银行、中国银行、中国建设银行和中国农业银行四家寡头垄断；第二，这种寡头垄断呈现"黏性"的特征。首先表现为四家寡头之间市场份额变动甚微，排序几乎没有实质变化；其次表现为四

家寡头组成的国有独资商业银行和股份制商业银行的市场份额基本没有出现较大的变动，8年来前者在波动中仅下降不到5%。

2. 股份制商业银行的规模不经济和范围不经济综合分析

股份制商业银行市场份额增长乏力，资本收益率却持续下降，从1995年的18.77%下降到9.24%，究其原因，是因为在规模有限的情况下，扩大业务种类和服务范围，出现了恶化的规模不经济和范围不经济。其原理如图1所示。

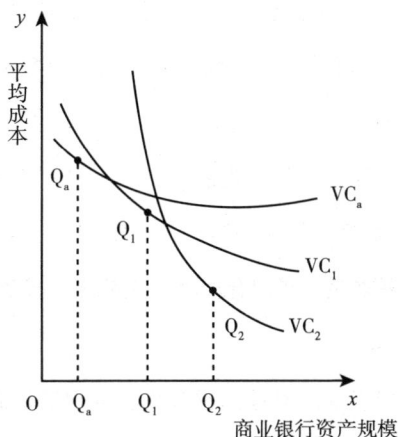

图1　规模经济、范围经济综合分析

图1中 x 轴代表资产规模，y 轴代表平均成本，曲线 VC_0、VC_1、VC_2 代表三条不同的平均成本曲线。VC_0 表示股份制商业银行只有存贷业务情况下的平均成本曲线；VC_1 表示除存贷业务外，新增第一种业务时的平均成本曲线；VC_2 表示除前两种业务外，新增第二种业务时的平均成本曲线。

从图1中可以看出，如果没有资产规模的限制，平均成本曲线随着业务种类的增加，平均成本曲线依次下降，是"范围经济"，即 $VC_2 < VC_1 < VC_0$；但是片面扩大业务种类，资产规模没有相应的增长，平均成本反而会高出没有新增业务前的平均成本，是"范围不经济"，即 $VC_2 > VC_1 > VC_0$。

对于股份制商业银行，新增第二种业务时，面临的平均成本曲线是 VC_2，如果资产规模并没有实现从 $Q_0 \sim Q_1$ 的增长，对应的成本不仅高出经营两种业务时的平均成本，即 $VC_2 > VC_1$，甚至高出只有存贷业务时的平均成本，即 $VC_2 > VC_0$。如果资产规模并没有实现从 $Q_1 \sim Q_2$，对应的平均成本就高出经营两种业务时的平均成本，即 $VC_2 > VC_1$。

四、结论

中国加入世界贸易组织后，按照既定的承诺，我们将逐步走向金融业的全面开放，到 2006 年基本取消地域、业务等限制，实现内外资银行的公平竞争。竞争的成败，关键在于中国商业银行业在短暂的 5 年或者 10 年能否出现与外资银行一拼高低的"黑马"。

传统的改革把重点放在国有商业银行，认为"国有独资商业银行必须争取 5 至 10 年内成为有竞争力的商业银行，否则将无法生存"。考虑到国有独资商业银行改革的种种难关，我们有理由认为从国有独资商业银行进行突破，可能导致改革山穷水尽。

通过对中国商业银行业的对比演进分析，发现股份制商业银行势必成为中国商业银行业的主导，基于这一点，解决其面临的"黏性"寡头垄断市场结构，应该成为中国商业银行业改革的重点。这种改革体现了"保持存量，放开增量"的思路，必然使中国商业银行业的改革"柳暗花明"。

参考文献

[1] 刘伟、黄桂田：《中国银行业改革的重点：产权结构还是市场结构》，载于《经济研究》2002 年第 8 期。

[2] 易纲、赵先信：《中国银行竞争：机构扩张、工具创新与产权改革》，载于《经济研究》2001 年第 8 期。

[3] 刘小玄：《中国转轨经济中的产权结构和市场结构——产业绩效水平的决定因素》，载于《经济研究》2003 年第 1 期。

[4] 秦宛顺、欧阳俊：《中国商业银行业市场结构、效率和绩效》，载于《经济科学》2001 年第 4 期。

[5] 姚长辉：《我国商业银行竞争力分析与对策选择》，载于《经济科学》2001

年第 4 期。

［6］郭立宏、严汉平：《转轨时期国有经济退出的新视角：体制外被动退出》，载于《西北大学学报》2002 年第 2 期。

［7］李元旭、蒋永祥、吴小静：《国有独资商业银行竞争力分析》，载于《财经问题研究》1998 年第 5 期。

［8］焦瑾璞：《中国银行业的市场竞争格局及其制度分析》，载于《宏观经济研究》2001 年第 6 期。

［9］陆跃祥、刘帆：《构造中国商业银行业的垄断竞争市场》，载于《中国统计》2004 年第 3 期。

［10］Sheperd, William G. , 1982, "Economies of scale and monoply profits", In industrial organization, antitrust, and public policy, edit by J. V. Craven. Boston: kluwer Nijhoff.

［11］Kanbsibm Val E. , 1987, "Is the concentration-profit correlation partly an artifact of lumpy technology? " American Economic Re-view77 （Sep. ）, pp. 731 – 733.

［12］George Hondroyiannis , Sarantis Lolosand Evangelia Papapetrou, 1999, u Assessing competitive conditions in the Greek banking system, Journal of International Financial Market Jnstitution and Money, pp. 377 – 391.

［13］Olivier De Bandtand E. Philip Davis2000, a Competition, contestability and market structure in European banking sectors on the eve of EMU , journal of Banking & Finance, pp. 1045 – 1066.

［14］Shaffer, S. 1985, "Competition, economies of scale, and diversity of firm sizes", Econ, pp. 467 – 476.

［15］Panzar, J. C. , Rosse, J. N. 1982, Structure, conduct and Comparative statistics' Bell Laboratories Economic Discussion Paper No. 248.

信贷机制、货币乘数与货币政策有效性研究[*]

    基本的蒙代尔—弗莱明模型的分析认为，一小型开放的经济体若实行固定汇率制度，则该国货币当局就不能独立地运用货币政策对宏观经济进行调整。在资本账户完全开放的情况下实行固定汇率制，如金本位制或钉住汇率制，则货币政策无效。例如，一小型开放经济体实行扩张性的货币政策（如增加货币供应量），促使该国货币利率下降，则资本外流，使得国际收支出现赤字，这就要求货币当局在外汇市场上卖出外汇，买入本国货币，从而维持汇率的稳定。这样货币供给恢复到原有水平，最终对实际产出不发生作用。克鲁格曼在其《萧条经济学回归》中将经济系统的这一运行过程总结为"不可能三角"，即固定汇率制度、资本完全流动和独立的货币政策三者不可同时兼得。由于当资本账户完全开放时，一国若实行固定汇率制，则该国货币政策将丧失独立性，不能作为稳定经济的工具，所以布雷顿森林体系崩溃后，很多国家转而实行浮动汇率制度，将货币政策"解放"出来。

    本文认为，基本的蒙代尔—弗莱明模型的分析过于笼统，并未分别研究各种主要货币政策工具的作用。本文拟在这一传统分析框架下引入国内商业银行系统的信贷机制，并扩展封闭经济条件下的信用传导模型，考察固定汇率制下小型开放经济体货币政策的有效性问题。研究发现，不同的货币政策工具由于对实际产出发生作用的传导机制不同，其效力也不相同。三种主要

---

[*] 本文原载于《中国流通经济》2006年第11期。合作者：唐洋军。

货币政策工具中只有法定准备金政策可以作为调整宏观经济的工具。

一、模型的提出与说明

本文继续沿用基本的蒙代尔—弗莱明模型假设，即一小型经济体若实行固定汇率制度，则政府有义务在固定的汇率水平下按市场要求被动地买进卖出外汇，因此外汇储备量完全受国际收支状况的影响，这使得政府不能控制货币供应量，尤其是其中的外汇占款。并且该经济体资本账户完全开放，资本完全流动，这样本国债券利率 i 必须等于世界利率 i^*（这里的世界利率是指主要经济体的利率水平），否则利率的任何微小变化都会带来资本大量迅速的流动，对宏观经济造成冲击，也会改变外汇储备，从而抵销货币政策的效力，所以本国是利率价格的接受者，本国利率由世界利率决定。由于这二者必须等同，因此在下面的分析过程中，可用 i^* 来代替 i。根据这一假设，模型可以简化为：

$$Y = C + I + G + X - M = E(Y, i^*) \tag{1}$$

$$L(Y, i^*) = m \times B \tag{2}$$

$$E_y > 0, \ E_j > 0, \ L_y > 0, \ L_i > 0$$

其中，Y 为实际产出，m 为货币乘数，B 为基础货币。

方程（1）表示商品市场均衡，即 IS 曲线。商品需求是实际产出 Y 和世界利率 i^* 的函数。与封闭经济相比，这一曲线的最大区别在于其斜率变大，对于相同水平的利率下降，由于收入增加的一部分将用于进口，使得总需求水平下降，从而使开放经济的收入增幅较封闭经济小。

方程（2）表示货币市场均衡，即 LM 曲线。方程左边的实际货币需求 L 也是实际产出 Y 和世界利率 i^* 的函数。货币需求和实际产出呈正相关关系，与利率呈负相关关系。方程右边的 $m \times B$ 为实际货币供给，其中 m 为货币乘数，B 为基础货币。与封闭经济相比，这一曲线的最大区别是，如果该经济体实行固定汇率制，则国际收支失衡将直接对货币供给产生作用，从而引起曲线的移动。在此可以舍去债券市场均衡方程，因为货币市场均衡意味着债券市场必然也处于均衡状态。

一般的假设认为，货币乘数 m 是法定存款准备金率 r、超额存款准备金率 e 以及通货—存款比率 c 的函数。但在一些国家，为稳定金融秩序，保证金融系统的正常运转，货币当局对商业银行等存款货币机构存在货币当局的法定准备金和超额存款准备金支付利息。由于存在中央银行的准备金是不存在风险的，并且还能得到利息收入，一旦社会信用水平低下或是经济低迷，此时放贷的风险巨大，因此商业银行会"惜贷"。这样中央银行可以通过调整准备金利率来影响商业银行的行为，使得商业银行考虑其投入产出。所以准备金利率变动的实质可以等同于准备金率的变动。即：

$$m = m(r, e, c, t),\ m_r < 0,\ m_e < 0,\ m_c < 0,\ m_t < 0$$

t 为存款准备金利率。为研究方便起见，本文假定影响货币乘数 m 的这 4 个变量均为外生变量。可以知道，m 与这 4 个外生变量均呈负相关关系。由于本国是一开放小型经济体，利率是外生的，恒等于世界利率，所以本文认为这一假定是较为合理的。模型中的另外 2 个变量基础货币 B 和实际产出 Y 为内生变量。至此，我们知道了影响货币供给的 5 个基本因素，即法定存款准备金率 r、超额存款准备金率 e、通货—存款比率 c、存款准备金利率 t 以及基础货币 B。

在本模型中，本国利率 i 恒等于世界利率 i^*，实际产出 Y 由商品市场决定，则货币政策工具通过方程（2）就不能够对实际产出产生影响。由于基础货币 B 是内生变量，受模型外生变量的影响，所以运用货币政策工具，如进行公开市场操作或变动再贴现率就会对基础货币 B 产生作用。但是法定准备金率 r 的变化会影响货币乘数，进而可能会抵销基础货币变动产生的作用。这样，货币供给和实际产出就可能不发生变化。从这里可以推知，传统理论在分析货币政策有效性时都隐含地假定货币乘数保持不变，即当基础货币增加时，货币供给将按乘数成倍增加。

现在我们引入商业银行信贷均衡方程，并对封闭经济条件下的信用传导模型进行扩展。假设银行总资产包括银行信用以及存在中央银行里面的法定准备金和超额准备金，而银行信用则包括发放贷款和购买债券两部分，并且这两部分是不能完全替代的。修正方程（2）并引入商业银行信贷方程，则：

$$Y = E(Y, i^*, a) \tag{3}$$

$$BL(Y, i^*, a) = p(i^*, a) \times 银行信用^{②} = p(i^*, a) \times (m-1) \times B \tag{4}$$

$$E_a < 0, BL_Y > 0, BL_a < 0, p_a > 0$$

其中 a 为商业银行贷款利率，这决定了微观经济主体的投资行为，进而会对商品市场产生影响。$E_a < 0$ 说明贷款利率上升将导致实际产出下降，二者呈负相关关系。这是因为贷款利率上升，企业投资成本增加，于是将减少投资，从而导致实际产出下降。

方程（4）左边的银行贷款需求 BL 取决于实际产出 Y、世界利率 i^* 和贷款利率 a。$BL_Y > 0$ 表明，产出增加将导致对贷款需求的增加，二者呈正相关关系；$BL_a < 0$ 表明贷款利率上升将引起对贷款需求的下降，二者呈负相关关系。贷款利率上升，企业投资成本增加，对贷款的需求将下降。等式右边表示银行贷款供给取决于银行信用 $(m-1) \times B$ 以及银行信用中用于发放贷款的比重 p。p 表示银行信用中用于发放贷款的比重，即 p = 商业银行贷款/商业银行信用，与债券比重有此消彼长的关系。$P_a > 0$ 表明贷款利率上升将增加利息收入，促使商业银行调整其资产结构，增加贷款的比重，所以贷款利率与商业贷款占银行信用的比重呈正相关关系。

二、理论推导

整理方程（3）、方程（2）、方程（4），得到修正后的新模型：

$$Y = E(Y, i^*, a) \tag{3}$$

$$L(Y, i^*) = m(r, e, c, t) \times B \tag{2}$$

$$BL(Y, i^*, a) = p(i^*, a) \times (m-1) \times B \tag{4}$$

其中，Y、a 和 B 都是内生变量。货币当局在对货币供给总量或信用总量进行调节和控制时，其主要的三大政策工具是法定存款准备金政策、再贴现政策和公开市场业务。本文认为，这三大政策工具对货币供给量施加影响的传导机制及其对产出影响的渠道不尽相同。而传统理论在研究开放经济条件下货币政策有效性问题时，对这三种政策工具发生作用的传导机制几乎不加区分。

显而易见，在其他因素不变的情况下，影响基础货币 B 的政策手段不会对实际产出 Y 产生作用。货币当局在公开市场上买入债券或调低再贴现率都将导致基础货币 B 的增加。但基本的蒙代尔—弗莱明模型认为，固定汇率制下资本账户完全开放时，这两种政策手段不能维持，即不能对产出产生影响。这是因为固定汇率制度要求基础货币必须出现等量相反的变动才能保持汇率不变，从而使得经济系统重新回到均衡状态。所以货币当局试图通过公开市场操作或调整再贴现率的政策来改变基础货币，进而对宏观经济进行调节的办法是无效的。

但是货币当局通过调整法定存款准备金率 r 影响货币乘数 m 却会对实际产出 Y 产生影响。本文对修正后的模型中的三个方程分别进行全微分，并将外生变量置于等式的右边，得到：

$$(E_Y - 1)dY + E_a da = 0$$

$$L_Y dY - mdB = Bdm$$

$$BL_Y dY + [BL_a - (m-1)Bp_a]da - p(m-1)dB = pBdm$$

运用克莱姆法则解出货币乘数 m 的变动对实际产出 Y 的变动的影响，即：

$$dY/dm = -(pE_a B)/D > 0$$

其中，$D = -E_a mBL_Y + [BL_a - (m-I)Bp_a]m(E_Y - 1) + p(m-1)L_Y E_a > 0$

$$(5)$$

从上面的推导可以看出，货币乘数 m 的上升会促使社会总需求 Y 的增加，两者呈正相关关系。由前面可知，货币乘数 m 与法定存款准备金率 r、超额存款准备金率 e、通货—存款比率 c 以及存款准备金利率 t 这 4 个外生变量均呈负相关关系，这样实际产出 Y 与 r、e、c、t 也均呈负相关关系。

法定存款准备金率的调整不是影响基础货币，而是直接影响商业银行等存款货币机构创造派生存款的能力，从而影响货币乘数。这一经济系统的传导机制如下：货币当局调低法定存款准备金率 r，将减少商业银行的准备金，从而扩张信用的能力增强，从而引起货币乘数 m 上升，导致银行贷款供给增加，贷款利率 a 下降，进而导致企业投资成本下降，促使社会总需求 Y 增加。从方程（2）可以看出，社会总需求增加要求货币供给增加，这样宏观经济才能达到均衡状态。与基本的蒙代尔—弗莱明模型不同的是，本文认为派生的基础货币的变动（即总需求变化要求货币供给变化，从而要求基础货币发生变动）不能完全抵消货币乘数 m 的变动。在本模型中，货币乘数 m 不再是中性的，这不同于传统教科书中将 m 假定为保持不变或恒等于 1 的状况。本文认为，货币乘数 m 的变动对货币供给和银行贷款的效力是不尽相同的。只有货币乘数的变化不能促使货币市场和贷款市场同时达到均衡，因此经济系统要求其他变量发生变化促使经济达到新的一般均衡。

三、图形说明

为更加直观地说明上述理论，可用图形加以解释。现在考察方程（2）：$L(Y, i^*) = m \times B$，可以得到 $B = L(Y, i^*/m)$，代入方程（4），于是得到：

$$BL(Y, i^*, a) = p(i^*, a) \times (1 - 1/m) \times L(Y, i^*) \tag{6}$$

这样，原模型就可以简化成两个方程，即方程（3）和方程（6）。

$$Y = E(Y, i^*, a) \tag{3}$$

$$BL(Y, i^*, a) = p(i^*, a) \times (1 - 1/m) \times L(Y, i^*) \tag{6}$$

方程（6）表示金融资产市场均衡，包括货币市场和贷款市场均衡。

下面建立贷款利率 a 和实际产出 Y 的坐标空间。对方程（3）全微分，解出 $a - Y$ 空间中 IS 曲线的斜率，于是得到：$da/dY = (1 - E_Y)/E_a < 0$。

这表明，在贷款利率 a 和实际产出 Y 的坐标空间中，IS 曲线仍向左上方倾斜。

用 FA 曲线表示金融资产市场均衡，曲线上的任一点均表示货币市场和贷款市场同时出清。对方程（6）进行全微分，解出 a－Y 空间中曲线 FA 的斜率，于是得到：

$$da/dY = (BL_Y - pL_Y)/(p_aL - BL_a) > 0$$

于是，在贷款利率 a 和实际产出 Y 的坐标空间中，FA 曲线向右上方倾斜。若实际产出增加，则对商业贷款的需求增加，而贷款供给保持不变，因此为维持贷款市场均衡，经济系统要求提高贷款利率，以降低对贷款的需求。所以金融资产市场均衡曲线 FA 斜率为正（如图 1 所示）。

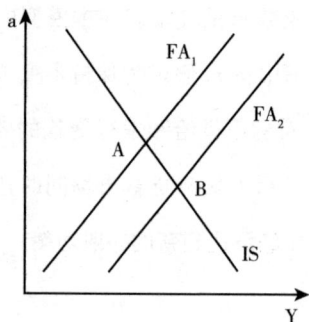

图 1　金融资产市场与商品市场均衡

前面已经推导出 $dY/dm = -(pE_aB)/D > 0$，而且还知道 m 受法定存款准备金率 r、超额存款准备金率 e、通货—存款比率 c 和存款准备金利率 t 的影响。可用图 1 分析这 4 个外生变量通过货币乘数对实际产出发生作用的机制。

若货币当局调低法定存款准备金率 r，则货币乘数 m 将上升，使得 FA 向右下方移动至 FA₂，使实际产出 Y 增加，贷款利率 a 下降。均衡点由原来的 A 点移至 B 点。货币乘数增加时，当基础货币不变时，货币供给将会增加，从而贷款利率将下降，投资将增加，引起实际产出增加。

若商业银行调高银行信用中用于发放贷款的比重 p，则使得 FA 曲线向右下方移动，贷款供给增加，促使商业贷款利率下降。这样微观经济主体的投资成本就会下降，促使其增加投资，从而促使实际产出 Y 增加。这一开放经济条件下的分析结果与封闭经济条件下的分析结论一致。

影响货币乘数 m 的其他因素的变动也会对实际产出发生作用。实行固定汇率制的小型开放经济体，若经济系统中通货—存款比率 c 上升，则货币乘数 m 下降（$m_c < 0$），导致总需求下降。这样，除非同时增加相同比例的基础货币 B，维持稳定的货币供给，否则经济将处于非均衡状态。

若货币当局调整存款准备金利率，则商业银行将调整其资产结构，从而影响其扩张信用的能力，影响货币乘数。如货币当局降低存款准备金利率，则商业银行获得的准备金利息下降，则其将降低超额准备金，而将这笔资金用于扩张信用，从而使得货币乘数增加，货币供给增加，总需求增加。

再看商品市场，若商品需求增加，则促使 IS 曲线向右上方移动，使得实际产出增加，贷款利率增加。商品需求增加一方面促使实际产出增加，另一方面引起对贷款的需求增加，导致贷款利率上升。

四、结论及应注意的问题

固定汇率条件下，资本完全流动时，小型开放经济体引入信贷机制的模型得出了和传统 MF 模型不同的结论。商业银行资产结构的变化即银行信用中债券和贷款比重的变化会引起实际产出的变化。这样，商业银行资产结构的变化就成为宏观经济中潜在的不稳定因素。

货币乘数的变化也会对实际产出产生作用。引入信贷机制的模型认为，固定汇率制下货币当局实施货币政策时，三大货币政策工具中较为有效的政策工具就是调整准备金率（包括法定和超额准备金率），其他两种货币政策工具公开市场操作和再贴现政策对实际产出的作用缺乏效力，这是因为公开市场操作和再贴现政策是通过作用于基础货币而起作用的，而法定准备金政策则通过影响商业银行创造派生存款的能力作用于货币乘数，进而影响货币供应量。正是由于传导机制不同决定了其效力的不同。

但必须注意的是，上面的分析纯属理论上的探讨。因为法定存款准备金政策作为一种货币政策工具，具有一定的局限性。一方面，法定存款准备金率的微小变动将会带来存款准备金数量的巨大变动，再通过货币乘数的放大作用对货币供给总量产生巨大影响；另一方面，如果调高法定准备金率，可能会使得超额准备金率较低的银行陷入流动性困境。因此法定准备金政策不可作为货币当局日常调节经济的工具。

参考文献

［1］Mundell, R. A. , The Appropriate Use of Monetanr and Fiscal Policy for Internal and External Stability, IMF Staff Papers, November1962, 9 (3): 13 – 28.

［2］Mundell, R. A. , "Capital Mobility and Stabilization Policy Under Fixed and Flexible Exchange Rales", *Canadian Journal of E-conomics and Political Science*, 1963, (29): 475 – 485.

［3］Fleming, J. M. , Domestic Financial Policies Under Fixed and Under Floating Rates, IMF Staff Papers, 1962, 9: 369 – 379.

［4］何璋：《国际金融》，中国金融出版社 2001 年版。

［5］米什金：《货币金融学》，中国人民大学出版社 1998 年版。

［6］Bemanke, Ben and Blinder, Alan, Credit, Money and Ag-gregate Demand American Economic Review, May 1988, 78: 435 – 439.

［7］Bemanke Ben. Nonmonetary Effects of the Financial Crisis in the Propagation of the Great Depression. American Economic Review, June1983, 73: 257 – 276.

［8］王广谦：《中央银行学》，高等教育出版社 1999 年版。

银行业不良资产处置的国际经验及
对中国的启示[*]

　　2006 年 12 月 11 日，我国银行业为期 5 年的入世过渡期结束。外资银行与中资银行展开全面竞争。我国四大国有商业银行经过剥离不良资产①、外汇储备注资，以及股份制改造等方式，逐渐充实了资本金，提高了资本充足率，降低了不良贷款率。但是，这种不良贷款率的降低是随着商业信贷的大幅增加而出现的，目前四大国有商业银行的不良贷款率仍然较高。而且我们可以假定，如果宏观经济增速放缓，那么商业银行的不良贷款率将大幅上升。

　　为处置银行业的不良贷款，我国 1999 年成立了四大资产管理公司，专门解决四大国有商业银行剥离的不良资产，定向接收。迄今为止尽管已经取得了巨大的成绩，但是也存在很多问题，突出表现在处置方式单一、缺乏创新、资金来源受到极大限制、相关法律支持较少等。本文介绍了国有商业银行不良资产的现状、资产管理公司的处置方式及存在问题，以及国际上处置不良资产的经验，对我国进行不良资产处置从宏观上提出了一些建议。

---

　　* 本文原载于《上海立信会计学院院报》2007 年第 1 期。合作者：唐洋军、陈少克。

　　① 国有商业银行的不良资产和不良贷款是不同的，前者范畴大于后者。但是不良贷款占据了不良资产的巨大部分，因此很大程度上可以等同于不良资产。在本文中，我们对不良资产和不良贷款不加区分，视为等同。

一、中国主要商业银行不良资产状况

四大资产管理公司成立以来，接受了国有商业银行大量的不良贷款，但是截至 2006 年第一季度，四大国有商业银行的不良贷款余额仍然超过 1 万亿元，不良贷款率近 10%。这两个数值远远高于国内其他商业银行，更高于同期国际同行水平，如 2004 年，四大国有商业银行的不良贷款率为 15.57%，而全球前 50 大银行的不良贷款率的平均数仅为 2.73%，前 100 大银行不良贷款率为 2.37%。如果剔除中国四大国有商业银行，这两个数据将大幅下降，分别是 2.19% 和 2.09%。具体见表 1。

表 1　　商业银行不良贷款率与不良贷款余额（1994～2006 年）

年份	四大国有商业银行		主要商业银行	
	不良贷款率（%）	不良贷款余额（亿元）	不良贷款率（%）	不良货款余额（亿元）
1994	20	6371.26	——	——
1995	22	8597.33	——	——
1996	24.4	11574.69	——	——
1997	27	14279.88	——	——
1998	35	21453.21	——	——
1999	39	25027.47	——	——
2000	29.18	19521.8	——	——
2001	25.37	18773.8	——	——
2002	26.1	22080.6	——	——
2003	19.74	19641.3	17.8	24406
2004	15.57	15751	13.21	17176
2005	10.49	10724.8	8.9	12196.6
2006 年一季度	9.78	10588.2	8.26	12068.4

注：主要商业银行包括四大国有商业银行和股份制商业银行。

资料来源：施华强，《国有商业银行账面不良贷款、调整因素和严重程度：1994～2004》，载于《金融研究》，2005 年第 12 期。中国银行业监督管理委员会网站。

从表 1 可以看出，从 1994 年开始，四大国有商业银行的不良贷款和不良贷款率急剧上升，于 1999 年双双达到顶峰，这主要是因为宏观经济低迷，企业创造利润能力下降，经营难以为继。随后随着宏观经济的高涨，商业银行大量放贷以及国家开始正视银行业存在的问题，不良贷款明显减少，不良贷款率明显降低。不良贷款率从 1999 年的 39% 降至 2006 年第一季度的 9.78%，下降了近 30 个百分点；不良贷款余额也从 1999 年的 25027.47 亿元降至 2006 年第一季度的 10588.2 亿元，减少了近 14500 亿元。

二、资产管理公司处置不良资产的方式与存在问题

目前四大资产管理公司处置不良资产的主要方式是打包出售和股权投资，即以批发的方式向境内外投资者批量出售不良资产包以及通过上市公司债转股，待公司经营业绩好转之时由大股东收购资产管理公司持有的股份。

1. 打包出售

打包出售的方式能够提高处置速度，实现不良资产大幅度的变现，但也存在很多问题。首先注册费一路走高，而且不可冲抵购头价格。对于拟公开拍卖的不良资产包，资产管理公司要求有购买意向的买方缴纳注册费，然后才能得到关于该资产包的尽职调查报告。对于没有竞拍成功买家，资产管理公司不退还注册费；而对于竞拍成功的买家，注册费不能用于冲抵部分资产包价格。每个资产包的注册费从 2005 年 9 月的 1000 元（中资）或 200 美元（外资）一路飙升至 2006 年的几十万元，收取如此高额的注册费，极大地降低了潜在买家的积极性。

打包出售的报价方式主要是公开拍卖和协议出价两种，协议出价居于主导地位。但是协议出价没有公开拍卖透明，可能存在商业腐败，以较低的价格出售资产包，存在国有资产流失的可能。

2. 股权投资

股权投资主要是针对上市公司而言，即资产管理公司利用证券市场泡沫，通过剥离上市公司的不良资产、注入优质资产，恢复其融资能力。从长远看，

这种模式现金回收率较高。比较典型的案例是长城资产管理公司重组"渝钛白",通过其复市,降低费用,增加盈利,进而增发新股,实现资金回流;信达资产管理公司重组"郑百文"失败;信达资产管理公司重组"酒钢集团",通过促使其子公司"酒钢宏兴"上市募集资金收购母公司"酒钢集团"资产及偿债,实现资金回流。

但是,资产管理公司持有企业股份只是阶段性持股,股权最终要变现。目前实现法人股增值的途径主要有三种:一是等待公司创造利润,但是时间太长;二是法人股上市流通,这取决于证券市场改革进程;三是进行高溢价增发新股,既可筹资又会实现法人股大幅度增值,但增发新股的条件较高。而且股权投资的方法往往会侵害中小股东利益,有些重组甚至与"庄家"行为无异。

除了上述两种处置方式外,资产证券化的方式也较好。2003年6月,中国华融资产管理公司和中信信托签署《财产委托合同》和《信托财产委托处置协议》,将132.5亿元的不良债权资产委托中信信托投资公司设立三年期的财产信托,并将其中的优先级受益权转让给投资者,首次进行了不良资产的证券化处置。

三、国际经验:美、日、韩、欧处置不良资产的模式

1. 美国 RTC 模式

美国主要是通过资产管理公司,将商业银行等金融机构不良信贷资产直接证券化获取现金流。20世纪80年代末至90年代初期,美国的储贷机构(Savings and Loans,S&L)面临空前的危机。为处置银行业的不良资产,美国于1989年8月设立了重组信托公司(Resolution Trust Corporation,RTC)[①]。该

---

① RTC 是联邦存款保险公司下属机构,宗旨是最有效地接管和处理储贷机构的危机,主要作用是接收管理商业银行等金融机构的不良信贷资产,负责监管其经营运作。当商业银行等金融机构出现信用危机时,RTC 也会进行全面接管,并对其债权债务进行清算出售。

机构在成立之日就确立了三项目标：争取最高的净现值回报；尽量减少资产清算对当地经济的影响；尽量增加对中低收入阶层的住房供应量。具体处理方法主要是：公开拍卖、资产管理合同、证券化和股本合资。美国政府积极参与并扶持 RTC 的运作，国会专门为不良资产证券化通过对 1933 年《证券法》的特殊修正，还直接通过 RTC 参与不良资产的处置，并对证券化产品提供担保。1989 年到 1995 年的 6 年间，RTC 处置的不良资产共达 4000 亿美元。

2. 日本模式

1994 年 4 月 1 日，日本的清偿托管公司正式改名为债权整理回收机构（RCC）。RCC 下设"债权收购价格审核会"和"业务推进部"。前者主要是聘请权威的注册会计师、评估师等专家，对不同企业的不同债权以及债转股后的股权进行评估，从而确定债权股权转让的合理价格；后者则具体督办处理不良债权的出售。1996 年日本央行出资 50% 改组东京共同银行建立的"整理回收机构"，1998 年存款保险公司出资设立"平成金融再生机构"，向自有资本比率低的问题银行注资。平成金融再生机构以控股形式设立"过渡银行"，选派金融理财人员继续经营和管理问题银行的有效债权，并将暂时未找到市场接收者的问题银行的坏账托管给整理回收机构，由其向民间金融机构进行股权转让或经营权出售。1998 年 9 月，日本开始实施"关于通过 SPC①实行资产流动化的法律"。在 20 世纪 90 年代中后期日本集中出台了一批关于银行坏账处置的金融法规，如《金融系统稳定化对策》《金融机构重组方针》《重建金融机构机能紧急措施法》和《过渡银行计划》等，确立了对问题银行开展坏账处置的基本方针。同时还依法设立了银行风险管理和不良资产处置的职能机构，如 1998 年设立金融监督厅和金融再生委员会，全面负责清理146 家主要银行的不良信贷资产，并与大藏省共同制定金融救助方案和坏账处置措施。形成了以日本央行和大藏省为核心的金融风险监管和银行坏账处置的运作体系。

---

① SPC 是以美国的 RTC 为蓝本，以资产证券化为目的而设立的机构。

3. 韩国模式

1997 年亚洲金融危机爆发后，为消化银行业的坏账，韩国于 1998 年授权成立于 1962 年的韩国资产管理公社（Korea Asset Management Corporation, KA-MCO），类似于中国的资产管理公司，收购和经营处置金融机构的不良资产，并以此构建不良资产市场。KAMCO 此前是从事欠税企业抵押物处置的专业机构，金融危机爆发后临危受命处置不良资产，成立了不良贷款管理基金，按市场价收购金融机构的不良资产。其处置资产的首要原则是快速，在快速的基础上考虑收益，再考虑债权的特性，用最妥当的方法处置。处置方法主要是：单项资产出售、打包出售、公共拍卖与法院拍卖、资产证券化、制订实施企业经营改善计划以及组建资产管理公司。KAMCO 从 1999 年开始发行资产支持证券来处置不良资产，2000 年 7 月完成第一笔资产证券化，成为亚洲市场上不良资产证券化的主要机构。在法律方面，韩国政府制定了《资产证券化法案》，为运用资产证券化处理不良资产提供了良好的法律依据和法律环境。韩国还专门成立金融监管委员会（Financial Su-pervisory Committee, FSC）负责韩国金融不良资产处置工作，并为 KAMCO 发行的债券提供担保和承担部分利息。KAMCO 利用证券化处理不良资产的经验，有力地促进了韩国资产证券化的发展，并最终使之达到亚洲的最高水平。到 2001 年年底，KAMCO 已经处置不良资产 58.5 万亿韩元，出售金额 26.9 万亿韩元，盈余 2.7 万亿韩元，资产回收率高达 45.9%。

4. 欧洲模式

西欧各国在处理不良资产的方式上大体同美国和日本类似。当银行经营陷入困境时，普遍采取了银行间的重组、放松管制和关闭清算三种方式；东欧各国则纷纷采用债转股及债权出售、资产远期置换等形式，将企业引入资本市场。两德统一后，德国政府大力敦促原西德的企业及金融机构参与原东德企业的债务重组。

总的来看，以上几个国家在处置银行业不良贷款时，主要是成立专门部门通过不良资产证券化的方法发行债券，快速获取现金流，并在法律上给予支持，使之有法可循。而美国国会和韩国政府还对证券化产品进行担保，这样就大大提高了债券的信用等级，有利于债券在一级市场的发行，提升不良资产的回收率。

四、对中国的启示

基于上面介绍的各国处置不良资产的方式的经验，我们认为高效快速地处置国内银行系统的不良资产，保证金融系统稳定，应做到下述几点。

1. 对资产管理公司处置不良资产的法律支持

前述各国在处置金融系统不良资产时，均出台了众多法律法规从法律上保证其顺利进行。在我国，四大资产管理公司成立7年来，国家仅在2000年11月颁布了一个《金融资产管理公司条例》，这也是在资产管理公司成立一年多以后才出台的，而且只是一部行政性法规，法律效力较低。该条例作为行政性法规，无法解决不良资产处置过程中的一系列法律问题，也无法依法调整它们与债务人以及其他各方面的关系，也就更无法树立它们作为国有债权人的权威。因此，国家应出台处置不良资产的法律法规，为资产管理公司代表国家处置不良资产提供法律依据与支持。

2. 建立一个统一的不良资产产权交易市场

不良资产的重整不仅是资产间的整合，也是产业的整合、市场的整合、信息的整合、制度的整合。只有把不良资产的整合放在国民经济体系运行的框架内、放在国家经济结构的战略性调整目标体系内统筹考虑、全面重整，才能真正实现资源的重新配置，最大限度激活资产的潜在价值。

目前，我国不良资产处置工作由于不同政策原因，每个机构都为自己营造一个不良资产处置的市场。四家资产管理公司的成立虽然为不良资产的整合创造了一个市场，但这个市场仍然存在分散、无形和不充分的缺陷。

建立一个全国统一的不良资产产权交易平台，使不良资产的整合突破区域界限、部门界限、行业界限，已成为市场、投资者、国家监管机构等多方的共同需求与愿望。在一个全国性的大市场内，通过产权的流通改善资产流动性差的状况，可以保证各地、各行业、各种形态的不良资产在统一的市场内自由流动；通过市场行为优化配置沉淀资源，可以保证投资者在信息对等的情况下公平竞争，为银行和金融机构不良资产的处置找到高效率的出口；还可以借助这个市场建立不良资产的物流、所有权流动，以及相关信息流动的场所，实现资产集中、信息共享，以产生巨大的协同效应，促进我国产权市场的快速发展。

3. 通过金融创新整合不良资产

集中处置巨额不良资产带来的一个重大问题是市场的有限性，特别是集中使用传统的产权交易方式使这个问题就更加突出。用老思路、老办法、老方式解决老问题效果显然不好。传统的方式处置不良资产既不能实现资产整合的目标，还往往会肢解不良资产的整体功能，降低资产的价值。各国都是通过金融创新，应用新的金融工具和方法处置不良资产，使得处置效率大大提升。

用不良资产开拓新的产品，通过新产品整合不良资产是顺势而为。如对不良股权资产，以资本运作推动国有企业改革，进而提升资产质量。对不良债权资产，着眼于同一产业或相关产业内的战略性重组，重新优化债务企业的生产要素，为重建企业资产价值链提供手段支持。同时还可以通过资产证券化等方式，以不良资产回收的未来现金流作为保证，发行资产抵押证券，同时政府给予一定的信用担保，提高该证券的信用等级，这样不良资产处置的效率和速度都将极大提高。

4. 鼓励支持外资、民营经济参与处置不良资产

目前参与不良资产出售、拍卖的购买者以民营企业和外资为主，尤其对于县区、乡镇企业来说，不良资产出售的对象主要就是民营企业。当前，民营资本以及外资参与金融资产处置的热情空前高涨。可以预期，如果阻碍民营企业进入金融资产处置的各种障碍能够很快排除的话，那么民营企业将成为金融不良资产处置的一支重要力量。对于那些有优势的民营企业对一般竞

争性产业领域的金融资产并购行为，政府应当积极鼓励和引导，而不应当设置障碍，银行应当提供必要的资金支持①。这样，中国银行业不良资产的处置效率和速度才会大大加快。

外资在目前中国不良资产市场上表现甚好②。凭借雄厚的资金实力、专业的处置手段以及强大的研究能力，外资在韩国、印度和东南亚国家的不良资产市场上表现活跃，积累了丰富的处置不良资产的经验。随着中国金融市场与资本账户的进一步开放，外资进出国境的限制将缩小，这将有利于外资参与国内银行业不良资产处置，极大地活跃不良资产市场，提高不良资产处置的效率。

参考文献

［1］迈耶·J. 戈登、李曜：《中国银行业不良资产与中国金融体系的未来》，载于《财经研究》第 29 卷。

［2］施华强：《中国国有商业银行不良贷款内生性：一个基于双重软预算约束的分析框架》，载于《金融研究》2004 年第 6 期。

［3］施华强：《国有商业银行账面不良贷款、调整因素和严重程度：1994～2004》，载于《金融研究》2005 年第 12 期。

［4］王洛林、李扬、余永定、王国刚：《泰国：经济恢复过程与金融机构不良资产的处理》，载于《经济研究》2000 年第 3 期。

［5］王一江、田国强：《不良资产处置、股份制改造与外资战略——中日韩银行业经验比较》，载于《经济研究》2004 年第 11 期。

［6］谢平、李德：《我国金融资产管理公司运行中的困难、成效和发展前景》，载于《比较》，中信出版社，2003 年第 9 期。

［7］严红波：《日本银行不良贷款的生成、处置与启示》，载于《武汉金融》2003 年第 8 期。

［8］Ernst and Young, Non-performing Loan Report：Asia 2002.

---

① 目前，国内银行向购买不良资产包的国内海外投资者提供贷款是不允许的。幸运的是，世界银行下国际金融公司（IFC）曾向华融不良资产交易的中标者提供了购买总价款的 40% 的融资支持。

② 据普华永道的统计，自 2001 年 12 月至 2004 年 11 月，仅国际大投行（如摩根、花旗、雷曼、高盛、德意志银行等）就在中国投资了 60 亿美元购买不良资产包。

［9］Ernst and Young, China Non-performing Loan Report 2004.

［10］FDIC, USA, The FDIC and RTC Experience: Managing the Crisis.

［11］Hiroshi Nakaso, The Financial Crisis in Japan During the 1990s: How the Bank of Japan Responded and the Lesson Leamt, BIS Papers, No. 6, Oct. 2001.

［12］KAMCO, The Best Solution for NPL Envisaging Future Strength. Korea Asset Management Corporation.

［13］Price Water House Coopers, China NPL Investor Survey 2004.

中国城市商业银行竞争力分析[*]

一、我国商业银行竞争力指标体系的设定

对于什么是商业银行竞争力，在学术界尚未取得非常一致的意见。不同的学者和机构在比较商业银行竞争力时，一般是借鉴企业竞争力理论，考虑商业银行自身经营的特点，各有侧重地构建一定的指标体系进行比较评价。

在遵循全面性、可比性、动态性、定量和定性相结合等原则的基础上，我们参考国内外一些机构和专家学者关于商业银行竞争力的测评指标体系，设计出现实竞争力和潜在竞争力两类共 9 个方面 27 项指标，来分析基于与大型商业银行和全国性股份制商业银行相比较的我国城市商业银行的竞争力。

比较不同类型商业银行的竞争力，首先应该比较不同类型商业银行竞争力基本面上的差异，即以盈利能力为中心的竞争力比较，我们将其称为现实竞争力的比较。这里所谓现实竞争力，我们界定为商业银行当前所表现出的以盈利能力为中心的、兼顾流动性、安全性原则，使其在与对手的市场竞争中立于不败之地的竞争能力；其次还应该比较商业银行在较长时期里动态发展的后劲和潜力方面的差异，我们将其称为潜在竞争力比较。这里所谓潜在

* 本文原载于《统计研究》2011 年第 9 期。合作者：曹永栋。

竞争力，我们界定为商业银行在公司治理、管理状况、创新和技术、业务结构、品牌影响力等方面所表现出来的可持续发展的能力，它反映了商业银行在较长时期里动态发展的后劲和潜力。

本文现实竞争力指标全部是定量指标，潜在竞争力兼顾定性、定量两类指标，各有 7 个。之所以这样设计，是因为考察商业银行潜在竞争力本身涉及其软性的许多方面，而软性方面的考察有一定程度的主观性。因此在评价定性指标时需要尽量客观、慎重一些。另外需要说明的是，本文所设定的指标体系并不是面面俱到的，我们更多考虑了国内商业银行所发布的年报中会计信息的披露内容，考虑了数据的可得性，以尽量使得这个指标体系的设定既能更为科学合理，又更具可操作性。本文现实竞争力指标体系分为 4 类共 13 项具体指标，潜在竞争力分为 5 类共 14 项具体指标，如表 1 所示。

表 1 　　　　　　　　　　我国商业银行竞争力比较指标体系

	项目	指标	定义
现实竞争力	流动性	流动性比率	流动资产/流动负债
		存贷比	各项贷款余额/各项存款余额
		中长期贷款比重	中长期贷款/全部贷款
	盈利性	资产收益率	净利润/平均资产
		资本回报率	净利润/股东权益
		收入利润率	净利润/总收入
		资产使用率	总收入/总资产
	资产质量	不良贷款率	不良贷款余额/贷款总额
		准备金覆盖率	贷款损失准备金/不良贷款额
		贷款准备损失率	贷款损失准备金/贷款总额
	资本充足度	资本充足率	（一级资本＋二级资本）/风险加权资产
		权益占资产比率	股东权益/全部资产
		权益占贷款比率	股东权益/总贷款
潜在竞争力	公司治理	股权集中程度（1）	第一大股东股权/总股本
		股权集中程度（2）	第一大股东股权/第二大股东股权
		股东实力	根据股东规模、产业谱的跨度以及对金融业的经验判断
		高管激励机制	根据高管激励机制的完善程度判断

	项目	指标	定义
潜在竞争力	管理状况	市场敏感度	根据市场应变能力判断
		三年平均资本回报率	（税后利润/净资产）的三年平均数
		内控及管理规范化程度	根据公司内部控制制度的完善程度及规范化运作情况判断
	创新和技术	创新能力	根据业务创新的速度及对经营的贡献计分
		技术水平	根据关键技术及核心技术人员在同业中的技术领先程度而计分
	业务结构	贷款占资产比重	贷款总额/资产总额
		储蓄存款占比	储蓄存款/存款总额
		中间业务收入占比	中间业务收入/主营收入
		资金自给率	存款总额/资产总额
	品牌影响力		根据品牌在消费者中的影响程度判断

二、中国城市商业银行竞争力

（一）抽样说明及评价步骤

本文涉及的大型商业银行、全国性股份制商业银行和中国城市商业银行遵循了中国银监会的分类。我们分别抽取两家大型商业银行、三家全国性股份制商业银行、三家城市商业银行作为典型银行进行比较分析。大型商业银行和全国性股份制商业银行是根据数据的易得性随意抽取的，城市商业银行抽取了两家上市银行和一家非上市银行，它们都是城市商业银行中资产规模较大的，且地处江、浙两省。对城市商业银行的抽取刻意避开了北京银行和上海银行，因为这两家银行的地域优势太特殊。同时我们还抽取了地域优势明显的江浙最大的三家银行，这是出于以下考虑：其一，江浙商业文化比较发达，发展水平相对较高，在这个区域三家最大的城市商业银行可以作为其他地区城市商业银行发展的典范；其二，这三家城市商业银行具备其他城市商业银行所具有的一般特征；其三，与大型商业银行和全国性股份制商业银行进行竞争力比较，我们所设计的指标体系虽然没有规模性指标，但规模的影响还是存在的，为了减少城市商业银行规模劣势的影响，最好选取规模较大的；其四，虽然规模的大小都有各自的优劣势，但作为市场竞争的追求和其优胜劣汰的原则，笔者认为城市银行中的较大者更具代表性；其五，同时也还因为中小城市商业银行相关数据资料的不可得性。

我们对各样本银行的评价步骤是：首先，根据设计的各项指标收集各样本银行相关的数据资料（所有数据资料是根据各银行网站所发布的年报数据整理计算的），分别计算出各项指标的相关数值；然后，将现实竞争力的4类指标和潜在竞争力的5类指标每类设定100分，每类指标中的每个指标根据其重要程度分配所占分值，根据设定标准和各个样本银行各项具体指标的实际数值计算其分值；最后按照一定的权重加权计算各样本银行现实竞争力的分值合计、潜在竞争力的分值合计以及总体竞争力的分值合计，以比较它们的竞争力。

（二）计算结果

表2是我们计算的各银行现实竞争力、潜在竞争力和综合竞争力的分值结果。

表2　　　　　　　　　　2006～2008年各银行得分情况及分值合计

序号		1	2	3	4	现实竞争力分值合计	5	6	7	8	9	潜在竞争力分值合计	综合竞争力分值合计
指标		现实竞争力					潜在竞争力						
		流动性	盈利能力	资产质量	资本充足度		公司治理	管理状况	业务技术	业务结构	品牌形象		
权重（%）		5	30	20	5	60	10	10	5	5	10	40	100
中国银行	评分 2006	49.6	42.9	43.0	42.5	—	36.1	60.3	90.0	79.3	100.0	—	—
	2007	35.3	50.9	46.6	40.5	—	37.4	62.8	90.0	73.6	100.0	—	—
	2008	54.2	47.1	50.2	38.9	—	37.7	63.6	90.0	81.9	100.0	—	—
	分值 2006	2.5	12.9	8.6	2.1	26.1	3.6	6.0	4.5	4.0	10.0	28.1	154.2
	2007	1.8	15.3	9.3	2.0	28.4	3.7	6.3	4.5	3.7	10.0	28.2	56.6
	2008	2.7	14.1	10.0	1.9	28.7	3.8	6.4	4.5	4.1	10.0	28.8	57.5

序号		1	2	3	4	现实竞争力分值合计	5	6	7	8	9	潜在竞争力分值合计	综合竞争力分值合计
指标		现实竞争力					潜在竞争力						
		流动性	盈利能力	资产质量	资本充足度		公司治理	管理状况	业务技术	业务结构	品牌形象		
权重（%）		5	30	20	5	60	10	10	5	5	10	40	100
中国工商银行	评分 2006	74.0	30.3	30.9	36.5	—	64.9	61.3	85.0	72.9	100.0	—	
	2007	45.9	47.8	44.0	41.0	—	64.9	64.7	85.0	69.4	100.0	—	
	2008	51.1	59.7	51.3	34.8	—	64.9	68.9	85.0	73.8	100.0	—	
	分值 2006	3.7	9.1	6.2	1.8	20.8	6.5	6.1	4.3	3.6	10.0	30.5	51.3
	2007	2.3	14.3	8.8	2.1	27.5	6.5	6.5	4.3	3.5	10.0	30.8	58.3
	2008	2.5	17.9	10.1	1.7	32.2	6.5	6.9	4.3	3.7	10.0	31.4	63.6
招商银行	评分 2006	52.2	38.3	52.3	28.4	—	75.0	62.9	75.0	55.9	60.0	—	
	2007	36.8	68.0	59.9	24.8	—	75.1	71.7	75.0	53.3	60.0	—	
	2008	23.8	78.5	63.9	28.5	—	74.7	81.5	75.0	59.7	60.0	—	
	分值 2006	2.6	11.5	10.5	1.4	26.0	7.5	6.3	3.8	2.8	6-0	26.4	52.4
	2007	1.8	20.4	12.0	1.2	35.4	7.5	7.2	3.8	2.7	6.0	26.2	61.6
	2008	1.2	23.6	12.8	1.4	39.0	7.5	8.2	3.8	3.0	6.0	28.5	67.5
浦发银行	评分 2006	31.3	28.0	54.9	15.4	—	89.3	59.8	80.0	26.0	60.0	—	
	2007	28.7	38.4	61.4	13.7	—	87.3	64.9	80.0	28.4	60.0	—	
	2008	36.5	68.4	59.2	14.3	—	89.3	79.9	80.0	28.8	60.0	—	
	分值 2006	1.6	8.4	11.0	0.8	21.8	8.9	6.0	4.0	1.3	6.0	26.2	48.0
	2007	1.4	11.5	12.3	0.7	25.9	8.7	6.5	4.0	1.4	6.0	26.7	52.6
	2008	1.8	20.5	11.8	0.7	34.8	8.9	8.0	4.0	1.4	6.0	28.3	63.1
华夏银行	评分 2006	60.9	13.7	37.1	10.6	—	66.1	47.0	75.0	44.3	60.0	—	
	2007	47.1	20.4	44.8	10.2	—	66.1	52.8	75.0	38.2	60.0	—	
	2008	37.0	21.3	54.9	21.7	—	67.7	50.3	75.0	37.8	60.0	—	
	分值 2006	3.0	4.1	7.4	0.5	15.0	6.6	4.7	3.8	2.2	6.0	23.3	38.3
	2007	2.4	6.1	9.0	0.5	18.0	6.6	5.3	3.8	1.9	6.0	23.6	41.6
	2008	1.9	1.1	11.0	1.1	15.1	6.8	5.0	3.8	1.9	6.0	23.5	38.6
宁波银行	评分 2006	72.7	63.2	74.0	28.7	—	60.1	47.6	70.0	37.4	20.0	—	
	2007	59.6	63.0	69.7	66.8	—	58.6	58.8	70.0	34.2	20.0	—	
	2008	54.2	64.7	48.9	49.3	—	58.6	56.9	70.0	45.4	20.0	—	
	分值 2006	3.6	19.0	14.8	1.4	38.8	6.0	4.8	3.5	1.9	2.0	18.2	57.0
	2007	3.0	18.9	13.9	3.3	39.1	5.9	5.9	3.5	1.7	2.0	19.0	58.1
	2008	2.7	19.4	9.8	2.5	34.4	5.9	5.7	3.5	2.3	2.0	18.4	52.8

序号	1	2	3	4	现实竞争力分值合计	5	6	7	8	9	潜在竞争力分值合计	综合竞争力分值合计
指标	现实竞争力					潜在竞争力						
	流动性	盈利能力	资产质量	资本充足度		公司治理	管理状况	业务技术	业务结构	品牌形象		
权重（%）	5	30	20	5	60	10	10	5	5	10	40	100
南京银行 评分 2006	98.9	52.6	44.7	25.7	—	62.1	75.6	70.0	37.2	20.0	—	—
南京银行 评分 2007	53.2	53.6	53.5	99.0	—	60.9	60.4	70.0	23.0	20.0	—	—
南京银行 评分 2008	54.9	75.8	58.2	80.7	—	60.1	59.5	70.0	39.0	20.0	—	—
南京银行 分值 2006	4.9	15.8	8.9	1.3	30.9	6.2	7.6	3.5	1.9	2.0	21.2	52.1
南京银行 分值 2007	2.7	16.1	10.7	5.0	34.5	6.1	6.0	3.5	1.2	2.0	18.8	53.3
南京银行 分值 2008	2.7	22.7	11.6	4.0	41.0	6.0	6.0	3.5	2.0	2.0	19.5	60.5
杭州银行 评分 2006	47.3	57.5	44.8	23.6	—	64.0	68.5	70.0	35.0	20.0	—	—
杭州银行 评分 2007	48.0	68.4	52.7	22.4	—	64.0	73.2	70.0	35.7	20.0	—	—
杭州银行 评分 2008	53.5	77.9	52.9	35.2	—	64.0	80.9	70.0	39.8	20.0	—	—
杭州银行 分值 2006	2.4	17.1	9.0	1.2	29.7	6.4	6.9	3.5	1.8	2.0	20.6	50.3
杭州银行 分值 2007	2.4	20.5	10.5	1.1	34.5	6.4	7.3	3.5	1.8	2.0	21.0	55.5
杭州银行 分值 2008	2.7	23.4	10.6	1.2	37.9	6.4	8.1	3.5	2.0	2.0	22.0	59.9

资料来源：根据各银行网站发布的年报数据整理计算。

根据表 2 我们分别对各样本商业银行 2006 年、2007 年、2008 年的现实竞争力、潜在竞争力以及综合竞争力进行排名（如表 3 所示）。

表 3　　　　　　　　　　各银行排名

	现实竞争力排名			潜在竞争力排名			综合竞争力排名		
	2006	2007	2008	2006	2007	2008	2006	2007	2008
中国银行	4	4	7	2	2	2	2	4	6
工商银行	7	5	6	1	1	1	5	2	2
招商银行	5	2	2	3	4	3	3	1	1
浦发银行	6	6	4	4	3	4	7	7	3
华夏银行	8	7	8	5	5	5	8	8	8
宁波银行	1	1	5	8	7	8	1	3	7
南京银行	2	3	1	6	8	7	4	6	4
杭州银行	3	3	3	7	6	6	6	5	5

表 2 的相关数据和表 3 的排名显示，与大型商业银行和全国性股份制商业银行相比，我国城市商业银行在现实竞争力上具有较强的竞争优势，在潜在竞争力上具有明显的竞争劣势，综合竞争力表现尚可。但需要注意，由于其潜在竞争力存在明显劣势，如果不采取相关针对性的措施，从较长时期来看，预期其现实竞争力和综合竞争力都会下降。

中国城市商业银行竞争力分析

城市商业银行重组：诱致抑或整合[*]

城市商业银行成立时间短、资产规模小、资产质量低、人才储备少、综合实力较弱，难以在市场上与五大国有商业银行和股份制商业银行竞争。如何做大做强、增强竞争能力成为城市商业银行发展所面临的首要任务。

银监会2004年发布的《城市商业银行监管与发展纲要》指出，城市商业银行联合和跨区域发展是城市商业银行进一步改革、创新和发展的重要内容。该《纲要》鼓励在综合处置不良资产基础上进行城市商业银行的重组改造和重组联合，鼓励城市商业银行在自愿的前提下，按照市场原则实现资本重组与联合，有效整合金融资源，进一步拓展城市商业银行市场空间，提高其抗风险能力及市场竞争力。在此，系统总结我国城市商业银行联合重组的五种主要模式，并对各种模式进行评价。

一、汇金模式

"汇金模式"可以概括为剥离不良资产、引入战略投资者、择机上市三个步骤。这是中国银行、中国建设银行和中国工商银行进行股份制改造采取的方式。地方政府复制"汇金模式"主导城市商业银行重组，先是动用各种资源剥离不良资产，为城市商业银行卸下历史包袱，提高资产质量，并择机引

---

* 本文原载于《改革》2010年第4期。合作者：唐洋军。

入战略投资者进行重组，最终实现上市的目标。典型案例是北京银行和南京银行等。

（一）北京银行重组过程

北京银行成立于 1996 年 1 月 29 日，由北京市原 90 家城市信用合作社股东以及北京市财政资金管理分局等六家发起人以发起设立方式组建而成的股份有限公司。成立之初股本仅 10 亿元，总资产仅 200 亿元，不良贷款率高达 60%。2004 年 10 月 26 日正式更名为北京银行。北京银行在没有政府注资、不良资产剥离的情况下，通过自身消化不良资产，效果良好。

1. 引入战略投资者

2005 年 3 月 25 日，荷兰 ING 以 17.8 亿元人民币的价格认购北京银行 19.9% 的股份，成为第一大股东。同时，国际金融公司出资 4.2 亿元人民币认购北京银行 5% 的股份。至此，北京银行的外资持股比例达 24.9%，接近银监会规定的 25% 上限。引入境外投资者后，北京银行所有者权益达到 101 亿元，发展实力进一步壮大。

2. 上市

2007 年 9 月 19 日，北京银行在上交所成功上市，募集资金 150 亿元。截至 2009 年 6 月 30 日，北京银行资产总额达到 4781 亿元，成为国内资产规模最大的城市商业银行，当期实现利润总额 37.30 亿元，不良贷款比例为 1.14%，不良贷款余额 28.37 亿元，拨备覆盖率达 200.41%。

（二）南京银行重组过程

1996 年 2 月 8 日，在南京市原 39 家城市信用合作社及信用社基础上组建的南京城市合作银行，是南京银行的前身，也是继深圳、上海、北京后成立的第四家城市商业银行，注册资本 3.50 亿元。2007 年 3 月 16 日正式更名为南京银行。

1. 引入战略投资者

2001 年 11 月，国际金融公司出价 2700 万美元购买南京银行 15% 的股份。2005 年 10 月 12 日，巴黎银行以 7.04 亿元人民币收购了南京银行 19.2% 的股权（其中国际金融公司转让 10%，中资股东转让 9.2%）。

2. 上市

2007 年 7 月 19 日，南京银行成功在上交所上市，募集资金 69.3 亿元，成为在上海主板上市的第一家城市商业银行。截至 2009 年 6 月底，南京银行资产总额 1297 亿元，净利润 8.00 亿元，准备金覆盖率为 164.68%，不良贷款余额为 8.18 亿元，不良率为 1.37%，资本充足率为 15.20%。

（三）引入外资金融机构和上市公司参股

城市商业银行引入的投资者分为战略投资者和财务投资者，战略投资者和财务投资者最大的区别在于是否在董事会取得席位并参与经营管理。战略投资者一般要求在董事会占有席位并直接参与经营管理，而财务投资者一般不要求占有董事会席位，也不参与经营管理。城市商业银行引入的股东主要是外资银行、国内的上市公司和民营资本。此处主要讨论外资银行和上市公司入股。

1. 城市商业银行引入外资金融机构入股

外资金融机构参与重组城市商业银行的战略动因因城市商业银行自身的不同有较大区别。参与重组一线中心城市商业银行，主要是为了利用目标行良好的区位优势和城市本身的辐射能力，适应外资金融机构在全国的整体金融布局。对于一线中心城市商业银行的重组，外资金融机构一般要求深入介入目标行的经营管理，如北京银行、上海银行、南京银行等。外资金融机构参与欠发达地区中心城市商业银行的重组主要是看重我国银行业垄断经营下形成的巨大溢价，通过投资获得经济上的回报，适时进行套现。对于此类城市商业银行，外资金融机构一般希望控股，通过运作和经营管理，达到一定的经营业绩后套现，实现获利。

监管部门对外资银行入股中资银行的股份比例有严格的规定。银监会发布的《境外金融机构投资入股中资金融机构管理办法》等文件规定，单个境外金融机构向中资金融机构投资入股比例不得超过 20%；多个境外金融机构合计不得超过 25%。城市商业银行引入国外投资者最早可以追溯到 1999 年 9

月 9 日上海银行引入国际金融公司参股。截至 2009 年 10 月，共有 15 家城市商业银行引入了外资股东（见表 1）。

表 1　　　　已引入外资金融机构参股的城市商业银行状况

城市商业银行	引入的外资股东	时间	出资额	初始认购股份/比例
上海银行	国际金 S 公司	1999 年	2.12 亿元人民币	10000 万股/5.00%
	香港上海汇丰银行	2001 年	5.18 亿元人民币	20800 万股/8.00%
	香港上海商业银行	2001 年	1.9425 亿元人民币	7800 万股/3.00%
西安商行	加拿大丰业银行	2002 年	5376 万元人民币	2.50%
	国际金融公司			2.40%
齐鲁银行	澳洲联邦银行	2004 年	2500 万澳元	11%
南京银行	国际金融公司	2001 年	2700 万美元	18100 万股/15%
	法国巴黎银行	2005 年	7.04 亿元人民币	19.2%（上市后为 12.61%）
北京银行	荷兰 ING 银行	2005 年	17.8 亿元人民币	19.9%（截至 2009 年二季度末为 16.07%）
	国际金融公司	2005 年	4.2 亿元人民币	5%（截至 2009 年二季度末为 4.04%）
杭州银行	澳洲联邦银行	2005 年	7800 万美元	26420 万股/19.9%
	亚洲开发银行	2006 年	3000 万美元	6600 万股/4.99%
南充商行	德国投资与开发有限公司	2005 年	300 万欧元	10%
	德国储蓄银行国际发展基金	2005 年	100 万欧元	3.30%
天津银行	澳新银行	2005 年	—	49562.5 万股/20%
宁波银行	新加坡华侨银行	2006 年	5.7 亿元人民币	25000 万股/12.2%
重庆银行	香港大新银行	2006 年	6.94 亿元人民币	17%
成都银行	马来西亚丰隆银行	2007 年	19.5 亿元人民币	65000 万股/19.99%
青岛银行	意大利联合圣保罗银行	2007 年	1.35 亿美元	19.99%
	英国洛希尔金融集团	2007 年	2540 万欧元	5%
烟台银行	香港恒生银行	2008 年	8 亿元人民币	40000 万股/20%
	永隆银行	2008 年	2 亿元人民币	9980 万股/4.99%
厦门商行	富邦银行（香港）有限公司	2008 年	2.3 亿元人民币	9995 万股/19.99%
德阳商行	国际金融公司	2009 年	2.11 亿元人民币	15%

2. 城市商业银行引入上市公司参股

上市公司之所以倾向于参股城市商业银行，一是参股城市商业银行后会受到投资者的追捧，成为参股金融类的炒作概念，提升股价；二是参股城市商业银行可能会在不远的将来得到巨大的投资回报，众多城市商业银行都在积极准备上市，一旦成功上市，上市公司将从中获得巨额收益；三是通过入股城市商业银行为公司融资获取便利条件。

根据聚源数据2007年末的统计，沪深两市共有136家上市公司参股城市商业银行。其中，100家公司披露了投资金额，合计约22.65亿元；92家公司披露了参股城市商业银行的持股比例，平均持股为4.18%。

（四）对"汇金模式"的评价

引入战略投资者，不仅给城市商业银行带来了新的管理理念，完善了公司治理结构，提高了盈利能力和风险管理能力，而且在具体业务领域，如信用卡业务和零售银行业务方面也获益良多。

但是汇金模式也存在一些问题，一是汇金模式呈现出较大的"马太效应"，越是大城市或者中心城市的、资产资质较好、资本充足率较高、营业网点较多的城市商业银行越会受到国内外投资者的青睐，而绝大多数地处二线城市和中西部地区的城市商业银行仍然难以获得新增资本，经营依然较为困难，这与当地的经济发展水平和金融生态有密切的关系；二是如何将财务重组转化为实质重组，真正使城市商业银行能够建立良好的公司治理结构，成为真正意义上的现代金融机构；三是城市商业银行如何在"引资"的同时"引智"，与外资股东在经营理念方面进行磨合。

二、行政区域内的横向合并

行政区域内的横向合并主要是指省级政府将其管辖区域内的城市商业银行或城市信用社合并，推动组建省内跨区域经营的地方性商业银行。参与合并的各城市商业银行或城市信用社共同组成一个新的单一法人实体，采用统一的企业名称和统一的组织结构，实行内部化的管理和经营，资源共享。新组建的商业银行则较大程度地保留了自身性质，即地方性色彩较为明显。横向合并的模式又可以细分为两种：吸收合并和新设合并。

（一）吸收合并——徽商模式

所谓吸收合并是指以省内一家综合实力较强的城市商业银行（一般是省会城市的商业银行）为龙头，吸收省辖市商业银行或城市信用社，成立单一法人性质的省属地方性城市商业银行，取消被吸收合并银行的一级法人地位，实行统一经营管理。

吸收合并的典型案例即徽商银行。徽商银行由原合肥市商业银行更名为徽商银行股份有限公司，并在此基础上陆续吸收合并芜湖、马鞍山、安庆、淮北、蚌埠五家城市商业银行，以及六安、淮南、铜陵、阜阳科技、鑫鹰、银河、金达七家城市信用社而成，实现安徽省内城市商业银行的横向联合。

1. "6＋7" 重组模式

徽商银行的做法可总结为 "6＋7" 重组模式，即6家城市商业银行加7家城市信用社。"6＋7" 重组模式有两个要件，即一级法人的组织形式和吸收合并的重组方式。在清产核资的基础上，按照最终确认的折股比例，6家城市商业银行和7家城市信用社的原有股东持有的股份全部置换成徽商银行的股份，同时被合并方注销法人资格。

2. 重组的原则和标准

对参与合并重组的城市商业银行和城市信用社，按照市场化、合规性、自愿性的原则，设定一定标准，同时必须符合有关监管规定。安徽省银监局在资本充足率、不良贷款率、资本回报率、净资产回报率、净资产市值等指标上确定进入标准，达标的可以参与，稍有差距的可以自补，不达标的拒之门外。只有在提取足够比例（50%）的不良贷款拨备覆盖率和其他应计、应提费用后，不良贷款下降，历史包袱化解，每股净资产达到标准的城市商业银行、城市信用社才可参加合并。截至2009年6月末，徽商银行资产总额1659.63亿元，上半年累计实现经营利润15.02亿元，不良贷款率为0.87%。

（二）新设合并——江苏模式

所谓新设合并是指在省内没有一家综合实力明显强于其他行的城市商业银行时，不设合并重组主体，而是采取新设合并统一法人的方式将省内城市商业银行合并成立一家单一法人的地方性金融机构，取消被吸收合并银行的一级法人地位，实行统一经营管理。

新设合并的典型案例即江苏银行。2007 年，江苏境内除南京银行之外的无锡、苏州、南通、常州、淮安、徐州、扬州、镇江、盐城、连云港 10 家地级城市商业银行，根据"新设合并统一法人，综合处置不良资产，募集新股充实资本，构建现代银行体制"的总体思路合并成立江苏银行，各家参与重组的城市商业银行成为江苏银行的分支机构。

1. 采取新设合并模式的缘由

与徽商银行不同的是，江苏省参与重组的 10 家城市商业银行中，没有一家像合肥市商业银行那样的可依托机构。徽商银行由"6 + 7"重组而来，其中原 6 家城市商业银行中，除合肥市商业银行规模较大，其他行资产规模都在 40 亿 ~ 60 亿元，7 家城市信用社的综合实力也较为接近。相比之下，江苏省的 10 家城市商业银行综合实力相差较大，资产质量参差不齐，苏南的城市商业银行股东担心为苏北的城市商业银行背包袱。理想的"龙头行"——南京市商业银行（现"南京银行"）因筹划上市及引入巴黎银行作为战略投资者，从重组框架中独立出来。如果以苏州、南通或无锡某一家城市商业银行为依托，不但难以服众，也可能引起各地方政府的争端，最终失去其全力支持。于是，新设合并的方式浮出水面。

2. 不良资产处置

由于参与重组的 10 家城市商业银行实力差距较大，资产质量参差不齐，因此重组最大的问题在于盐城等 6 家城市商业银行的不良资产如何处置。经清产核资和资产评估，这 6 家城市商业银行共需弥补预期资产损失准备缺口25.43 亿元。在江苏省政府的协调下，坏账由江苏省政府、相关市政府和新成立的江苏银行共同承担。

具体而言，除 2006 年 12 月初首批到位的 2 亿元江苏省财政资金，其余 23.43 亿元不良资产打包转让给江苏国际信托投资公司，由该公司发行专项的五年期信托产品，并由江苏省农村信用联社以原额承购。在 23.43 亿元信托计划中，8 亿元由江苏省财政分年度支付，其余 15.43 亿元由江苏省政府支持通过剥离资产清收等途径回购解决，信托产品的利息由盐城等 5 家净资产为负数的城市商业银行所在地市财政负责。在这个不良资产集合中，15.43 亿元的清收风险尚难预料，最终将由江苏银行全资回购，而资金来源则非常复杂，包括实际回收的资产、江苏银行未来的部分收益，以及一些市级政府的财政补贴。

3. 增资扩股

江苏银行在推进新设合并的同时进行增资扩股。合并的 10 家城市商业银行折股出资金额 43.13 亿元，折合 43.11 亿股。江苏银行又以 1.2 元/股的价格面向江苏省内机构募集法人股 35 户，募集资金 42.44 亿元。增资扩股后，江苏银行资本金总额达到 78.5 亿元。

2008 年年报显示，江苏银行总资产 2303.3 亿元，净利润 22.2 亿元，不良贷款余额为 24.49 亿元，不良贷款率 1.82%，资本充足率 10.5%，拨备覆盖率达 160%。各项指标进入国内同业先进行列。

（三）横向合并模式存在的潜在问题

行政区域内横向合并的最大特点就是政府主导，存在的潜在问题是如何排除省级行政力量对银行经营的干预。由于重组是由省政府主导，那么未来运作也不可避免地由省政府控制，这样组建后的城市商业银行就难以和其他城市商业银行进行完全市场化的竞争；而这种重组方式能促使城市商业银行迅速做大，资产规模快速扩张，营业网点迅速增加，市场份额增加，但是最终能否做强还是个问题；横向的行政合并，以哪个城市商业银行为主，即谁来牵头成为一个较大的问题，有时并不一定由好银行牵头；各个城市商业银行处境不一，非市场化的资产合并往往对坏银行有利，而对好银行却是个打击。

基于上述原因，已引起了监管层对行政式合并的重新审视，这种将省级行政区域内的城市商业银行横向合并的模式并没有走得太远。湖南省计划将长沙、湘潭、株洲、岳阳和衡阳 5 家城市商业银行以及邵阳城市信用社合并成立潇湘银行，并于 2007 年 6 月正式组建了改革重组工作联席办公室，同年 8 月正式启动了清产核资工作，但最终并未向监管部门递交方案。

三、合作联盟模式

合作联盟是指各城市商业银行在保持独立法人地位不变的前提下，共同入股成立一家新的内部联合体，搭建统一的服务支持平台，在 IT 系统与支付清算、集中数据备份管理、经营管理和产品等方面实现信息共享。

1. 合作联盟的性质

合作联盟是专门从事银行后台服务的非银行金融机构，是具有独立法人资格的金融性服务公司。主要职责是为联盟各城市商业银行提供后台支持服务。但合作联盟不是一家管理型机构，不具有管理职能，不直接参与股东行的业务运营和经营管理，不经营具体银行业务，对各城市商业银行没有协调或管理职能。合作联盟开发的各项服务和产品也由各城市商业银行按照商业化原则自愿购买，完全采取市场化的运作方式。合作联盟的典型案例即山东省城市商业银行合作联盟有限公司。

2. 合作联盟的山东模式

2008 年银监会正式批准同意筹建合作联盟，即山东省城市商业银行合作联盟有限公司。机构性质定位于具有独立法人资格的股份制金融性服务公司。合作联盟注册资金为 1.4 亿元，由参与合作联盟的 14 家城市商业银行等额出资 1000 万元。合作联盟不设董事会，仅设置 1 名执行董事，"每行一股、每行一票"，由 14 个城市商业银行成员组成的股东大会直接行使董事会权利。

3. 合作联盟模式评价

合作联盟实质上是一种"抱团取暖"，通过成立联盟，搭建统一的后方服务支持平台，单个城市商业银行无须建立费用高昂的后台系统，从而降低运营成本。

四、民营化模式

城市商业银行的民营化是指城市商业银行引入民营资本参投，实现资本来源的多元化，改善股权结构，完善公司治理。改革开放以来，民营经济得到迅速发展，在 GDP 中的比重已经达到 65%，实力雄厚，有能力和愿望进入金融业。

1. 民营资本参股的城市商业银行

目前已有多家城市商业银行引入民营资本参股，表现最为突出的是浙江各城市商业银行。截至 2005 年，绍兴商业银行吸纳 9 家企业参股，民资股权达到 70% 左右；杭州银行国有股、民企股和自然人股份分别占 45%、45% 和 10%；宁波银行国有股、民企股和自然人股各占 25%、55% 和 20%。温州城市商业银行第一轮增资扩股后，股本格局大致为政府股 7.94%、自然人股 24.28%、民企股 67.78%。但是由于股权关系混乱、监管存在漏洞，再加上地方政府对民营股东设置种种障碍，城市商业银行民营化也出现过倒退。2004 年，方正集团先后从成都市商业银行和岳阳市商业银行撤资。海星集团亦退出西安市商业银行。

2. 民营化对城市商业银行的益处

一是有利于城市商业银行提高资本充足率，达到监管要求。城市商业银行普遍资产质量较低，资本充足率严重不足。按照银监会 2005 年出台的《商业银行资本充足率管理办法》规定，各商业银行资本充足率在 2006 年底前必须达到 8% 的监管底线。引入民营资本充实股本，提高资本充足率对于城市商业银行来说是必然选择。

二是有利于城市商业银行法人治理结构的完善和风险防控水平的提高。城市商业银行在发展的过程中形成了以地方政府为主导的股权结构，即所谓的"一股独大"，使城市商业银行在经营中受到的行政压力较大。民营资本的加入，可促进城市商业银行股权结构的多元化，逐渐完善法人治理结构，提高风险防控水平。

三是有利于城市商业银行经营绩效的提高。政府主导下的城市商业银行缺乏竞争机制，经营效率较低。民营资本入股城市商业银行，有助于引入竞争机制，进行市场化经营。

3. 民营化模式的主要问题

民营化模式存在的主要问题是如何有效控制城市商业银行对民营股东发放关联贷款，以及如何保证民营股东在董事会的利益。对于民营企业而言，参股一家金融机构既有利于在更大的范围内利用金融资源，又有利于实现资本的保值增值；而对地方政府来说，保留一家属于自己的银行是极为重要的。面对民营资本参股城市商业银行的热潮，一些地方政府的想法是引进投资者投资的资金，但又不放弃对银行的控制，即便是在股权结构已经发生根本变化，地方政府失去控股权的情况下。

贵阳市商业银行在 2001 年就完成了民营股东参股的工作，贵州神奇集团、西洋肥业等有民营资本背景的企业分别持有近 10% 的股份，但董事会 6 名成员中却没有一名民营股东的代表。从 2002 年到 2004 年 4 月，作为济南市商业银行的第一大股东，力诺集团在董事会中没有席位，董事会多数成员都与当地政府有密切关系。尽管经过两次增资扩股后，地方财政的股份已被稀释到 2.5%，但董事会的实际控制权仍然掌握在地方政府手中。直到 2004 年 5 月董事会改选，力诺集团派出的董事才出现在第三届银行董事会的名单上。

4. 关于民营股东的关联贷款问题

亚洲开发银行对亚洲各国银行业的研究发现，民营银行最大的问题就是股东的关联贷款。德隆事件后，监管部门和学术界对关联贷款进行了重新审视。银监会针对日益突出的关联贷款问题，于 2004 年 4 月出台了《商业银行与内部人和股东关联交易管理办法》（以下简称《办法》）。《办法》对商业银行的部分关联交易行为做出了禁止性或限制性规定，并规定了商业银行与关联方的授信余额占其资本净额的比例。银监会还特别规定凡是新参股城市商业银行的企业应当书面承诺不从银行谋求股东权益以外的任何利益，各银行应制定严格的关联交易控制制度和办法，已经发生的关联交易要限期处置，造成损失的要通过法律途径予以弥补。

正确认识关联贷款问题对于民营资本入股城市商业银行意义重大。首先，关联交易并非民营股东所独有，也并非银行这类机构所独有。只要存在信息不对称，只要存在内部人，就可能出现道德风险，出现内部人行为。因此，只要设计一种机制对民营股东的权利形成制衡，关联贷款问题就能够解决。其次，高效的内外部治理监管体系能够解决关联贷款问题。完善的公司治理结构，即严格的内部控制、有效的外部监管体系、高度透明的信息披露机制能够保证贷款流向的合理性。再其次，加强金融生态建设能够改善治理环境，解决关联贷款问题。德隆系进入的基本都是金融生态较差的地区，如株洲商行和南昌商行等，多数城市商业银行资产质量差，治理混乱，濒临破产，一些民营资本借机入股，表面上是解救城市商业银行，实际上是进行关联交易，掏空银行，影响金融系统的稳定。而在民营化较深入的浙江地区，台州商行、宁波银行、温州商行等关联企业贷款数量相对较少。因此，改善金融生态环境是其重要因素。

五、商业化并购和股权联合模式

商业化并购和股权联合是指城市商业银行通过市场化的方式收购本地区其他城市商业银行或城市信用社的股份，或者跨区域收购其他城市商业银行或存款货币机构的股份，从而达到扩大市场份额，进入新市场的目的。这一模式符合市场化原则，同时保留了被入股的城市商业银行独立的法人地位，有利于调动其积极性。这种模式有两种表现形式：一是城市商业银行收购同业股份；二是股份制商业银行或金融集团收购城市商业银行股份。

1. 城市商业银行收购同业股份

2006 年，南京银行参股日照商业银行 9000 万股，为该行第一大股东，成为首家跨省参股同业的城市商业银行。北京银行于2008年认购廊坊市商业银行新股7500万股，占其全部股份的19.99%，成为其第一大股东。北京银行参股廊坊市商业银行的举措实现了从设点扩张到股权扩张（见表2）。这种以股权投资为切入点探索联合发展的模式，不仅具备耗时较短、成本较低的优势，也有通过较为深入、持续的业务联合和管理融合取长补短，为今后扩大股权投资比例乃至吸收合并进行酝酿与准备的便利。

表2　　　　　　　　　城市商业银行收购同业股份情况

城市商业银行	被并购的城市商业银行	时间	并购股份/比例	出资额	备注
南京银行	日照商业银行	2006年	9000万股/18%	—	第一大股东
北京银行	廊坊商业银行	2008年	7500万股/19.9%	1.275亿元	

2. 股份制商业银行或金融集团收购城市商业银行

首例全国股份制商业银行收购区域性城市商业银行始于2004年，在当地政府弥补了佛山商业银行主要资产损失的前提下，兴业银行以4.3亿元的价格全资收购濒临破产的佛山商业银行，并将其组建为兴业银行佛山分行。其后，另有4家城市商业银行部分股权被股份制商业银行或其他金融集团收购（见表3）。最引人注意的是地处民营经济发达地区、资质优良的地方性小型银行——台州市商业银行同时获得招商银行、平安信托和平安人寿资金注入。

表3　　　　　　　城市商业银行被其他金融机构收购股权情况

金融机构	被并购的城市商业银行	时间	并购股份/比例	出资额	备注
兴业银行	佛山商行	2004年	100%	4.3亿元	另拨付1亿元营运
平安集团	深圳商行	2006年	89.36%	49亿元	绝对控股
招商银行	台州商行	2007年	3000万股/10%	2.721亿元	并列第一大股东
平安信托	台州商行	2007年	29567883股/9.8560%	—	
平安人寿	台州商行	2008年	14999900股 M.9999%	—	
兴业银行	九江银行	2008年	1.022亿股/20%	2.9638亿元	
浦发银行	莱商银行	2008年	1.08亿股/18%	3.78亿元	第二大股东

3. 对商业化并购和股权联合模式的评价

商业化并购和股权联合模式是一种按照市场化原则进行的商业行为，既能保证收购方的权利，又保证了被收购方的独立法人地位，注入资金、带来较先进的经营管理理念，有利于被收购方进一步做大做强，能够调动被收购方的积极性。该模式在实际操作过程中也面临一些障碍。一是地方政府。收购方注入资金后，必然要求进入董事会，要求按照市场化原则进行经营管理，这会在一定程度上削弱地方政府对城市商业银行的控制力。二是当收购方在被收购方所在的区域设立分支机构时，必然会与被收购方展开竞争，因此如何协调分支机构与被收购方的竞争关系成为收购方面临的重要问题。

六、结论

政府主导模式有利于发挥政府的组织优势，使得城市商业银行迅速实现规模壮大，对城市商业银行自身的资产质量等要求较低。而市场主导模式对城市商业银行的资产质量等要求较高，扩张速度也相对较慢。但大趋势则是不论未来城市商业银行将采取何种模式做强做大，均应遵循市场化的原则，发挥市场的作用，逐步消除地方政府对城市商业银行联合重组和经营管理的行政干涉，促使城市商业银行建立完善的公司治理结构和风险防范机制，成为真正意义上的现代金融机构。

参考文献

[1] 贾丽博：《我国城市商业银行并购模式及实施路径》，载于《南方金融》2006 年第 11 期。

[2] 杨家才：《合并重组：城市商业银行发展的新路径》，载于《中国金融》2006 年第 2 期。

[3] 刘锡良、辛树人：《资源禀赋与城市商业银行组织形式选择：山东个案》，载于《金融研究》2006 年第 9 期。

[4] 唐洋军、陆跃祥：《城市商业银行发展现状、国际经验与改革方向》，载于《上海金融学院学报》2008 年第 3 期。

城市商业银行发展现状、国际经验与改革方向 *

  随着宁波银行、南京银行和北京银行的纷纷上市以及杭州商行、重庆商行等多家城市商业银行将上市提上日程，城市商业银行的发展又引起了社会的广泛关注。城市商业银行绝大部分脱胎于合作社性质的地方金融机构——城市信用合作社，基本上是由地方财政发起设立，地方政府控股，其他股东也具有地方性，主要承担着为地方中小企业提供间接融资服务、面向地方居民提供金融服务和为地方政府的基础设施建设提供融资服务这三大任务。

  过去几年，监管当局对城商行的发展多次做出指示。2004 年，银监会对全国城商行进行了六个档次的分类，要求争取三年内完成高风险城商行的风险处置工作。2005 年，银监会要求 2006 年底各商业银行资本充足率要达到8%的标准，满足巴塞尔资本协议的要求，但这一时限后来被推迟一年。

  尽管城商行发展已经取得了不俗的成绩，但是部分城商行，特别是二线城市城商行的发展仍然面临重重困境。尤其是在金融开放的大背景下，在中国注册的外资银行已经开始在国内开展人民币业务并开始向二线城市渗透，城商行将面对更加激烈的市场竞争。目前众多地方政府已经开始着手对城商行进行重组改造，但是整体效果并不是很好。本文拟从城商行的发展现状出发，分析城商行发展所面临的问题及深层次原因，并借鉴国外中小金融机构发展经验对我国城商行的重组和改革方向提出见解。

---

  * 本文原载于《上海金融学院院报》2008 年第 3 期。合作者：唐洋军。

一、城商行的历史沿革和发展现状

1. 城商行的历史沿革

城市商业银行是经国务院批准在部分城市信用社基础上组建起来的。20世纪80年代中期，由于城市私营、个体经济的蓬勃兴起，城市信用社发展加速。1994年底，全国共有城市信用合作社5200家，但普遍存在规模小、资金成本高、股权结构不合理、内控体制不健全等问题，历史包袱沉重，经营风险日益显现和突出，1995年国务院决定组建城市合作银行，1997年统一更名为城市商业银行。近几年来，部分城商行通过引入战略投资者进行重组改造，发展速度明显加快，宁波银行、南京银行和北京银行先后成功上市募集资金，杭州商行、重庆商行等多家城商行也正在积极准备上市，城商行发展空前活跃。在英国《银行家》杂志发布的2006年度全球1000大银行中，中国9家城商行榜上有名①。

2. 总体财务评价

按照资产规模划分，城商行无疑是国内金融体系中的小字辈。银监会统计数据表明，截至2007年第三季度末，全国城商行总资产达30905.8亿元，占银行业金融机构总资产的6.1%。

目前城商行资产扩张的速度明显放缓，资产质量显著改善，盈利能力有所提升，亏损面大幅减少，近30家城商行初步摆脱了高危状态。同时，资本金补充速度显著加快，大幅超过同期资产规模的扩张速度。按照银监会2004年颁布的《商业银行资本充足率管理办法》，全国115家城商行中，能够达到8%的资产充足率标准的仅有23家，67家城商行资本充足率低于4%，其中42家资本充足率为负数。截至2006年12月，城商行平均资本充足率由银监

---

① 这9家城商行按一级资本多少排序分别是上海银行、北京银行、天津市商业银行、杭州市商业银行、深圳市商业银行、大连市商业银行、宁波市商业银行、重庆市商业银行、南京市商业银行。

会组建前的 -2% 左右上升至 6.5%。

绝大多数城商行未能按照贷款五级分类标准的要求提足拨备。在 115 家城商行中，拨备能够完全覆盖不良贷款的仅有 8 家。按照国际银行业拨备覆盖率 70% 的标准考察，仅有 16 家城商行合格，近七成拨备不足 40%，其中 44 家计提的拨备不足 15%。截至 2005 年 9 月，城商行拨备覆盖率的全国平均水平仅为 21.85%，经营风险极大。近年来，随着宏观经济的快速增长，贷款发放数量的提升以及城商行通过资产置换、增资扩股、利润消化等方式处置不良资产，城商行的总体不良贷款率显著降低，资产质量大大改善。银监会统计数据表明，截至 2007 年第三季度，城商行不良贷款余额为 607.2 亿元，不良贷款率为 3.67%，不良贷款率远远低于 34.23% 的历史最高水平。

通过比较发现，城商行的盈利水平和资产规模没有显著关系。台州、金华、南充和马鞍山等城商行资产规模仅在几十亿元，但盈利水平很高。特别是台州商行更是成为城商行发展的典范。而美国的情况也显示，盈利性最好的是那些资产在 10 亿~100 亿美元的银行（相当于国内杭州、南京以及大连等城市商业银行的资产规模）以及资产在 3 亿~5 亿美元的银行（相当于葫芦岛、焦作以及马鞍山等城市商业银行的资产规模）。令人惊讶的是，最稳定（亏损企业百分比最小）的银行竟然是资产在 3 亿~5 亿美元的小型银行。

3. 城商行发展的地域特征

我国城商行的发展呈现明显的地域特征。无论是资产规模、资产质量、拨备覆盖还是资本充足率，东部地区均明显强于中西部地区，其中尤以"长三角"地区城商行的优势最为突出。如图 1 所示，根据 2005 年的数据，"长三角"地区城商行的平均拨备覆盖率为 70%，已经达到国际标准，远远高于其他地区，而不良贷款率和估计的信贷损失率则低于其他地区。

从资本情况来看，"长三角"地区（上海、浙江、江苏）城商行平均资本充足率已经达到 8%，核心资本充足率也超过 4%，已经达到巴塞尔资本协

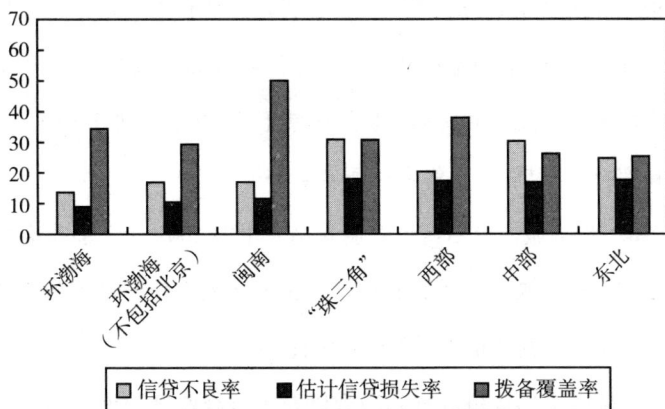

图1　按区域划分的城商行不良贷款率、估测的信贷损失率和拨备覆盖率

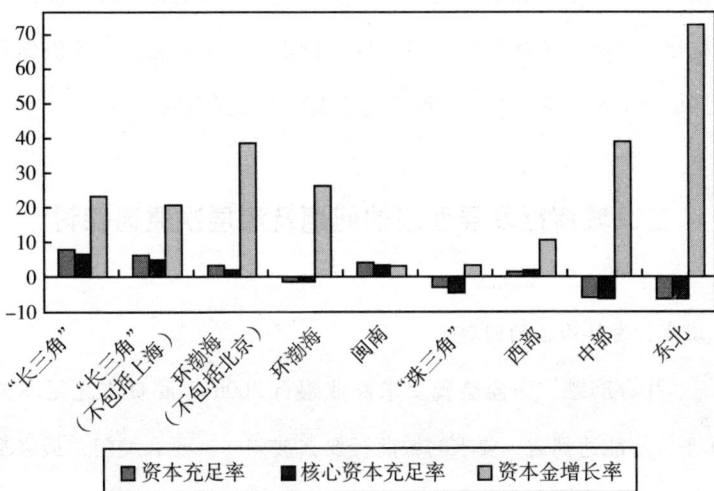

图2　按区域划分的城商行资本充足率、核心资本充足率和资本金增长率

议的要求。而"珠三角"地区、东北地区和中部地区的城商行资本充足率为负数，多数处于技术破产的状态。但是中部和东北地区城商行正大量补充资本金，东北地区城商行资本金增长率高达70%，远高于资产扩张速度。

　　快速增长的宏观经济、良好的法律环境和高度诚信的社会文化是城商行健康发展不可或缺的土壤。"长三角"地区经济发展迅速、司法环境较好、重商的历史文化传统支撑起的良好的社会诚信文化都是城商行快速发展的重要推动力。但是即便是在"长三角"地区，各地城商行之间也存在发展不平衡的问题。浙江城商行①各项指标整体好于上海和江苏。截至 2005 年第三季度末，浙江省内 8 家城商行平均不良贷款比率不足 3%，江苏省内的 11 家城商行平均不良率超过 4.5%，上海银行则为 4.55%。

"珠三角"地区城商行不良率普遍较高。早在 2001 年，汕头商行就因严重资不抵债宣告进行破产清算，开启了中国城市商业银行破产的先例；2003 年，佛山商行也因亏损严重被兴业银行接管。

近年来，随着市场竞争的日趋激烈以及银监会监管力度的加强，城商行纷纷开始大规模引资进行资产置换，补充资本金，东北地区城商行资本金增长率高达 70%，而中部诸省城商行资本金也以 40% 的速度增长。北京、上海、南京、杭州、宁波等城商行先后引入战略投资者，南京银行、宁波银行和北京银行还成功上市，从而开启了城市商业银行上市融资的先河。

二、城商行发展面临的问题及深层次原因探讨

1. 城商行发展面临的问题

第一，生存问题。银监会曾要求商业银行 2006 年底资本充足率要达到 8% 的水平，不能达到这一要求的城商行要么被兼并，要么关门，最终都要退出市场。而在 2007 年中国金融市长年会上，银监会唐双宁要求 2008 年年底所有城商行资本充足率都要达标，因此生存问题是城商行面临的头等大事。银监会统计数据显示，截至 2006 年第三季度末，我国商业银行中资本充足率达到巴塞尔资本协议要求的仅有 66 家。到 2007 年第一季度，仍有 38 家城商行资本充足率仍未达到 8% 的最低监管要求，生存面临巨大问题。

第二，很多城商行市场定位缺失，没有清晰的市场定位和发展战略。城

---

① 从 2007 年始，浙商银行被划归为股份制商业银行。参见银监会网站《2007 年第一季度银行业金融机构总资产、总负债表》。

商行处于四大国有商业银行和全国性股份制商业银行的夹缝之中，在资产质量、盈利水平、科技水平、金融创新以及营业网点等方面均不具备竞争优势，但很多城商行并未找准自己的市场定位，客户细分不够，以己之短，攻彼之长，面临被市场淘汰的风险。另外，包括城商行在内的国内商业银行普遍缺乏战略差异，产品同质化现象严重，金融产品创新滞后，没有自己的经营特色。

第三，公司治理问题严重，距离成为现代金融企业的要求相差甚远。地方财政一股独大的控股地位和其他股东的地方性，导致了大量的关联交易和关联贷款；城商行往往成为地方政府的准财政部门，成为地方政府的提款机；董事会和高管均由地方政府行政任命，缺乏有效监督。由于地方政府行政干预，即便是监管部门也很难对城商行高管和运营进行有效监督。前段时间出现的葫芦岛市商业银行的事件①充分表明，部分城商行地方政府干预严重，公司治理混乱，内部运营存在极大问题。

第四，风险管理和财务管理问题。风险管理方面，绝大多数的城商行没有建立全面风险管理体系，特别是在利率风险、市场风险、操作风险方面缺乏对各类风险的认识和科学的管理手段。财务管理方面，很多城商行财务制度、内控制度不完善，财务会计标准低，管理水平低下，远远达不到国际会计准则的要求。

第五，人力资源问题。高素质的专业人员是企业成功的基础。人才特别是金融人才已经成为市场严重稀缺的资源，众多城商行缺乏具有战略眼光的高素质专业管理人才，导致各项工作滞后，竞争力低下。

2. 深层次原因探讨

城商行面临的复杂问题背后隐藏了一系列政治经济体制问题。一直以来，中央对地方政府的政绩考察主要集中在经济发展水平上，过分强调GDP，促

---

① 在经过对葫芦岛商行3.7亿元国债案的详细调查后，银监部门依法做出了对该行部分高管人员取消任职资格的决定，但由于地方政府反对，该决定无法执行。参见《财经》杂志2007年第1期"葫芦岛商行3.7亿元骗案"。

使地方政府千方百计通过各种手段谋求经济增长。地方政府面临众多问题，如经济增长问题、税收增加问题、农民增收问题、就业问题、社会稳定问题，以及搞政绩工程企图获得上层青睐等问题。

分税制改革以来，中央财政集中力度越来越大，集中比例越来越高，中央财政宽裕、地方财政紧张，地方财政收入比例从最高时的 85% 下降为目前的 45% 左右，而地方承担的事务却从 40% 上升到 75% 左右。地方政府需要做的事情如此之多，而税收的增长速度远远不能满足需要，使得财政入不敷出，出现财政赤字。而我国现行法律又不允许地方政府通过发行市政债券募集资金，因此地方政府就必然要设法寻找财政收入的替代品。然而，中央三令五申、明令禁止乱摊派、乱集资、乱罚款等，这就极大地缩小了地方政府的资金来源，于是举债成为地方政府筹资的主要方式。

由于对资金需求很大，而通过正规渠道又很难募集到资金，因此地方政府只能加强对当地城商行的控制，进行"金融创新"，试图用金融手段替代本应由财政手段发挥的功能。研究发现，城商行很大一部分金融资源被地方政府用来融资，城商行一定程度上成为地方政府的"取款机"。

三、国外中小金融机构发展经验

1. 美国的社区银行①

美国的社区银行是在特定地区范围内组建并独立运营的商业银行，主要是为当地中小企业和个人客户提供个性化的金融产品和服务并与之保持长期业务合作关系。社区银行在所属的区域内通过低成本的分销工具为客户提供基本简单的金融服务。它们专门为低收入的个人消费者提供小额贷款；支持小型企业为本地经济发展做出贡献；致力于提高个人客户和企业客户的生活

---

① 这里的"社区"不是一个严格界定的地域概念，可以是一个市县，也可以是居民的聚居区域。

质量。社区银行在资金来源、资金投向、客户群、管理层和员工等诸多方面与所在社区融为一体。

社区银行的资产规模普遍较小，一般介于200万美元到10亿美元之间，平均每家社区银行有5个分支机构。社区银行的资产总额占美国全部商业银行资产的22%左右。在限制银行跨州设立分支机构的法律废除以后，社区银行的数量有所减少，但是由于其业务模式能够满足不同客户群的金融需要，因此仍然保持蓬勃的生命力。

必须指出的是，美国的社区银行不是开发性金融机构，也不是政府的福利机构，而是纯粹的商业银行，进行商业化运作，参与市场竞争。因此，它们不会提供有政府导向性的业务；不会在政府机构的影响下经营；不会优先运作基础设施项目；不提供特许利率贷款；也不会把社会的目标置于银行的财务目标之上。

2. 日本的地方银行

日本的地方银行总部设在地方城市，并以总行所在的都道府县为经营区域，与地方政府、地方企业以及地方的公共团体保持密切的联系。日本主银行制的公司治理模式也充分体现了银行和企业之间的密切关系。

日本的地方政府对地方银行经营干预程度很大，高度强调地方银行支持地方经济发展的职能。20世纪80年代，日本一些银行开始扩张走国际化道路，但进入90年代，随着日本经济泡沫的破灭，地方银行的资产质量普遍恶化。目前，日本也正在通过重组兼并等方式对地方银行进行改革。

3. 欧洲的储蓄机构

在欧洲，作为中小银行的储蓄机构最初由社会改革家、慈善家、宗教或互助组织、贸易行会、雇主和企业组成。储蓄机构主要定位于向社会中在经济发展主流之外的部门和群体提供金融服务。大多数的储蓄机构都由政府参股或控股，如德国和奥地利的多数储蓄机构是由政府拥有和控制，而且主要是由州和地方政府当局控制。

一些欧洲国家的政府还赋予储蓄机构各种特权，以鼓励其向某一地区提供信贷或向某一特定群体提供储蓄服务。在法国，储蓄银行垄断了免税储蓄账户，互助银行独享发放补贴贷款的特权；在德国，政府对储蓄银行提供正式担保，用于提高信用等级以降低融资成本。同时，各国政府鼓励地区性的银行积极参与全国性的银行竞争。为了应对激烈的市场竞争，很多欧洲储蓄机构纷纷建立防御性的行业内部联盟或展开积极合作。

四、城商行的重组模式和改革初探

1. 城商行的重组模式及存在问题

第一种模式是地方政府复制"汇金模式"主导城商行重组。所谓"汇金模式"可以概括为剥离不良资产、引入战略投资者、上市三个步骤。这是中行、建行和工行进行股份制改造采取的方式。地方政府动用各种资源剥离不良资产，为城商行卸下历史包袱，提高资产质量，并择机引入战略投资者，实现重组。典型的例子是北京银行和南京银行。北京银行 2005 年 3 月引入荷兰 ING 银行作为战略投资者和国际金融公司作为财务投资者；南京银行曾引入巴黎银行作为战略投资者并引入国际金融公司入股。

但是，对城商行的这种重组呈现马太效应，即越是中心城市的、资产质量较好、实力雄厚的大型城商行重组难度越小，而绝大多数地处二线城市和中西部地区的城商行仍然很难获得新增资本。

"汇金模式"存在的主要问题是如何将财务重组转化为实质重组，真正使城商行能够建立良好的公司治理结构，成为真正意义上的现代金融机构。

第二种模式是省级政府推动组建跨区经营的商业银行，即横向合并。参与各方共同组成一个新的法人实体，采用统一的企业名称和统一的组织结构，实行内部化的管理和经营，资源共享，而城市商业银行则较大程度地保留了自身性质，即地方性色彩依旧较为明显，典型的例子是徽商银行和江苏银行。徽商银行是在合肥商业银行基础上吸收 5 家城市商业银行和 7 家信用社成立，实现安徽城商行的横向联合；江苏银行是江苏境内除南京银行之外的 10 家地级城商行合并而成。

但是这种方式存在的潜在问题是如何排除省级行政力量对银行经营的干预。而这种重组方式能促使城商行迅速做大，资产快速扩张，但是能否做强还是个问题。

第三种模式是城商行的民营化，即引入民营资本参股城商行。改革开放以来，民营经济得到迅速发展，在 GDP 中的比重已经达到 50%，实力雄厚。目前已有多家城商行引入民营资本。银川市商业银行曾引入大连实德集团参股。绍兴商业银行也曾吸纳 9 家企业参股，合计增扩股本金 2.5 亿多股，总金额 2.8 亿元，使总股本达到 5.5 亿元，而民资在该行股权结构中的占比达到70% 左右；杭州商业银行的股本金额从 5.25 亿元增加到 10.05 亿元，国有股、民企股和自然人股份分别占 45%、45% 和 10%；宁波商业银行新增资本金13.8 亿元，使该行总股本达到 18 亿元，国有股、民企股和自然人股各占25%、55% 和 20%。

这种模式存在的主要问题是如何有效控制对民营股东发放关联贷款[1]以及如何保证民营股东在董事会的利益。对于民营企业来说，参股一家金融机构有利于获得融资；而对地方政府来说，保留一家属于自己的银行是极为重要的。面对民营资本参股城商行的热潮，一些地方政府的想法是引进战略投资者带来资金，但又不放弃对银行的控制。

贵阳市商业银行在 2001 年就完成了民营参股的工作，贵州神奇集团、西洋肥业等有民营资本背景的企业分别持有近 10% 的股份，但董事会 6 名成员中却没有一名民营股东的代表。从 2002 年到 2004 年 4 月，作为济南市商业银行的第一大股东，力诺集团在董事会中竟然没有席位，董事会多数成员都与当地政府有着密切关系。尽管经过两次增资扩股后，地方财政的股份已被稀释到 2.5%，但董事会的实际控制权在长达两年的时间里仍然掌握在地方政府

---

① 关联贷款往往造成巨额坏账，成为银行体系稳定的隐患。在德隆系庞大的资金链上，有 13 家城商行为其控制的企业融资，造成 40 多亿元的坏账。最严重的银川市商业银行被德隆系的伊斯兰国际信托套牢 10 多亿元的资产。

手中，直到 2004 年 5 月，济南市商业银行董事会改选，力诺集团、道勤理财等股东派出的董事才出现在第三届银行董事会的名单上。

2. 城商行改革初探

我们认为城商行的改革必须通过自外而内的方式进行，地方政府和地方金融生态环境①建设是关键。金融生态环境决定了金融发展的程度、速度和质量。前文已经指出快速增长的宏观经济、良好的法律环境和高度诚信的社会文化是城商行健康成长不可或缺的土壤，即良好的金融生态环境能够促进城商行健康发展，否则单纯的通过财务重组和引入战略投资者的方式无法从根本上解决城商行面临的问题。地方政府行为是金融生态成败的关键因素，地方政府要致力于建设绿色金融生态环境，转变政府职能，减少行政干预，完善金融业发展的法律和制度环境，推进社会诚信文化建设，支持引导城商行健康发展；城商行自身要完善公司治理结构，建立市场化的运营机制，提高经营管理水平和运营效率。实践表明，政府干预较少、金融生态环境好的地区，外资或民营资本参与城商行重组的积极性越高，而城商行重组后也能健康发展；相反，金融生态环境差的地区，城商行可能成为民营资本进行恶性融资的工具，如德隆对昆明商行、株洲商行和南昌商行的重组。

城商行应该定位为精品银行，提供差别服务，开展错位竞争，做精做强而不一定做大。对于规模略小但财务健全的城商行，在自身尚未成长稳健时就采取跨区经营或并购的举措通常都会有一定的风险，因此这些中小规模的城商行的发展定位不应过多考虑资产规模，而应重点关注资产回报、资本回报以及利润增长，加大金融创新力度，在贷款条件和方式、利率定价、担保机制与风险管理等方面进行创新，提供特色服务和产品，避免产品的同质化。对于大多数二线城市的城商行来说，可以借鉴美国社区银行的发展模式，服

---

① 周小川最早提出金融生态环境的概念。他认为金融生态就是指微观层面的金融环境，包括法律、社会信用体系、会计与审计准则、中介服务体系、企业改革的进展及银企关系等方面的内容。详见中国人民银行网站。

务小企业，服务市民，而跨区域经营和横向联合则不应成为未来几年考虑的重点问题。

参考文献

［1］程惠霞：《中美发展中小银行策略之比较》，载于《金融研究》2000 年第 10 期。

［2］康卫华：《大变革下的当代美国社区银行》，载于《国际金融研究》2005 年第 6 期。

［3］林毅夫、李永军：《中小金融机构发展与中小企业融资》，载于《经济研究》2001 年第 1 期。

［4］彭路：《社区银行与地方经济协同发展的战略思考》，载于《财经理论与实践》2007 年第 5 期。

［5］钱水土、李国文：《社区银行及其在我国的发展》，载于《金融理论与实践》2006 年第 2 期。

［6］邱兆祥、赵丽：《城市商业银行宜定位于社区银行》，载于《金融理论与实践》2006 年第 1 期。

［7］吴全华：《银行并购与中国银行业发展》，中国财政经济出版社 2003 年版。

［8］夏斌：《面临严峻挑战的城市商业银行》，载于《南方金融》2004 年第 15 期。

［9］晏露容、林晓甫：《中国社区银行的市场需求和发展可能分析》，载于《金融研究》2003 年第 10 期。

［10］杨家才：《合并重组：城市商业银行发展的新路径》，载于《中国金融》2006 年第 2 期。

［11］郑艳丽、刘艳军：《美国社区银行市场定位分析》，载于《金融教学与研究》2007 年第 2 期。

城市商业银行竞争力指标体系及其对策设计*

　　随着经济全球化和世界金融一体化的加速发展，迅速提升我国商业银行的竞争力，是将我国发展成为经济强国和金融强国的题中应有之义。自1998年统一更名为城市商业银行后，我国城市商业银行异军突起，部分城市商业银行已经进入同业先进行列，一些经营指标已达到国际一流银行标准。我国城市商业银行的快速发展，不仅增加了我国竞争性商业银行的类型，而且加剧了各类型商业银行竞争的激烈程度。但是作为后起之秀的我国城市商业银行，其自身有许多先天和后天的优劣势。

一、商业银行竞争力的比较评价

　　商业银行竞争力的比较评价是一项比较困难的工作，国内外一些机构和学者做了大量这方面的研究。下面对相关评价指标体系作简要述评。

　　1. 世界经济论坛和瑞士洛桑国际管理学院设立的金融体系国际竞争力评价标准

　　根据这一评价标准，金融体系竞争力指标体系由资本成本的大小、资本市场效率的高低、股票市场活力和银行部门效率4类要素共27项指标构成。这一评价标准是衡量国家或地区之间金融体系竞争力的重要指标。它着重围

---

　　* 本文原载于《改革》2012年第1期。合作者：曹永栋。

绕着金融与经济增长的关系，说明一个国家或地区的金融体系如果具有竞争力，其金融体系必然是健全的，是由发育良好的、国际化和一体化程度相当高的金融部门组成的。健全的金融体系带来金融市场的高效率，促进金融发展，并进一步提高整个金融体系的国际竞争力。显然，这一指标体系总体上不太适合用于一国内部商业银行间竞争力的评价和分析，但它设定的一些指标对我国国内商业银行间竞争力的评价和分析也有一定的借鉴意义。

2. 英国《银行家》杂志的世界大银行竞争力测评指标体系

英国《银行家》杂志每年对世界 1000 家大银行按其一级资本进行排名，它既可以考查单个银行，也可以考察一国银行的实力水平，包括银行的一级资本、资产规模、银行经营稳健状况、收益率及其他综合指标。这一排名在世界上具有很高的权威性。这种指标体系仅仅对一定时间段内一些指标进行了测评比较，而忽略了对银行竞争力比较重要的一些其他因素，如制度因素、市场结构等，这对于测评商业银行的竞争力存在着一定缺陷。当然，它所涉及的一些定量指标，对于构建中国商业银行竞争力比较的指标体系具有重要的借鉴意义。

3. 穆迪商业银行评级方法

穆迪对银行信用风险的评估是以 7 个相互关联的因素作为分析的基础：经营环境、所有权与公司治理结构、业务价值、盈利能力、风险状况与风险管理、资本充足性、管理策略与管理质量。穆迪评级方法以主观评级方法为主、客观评级方法为辅，使用的基本素材有两种：数量指标和定性指标。穆迪评级方法对构建我国商业银行竞争力评价方法有一定的借鉴意义，特别是它的主观评价的具体做法。但这种借鉴也有相当局限性，这一方法的实施需要有充足的信息资源。

4. 美国 CAMELS 评级制度

CAMELS 评级制度是美国金融主管部门对金融机构的资本充足率、资产质量、管理水平、盈利性、流动性和市场风险敏感度 6 项指标进行分析评判，确定其经营安全性和稳定性的一种综合评判体系。CAMELS 评级制度的不足之处是，只能对一个检查时点进行评估，不能预测发展趋势。但这种评价体系比较适合对一国国内各商业银行竞争力进行比较评价。

5. 焦瑾璞的我国银行业国际竞争力指标体系

焦瑾璞（2001）认为，银行业国际竞争力是银行综合能力的体现，是在市场经济环境中相对于其竞争对手（外资银行）所表现出来的生存能力和持续发展能力的总和。其分析框架包括三个方面的内容和一系列相应的测试指标体系，即现实竞争力、潜在竞争力、环境因素三个方面；包括现实竞争力的流动性竞争力指标、盈利能力竞争力指标、资产质量竞争力指标、资本金充足率和发展能力竞争力指标，潜在竞争力的法人治理结构指标、业务体系及创新指标、监管有效性指标等指标体系，环境因素的宏观运行指标、金融政策效应指标、相关产业指标等指标体系等一系列指标体系。焦瑾璞的这一指标体系主要是为评价我国银行业国际竞争力而设计的，作为比较国内不同类型商业银行的竞争力，其环境因素各指标是多余的。

6. 王纪全等对我国上市银行竞争力研究的指标体系

王纪全等（2005）撰文实证研究我国上市银行竞争力，其构造的指标体系包括盈利能力、资产质量、公司治理结构、资产充足率、管理水平、公司品牌、业务创新、技术水平、业务结构、流动性 10 个方面，这个指标体系比较适合研究我国商业银行的竞争力比较，但没有现实竞争力与潜在竞争力的分类，不适合对我国不同类型商业银行现实竞争力与潜在竞争力的大类比较分析，因此，它与 CAMELS 评级制度一样，难以预测我国不同类型商业银行竞争力的发展前景。

二、我国商业银行竞争力指标体系的设定

（一）商业银行竞争力研究的理论基础

商业银行是企业，因此，商业银行竞争力的研究是企业竞争力研究的一个分支。企业竞争力的研究首先要放在市场经济的大前提下。波特（1997）

认为，竞争优势即竞争力，是企业获取超出资本成本的平均投资收益率的能力。伊夫·多兹（2003）认为，竞争力是技能、系统、资产和价值观联系起来，产生可以预测的高水平特殊工作业绩，这种特殊工作产生一种相对于竞争对手的优势，并为顾客提供宝贵的功能。因而竞争力是综合性的工作业绩，使资源结合起来造就卓越的竞争位势。金碚（2003）认为，在市场经济中，竞争力最直观地表现为一个企业能够比其他企业更有效地向消费者（或者市场）提供产品或者服务，并且能够使自身得以发展的能力或者综合素质。因此，从上述学者对企业竞争力的描述来看，最基本指标是企业的盈利能力。

那么，为什么一些企业比另一些企业更具盈利能力呢？在产品同质性的假设条件下，哪个企业生产的产品价格低，哪个企业的市场占有率就高，哪个企业盈利能力就强。而要做到产品价格低，产品的生产成本就要低。早期，经济学解释一些企业比另一些企业产品成本低的理由是企业之间存在分工和专业化所产生的差别。在某一行业中的企业存在大小不同的规模，而由于规模经济的存在，一些企业比另一些企业产品的生产成本更低。再后来，垄断竞争理论承认了产品差异性的存在。因而企业之间由于垄断势力的存在会导致垄断利润，进而造成盈利率的不同。这样就产生了产业组织经济学，专门研究不同市场结构中企业的竞争关系及其导致的不同的市场绩效。到此为止的经济学所研究的企业还是一个所谓的"黑箱"，所有企业都假设为是经济人，并按理性原则行为。"黑箱"企业是以"同质性"为假设前提的。当经济学把这个"黑箱"打开时，必然看到企业之间存在着巨大的"异质性"就能更好地解释为什么企业之间存在着盈利能力的差别，这就是管理经济学所研究的范畴。管理经济学研究"异质性"的企业由于在企业组织、企业战略、企业家的行为等方面存在差异，会导致企业绩效的差异。企业"异质性"的假设偏离了企业理性人行为的假设原则，而使企业和个人成为社会人。于是，对企业盈利能力，即竞争力的解释包括了企业文化、企业传统，乃至个人信仰、理念、知识、道德等方面，对企业竞争力的研究也就成为一个跨学科的领域。所有上述这些经济学的理论认识为企业竞争力的测评奠定了理论基础。

（二）商业银行竞争力指标体系的设定

要考察商业银行竞争力必须考虑四个方面的原则。一是全面性原则。商业银行竞争力是其多种资源、能力有机融合的结果，所设计指标要具有整体、系统、全面性的特点。二是可比性原则。商业银行竞争力是个相对的概念，是商业银行间相比较的结果，所设计指标要有可比性的特点。三是动态性原则。商业银行竞争力不仅是静态面上的比较，还要反映动态面上未来发展的前景，所设计指标体系既要反映现实竞争力，还要反映潜在竞争力。四是定量和定性相结合原则。为了比较的客观性，商业银行竞争力的比较应该尽量以定量指标为主，但还有一些方面，如公司治理、管理状况等方面不好定量化，因此，所设计指标应遵循定量和定性相结合的原则。在遵循上述四个方面原则的基础上，可将商业银行竞争力界定为：商业银行在遵循其安全性、盈利性、流动性等基本原则的基础上，利用各种资源、环境充分挖掘自身运营能力，兼顾短期和长远利益，在与其对手的市场竞争中立于不败之地的综合竞争能力。

在遵循全面性、可比性、动态性、定量和定性相结合等原则的基础上，参考国内外一些机构和专家学者关于商业银行竞争力的测评指标体系，主要参考美国 CAMELS 评级制度、国内焦瑾璞的指标分类，参照王纪全（2005）提出的指标体系和分析方法，同时尽力避免他们所设计的指标体系的局限性，设计出现实竞争力和潜在竞争力两类共 9 个方面 27 项指标，分析基于与大型商业银行和全国性股份制商业银行相比较的中国城市商业银行的竞争力。

美国 CAMELS 评级体系目前在国外得到广泛采用，但由于中国所处的经济发展阶段、金融发展环境以及金融业务结构等方面有自身的特色，因而只能参考而不能照搬这种评级体系来分析我国商业银行的竞争力。焦瑾璞的指标体系主要是在参考 CAMELS 指标体系基础上设计的，也考虑了我国的特殊性。这个指标体系将其所设计的各类竞争力指标分为现实竞争力、潜在竞争力和环境因素，使其对银行竞争力的比较具有动态化的特征，是非常可取的。但其所设计的潜在竞争力各指标都是定性的，定性指标不容易把握其比较的客观性。王纪全等的指标体系也主要是在参考 CAMELS 指标体系基础上设计的。其优点是指标体系比较全面、可操作性强，比较符合我国的现实情况；其缺点是它没有对所设计的指标体系再进行现实竞争力和潜在竞争力等的分类，使其不具有对商业银行进行动态化分析的特征。这里主要借鉴王纪全等所设计的指标体系，但又借鉴焦瑾璞的分类方法，将这些指标分为现实竞争力指标和潜在竞争力指标两大类，使其可以动态化比较各类商业银行的竞争力。

比较不同类型商业银行的竞争力，首先应该比较不同类型商业银行竞争力基本面上的差异，即以盈利能力为中心的竞争力比较，在此将其称之为现实竞争力的比较。这里所谓现实竞争力，即商业银行当前所表现出的以盈利能力为中心的，兼顾流动性、安全性原则，使其在与其对手的市场竞争中立于不败之地的竞争能力。现实竞争力指标设定为四类，即流动性指标、盈利性指标、资产质量指标、资本充足度指标。根据我国各银行年报所披露的统计指标信息，设定反映流动性的指标包括流动性比率、存贷比、中长期贷款比重；反映盈利性的指标包括资产收益率、资本回报率、收入利润率、资产使用率；反映资产质量的指标包括不良贷款率、准备金覆盖率、贷款准备损失率；反映资本充足度的指标包括资本充足率、权益占资产比率、权益占贷款比率。

比较不同类型商业银行的竞争力，其次还应该比较商业银行在较长时期里动态发展的后劲和潜力方面的差异，可将其称之为潜在竞争力比较。这里所谓潜在竞争力，即商业银行在公司治理、管理状况、创新和技术、业务结构、品牌影响力等方面所表现出来的可持续发展的能力。它反映了商业银行在较长时期里动态发展的后劲和潜力。潜在竞争力指标设定为五类，即公司治理指标、管理状况指标、创新与技术指标、业务结构指标、品牌影响力指标。根据我国各银行年报所披露的统计指标信息，设定反映公司治理的指标包括股权集中程度、股东实力、高管激励机制；反映管理状况的指标包括市场敏感度、三年平均资本回报率、内控及管理规范化程度；创新与技术指标包括创新能力、技术水平；业务结构指标包括贷款占资产比重、储蓄存款占比、中间业务收入占比、资金自给率；品牌影响力指标包括品牌影响力。

这里的现实竞争力指标全部是定量指标，潜在竞争力兼顾定性、定量两类指标。潜在竞争力指标中定性和定量指标各有 7 个。之所以这样设计，是因为考察商业银行潜在竞争力本身涉及其软性的许多方面，而软性方面的考察有相当程度的主观性，在比较这方面的指标时恐失之偏颇。为尽可能避免定性指标不易把握其比较的客观性的特点，多一些定量指标是可取的。当然必要的定性指标是不可替代的，只是在评价定性指标时需要尽量客观一些，尽量慎重一些。另外需要说明的是，这里所设定的指标体系也并不是面面俱到的，而更多考虑了国内商业银行所发布的年报中会计信息的披露内容，考虑了数据的可得性，以便尽量使得这个指标体系的设定既能更为科学合理，又能更具可操作性。这里将现实竞争力指标体系分为 4 类共 13 项具体指标，潜在竞争力分为 5 类共 14 项具体指标，如表 1 所示。

表 1　　　　　　　　　我国商业银行竞争力比较指标体系

项目		指标	定义
现实竞争力	流动性	流动性比率	流动资产/流动负债
		存货比	各项贷款余额/各项存款余额
		中长期贷款比重	中长期贷款/全部贷款
	盈利性	资产收益率	净利润/平均资产
		资本回报率	净利润/股东权益
		收入利润率	净利润/总收入
		资产使用率	总收入/总资产
	资产质量	不良贷款率	不良贷款余额/贷款总额
		准备金覆盖率	贷款损失准备金/不良贷款额
		贷款准备损失率	贷款损失准备金/贷款总额
	资本充足度	资本充足率	（一级资本＋二级资本）/风险加权资产
		权益占资产比率	股东权益/全部资产
		权益占贷款比率	股东权益/总贷款

	项目	指标	定义
潜在竞争力	公司治理	股权集中程度（1）	第一大股东股权/总股本
		股权集中程度（2）	第一大股东股权/第二大股东股权
		股东实力	根据股东规模、产业谱以及对金融业的经验判断
		高管激励机制	根据高管激励机制的完善程度判断
	管理状况	市场敏感度	根据市场应变能力判断
		三年平均资本回报率	（税后利润/净资产）的三年平均数
		内控及管理规范化程度	根据公司内部控制制度的完善程度及规范化运作情况判断
	创新和技术	创新能力	根据业务创新的速度及对经营的贡献计分
		技术水平	根据关键技术及核心技术人员在同业中的技术领先程度而计分
	业务结构	贷款占资产比重	贷款总额/资产总额
		储蓄存款占比	储蓄存款/存款总额
		中间业务收入占比	中间业务收入/主营收入
		资金自给率	存款总额/资产总额
	品牌影响力		根据品牌在消费者中的影响程度判断

三、与大型商业银行和股份制商业银行相比较的中国城市商业银行竞争力

在此，计算并比较分析与大型商业银行和股份制商业银行相比较的城市商业银行的竞争力。

（一）抽样说明及评价步骤

这里涉及的大型商业银行、全国性股份制商业银行和城市商业银行遵循了中国银监会的分类。2008 年，大型商业银行共有 5 家：中国银行、中国农业银行、中国工商银行、中国建设银行、交通银行（原属全国性股份制银行类，后被银监会划归国有类）；全国性股份制商业银行共有 12 家：中信银行、中国民生银行、兴业银行、中国光大银行、上海浦东发展银行、广东发展银

行、招商银行、华夏银行、深圳发展银行、恒丰银行、浙商银行、渤海银行
（补交行的缺位）；城市商业银行共有 136 家。

这里分别抽取两家大型商业银行、三家全国性股份制商业银行、三家城
市商业银行作为典型银行进行比较分析。大型商业银行和全国性股份制商业
银行是根据数据的易得性随意抽取的，城市商业银行抽取了两家上市银行和
一家非上市银行，它们都是城市商业银行中资产规模较大的，且地处江浙两
省。对城市商业银行的抽取刻意避开了北京银行和上海银行，因为这两家银
行地域优势较为特殊。同时抽取了地域优势明显的江浙最大的三家银行，主
要是出于以下考虑。第一，江浙商业文化比较发达，发展水平相对较高，在
这个区域三家最大的城市商业银行可以作为其他地区城市商业银行发展的模
范。第二，这三家城市商业银行具备其他城市商业银行所具有的一般特征。
第三，与大型商业银行和全国性股份制商业银行进行竞争力比较，所设计的
指标体系虽然没有规模性指标，但规模的影响还是存在的。为减少城市商业
银行规模劣势的影响，最好选取规模较大的。第四，虽然规模的大小都有各
自的优劣势，但作为市场竞争的追求和其优胜劣汰的原则，这里认为城市银
行中的较大者更具代表性。第五，中小城市商业银行相关数据资料不容易
获得。

对各样本银行的评价步骤是：首先，根据所设计的各项指标收集各样本
银行相关的数据资料（所有数据资料是根据各银行网站所发布的年报数据整
理计算，分别计算出各项指标的相关数值）；然后，将现实竞争力的四类指标
和潜在竞争力的五类指标每类设定 100 分，每类指标中的每个指标根据其重
要程度分配所占分值，根据设定标准和各个样本银行各项具体指标的实际数
值计算其分值；最后，按照一定的权重加权计算各样本银行现实竞争力的分
值合计、潜在竞争力的分值合计以及总体竞争力的分值合计，以比较它们的
竞争力。

（二）计算结果

表 2 是各银行现实竞争力、潜在竞争力和综合竞争力分值的计算结果。

根据表2分别对各样本商业银行2006年、2007年、2008年的现实竞争力、潜在竞争力以及综合竞争力进行排名，见表3。

表2　　　　　　　　2006～2008年各银行得分情况及分值合计

序号			1	2	3	4	现实竞争力分值合计	5	6	7	8	9	潜在竞争力分值合计	综合竞争力分值合计
指标			现实竞争力				现实竞争力分值合计	潜在竞争力					潜在竞争力分值合计	综合竞争力分值合计
			流动性	盈利能力	资产质量	资本充足度		公司治理	管理状况	业务技术	业务结构	品牌形象		
权重（%）			5	30	20	5	60	10	10	5	5	10	40	100
中国银行	评分	2006	49.6	42.9	43.0	42.5	—	36.1	60.3	90.0	79.3	100.0	—	
		2007	35.3	50.9	46.6	40.5	—	37.4	62.8	90.0	73.6	100.0	—	
		2008	54.2	47.1	50.2	38.9	—	37.7	63.6	90.0	81.9	100.0	—	
	分值	2006	2.5	12.9	8.6	2.1	26.1	3.6	6.0	4.5	4.0	10.0	28.1	154.2
		2007	1.8	15.3	9.3	2.0	28.4	3.7	6.3	4.5	3.7	10.0	28.2	56.6
		2008	2.7	14.1	10.0	1.9	28.7	3.8	6.4	4.5	4.1	10.0	28.8	57.5
中国工商银行	评分	2006	74.0	30.3	30.9	36.5	—	64.9	61.3	85.0	72.9	100.0	—	
		2007	45.9	47.8	44.0	41.0	—	64.9	64.7	85.0	69.4	100.0	—	
		2008	51.1	59.7	51.3	34.8	—	64.9	68.9	85.0	73.8	100.0	—	
	分值	2006	3.7	9.1	6.2	1.8	20.8	6.5	6.1	4.3	3.6	10.0	30.5	51.3
		2007	2.3	14.3	8.8	2.1	27.5	6.5	6.5	4.3	3.5	10.0	30.8	58.3
		2008	2.5	17.9	10.1	1.7	32.2	6.5	6.9	4.3	3.7	10.0	31.4	63.6
招商银行	评分	2006	52.2	38.3	52.3	28.4	—	75.0	62.9	75.0	55.9	60.0	—	
		2007	36.8	68.0	59.9	24.8	—	75.1	71.7	75.0	53.3	60.0	—	
		2008	23.8	78.5	63.9	28.5	—	74.7	81.5	75.0	59.7	60.0	—	
	分值	2006	2.6	11.5	10.5	1.4	26.0	7.5	6.3	3.8	2.8	6.0	26.4	52.4
		2007	1.8	20.4	12.0	1.2	35.4	7.5	7.2	3.8	2.7	6.0	26.2	61.6
		2008	1.2	23.6	12.8	1.4	39.0	7.5	8.2	3.8	3.0	6.0	28.5	67.5
浦发银行	评分	2006	31.3	28.0	54.9	15.4	—	89.3	59.3	80.0	26.0	60.0	—	
		2007	28.7	38.4	61.4	13.7	—	87.3	64.9	80.0	28.4	60.0	—	
		2008	36.5	68.4	59.2	14.3	—	89.3	79.9	80.0	28.8	60.0	—	
	分值	2006	1.6	8.4	11.0	0.8	21.8	8.9	6.0	4.0	1.3	6.0	26.2	48.0
		2007	1.4	11.5	12.3	0.7	25.9	8.7	6.5	4.0	1.4	6.0	26.7	52.6
		2008	1.8	20.5	11.8	0.7	34.8	8.9	8.0	4.0	1.4	6.0	28.3	63.1

序号		1	2	3	4	现实竞争力分值合计	5	6	7	8	9	潜在竞争力分值合计	综合竞争力分值合计
指标		现实竞争力					潜在竞争力						
		流动性	盈利能力	资产质量	资本充足度		公司治理	管理状况	业务技术	业务结构	品牌形象		
华夏银行	评分 2006	60.9	13.7	37.1	10.6	—	66.1	47.0	75.0	44.3	60.0	—	—
	2007	47.1	20.4	44.8	10.2	—	66.1	52.8	75.0	38.2	60.0	—	—
	2008	37.0	21.3	54.9	21.7	—	67.7	50.3	75.0	37.8	60.0	—	—
	分值 2006	3.0	4.1	7.4	0.5	15.0	6.6	4.7	3.8	2.2	6.0	23.3	38.3
	2007	2.4	6.1	9.0	0.5	18.0	6.6	5.3	3.8	1.9	6.0	23.6	41.6
	2008	1.9	1.1	11.0	1.1	15.1	6.8	5.0	3.8	1.9	6.0	23.5	38.6
宁波银行	评分 2006	72.7	63.2	74.0	28.7	—	60.1	47.6	70.0	37.4	20.0	—	—
	2007	59.6	63.0	69.7	66.8	—	58.6	58.8	70.0	34.2	20.0	—	—
	2008	54.2	64.7	48.9	49.3	—	58.6	56.9	70.0	45.4	20.0	—	—
	分值 2006	3.6	19.0	14.8	1.4	38.8	6.0	4.8	3.5	1.9	2.0	18.2	57.0
	2007	3.0	18.9	13.9	3.3	39.1	5.9	5.9	3.5	1.7	2.0	19.0	58.1
	2008	2.7	19.4	9.8	2.5	34.4	5.9	5.7	3.5	2.3	2.0	18.4	52.8
南京银行	评分 2006	98.9	52.6	44.7	25.7	—	62.1	75.6	70.0	37.2	20.0	—	—
	2007	53.2	53.6	53.5	99.0	—	60.9	60.4	70.0	23.0	20.0	—	—
	2008	54.9	75.8	58.2	80.7	—	60.1	59.5	70.0	39.0	20.0	—	—
	分值 2006	4.9	15.8	8.9	1.3	30.9	6.2	7.6	3.5	1.9	2.0	21.2	52.1
	2007	2.7	16.1	10.7	5.0	34.5	6.1	6.0	3.5	1.2	2.0	18.8	53.3
	2008	2.7	22.7	11.6	4.0	41.0	6.0	6.0	3.5	2.0	2.0	19.5	60.5
杭州银行	评分 2006	47.3	57.5	44.8	23.6	—	64.0	68.5	70.0	35.0	20.0	—	—
	2007	48.0	68.4	52.7	22.4	—	64.0	73.2	70.0	35.7	20.0	—	—
	2008	53.5	77.9	52.9	23.2	—	64.0	80.9	70.0	39.8	20.0	—	—
	分值 2006	2.4	17.1	9.0	1.2	29.7	6.4	6.9	3.5	1.8	2.0	20.6	50.3
	2007	2.4	20.5	10.5	1.1	34.5	6.4	7.3	3.5	1.8	2.0	21.0	55.5
	2008	2.7	23.4	10.6	1.2	37.9	6.4	8.1	3.5	2.0	2.0	22.0	59.9

资料来源：根据各银行网站发布的年报数据整理计算。

	现实竞争力排名			潜在竞争力排名			综合竞争力排名		
	2006	2007	2008	2006	2007	2008	2006	2007	2008
中国银行	4	4	7	2	2	2	2	4	6
工商银行	7	5	6	1	1	1	5	2	2
招商银行	5	2	2	3	4	3	3	1	1
浦发银行	6	6	4	4	3	4	7	7	3
华夏银行	8	7	8	5	5	5	8	8	8
宁波银行	1	1	5	8	7	8	1	3	7
南京银行	2	3	1	6	8	7	4	6	4
杭州银行	3	3	3	7	6	6	6	5	5

221

（三）竞争力优劣势分析

1. 比较分析现实竞争力的各指标

设定的现实竞争力的四项指标涉及商业银行经营的"流动性、盈利性、安全性"三大原则。就流动性指标来看，表 2 显示的各银行分差不大，且分差有缩小趋势。2006 年、2007 年、2008 年各银行最高分与最低分分差分别是3.3、1.6、1.5。一个银行的流动性应该适中，过高会影响其盈利能力，过低会影响其安全性。因此，综合考虑盈利性和安全性，流动性指标显示城市商业银行表现出比较明显的竞争优势。

盈利性指标在所设定的各类指标中占比最大，因为盈利性目标是市场经济中产权清晰企业所追求的最主要目标，是其生存竞争的核心所在。城市商业银行盈利能力排名宁波银行、南京银行、杭州银行 2006 年分别是第 1、3、2 名，2007 年分别是第 3、4、1 名，2008 年分别是第 5、3、2 名，表现出较强的竞争能力。具体来说，城市商业银行盈利能力指标中的平均资产回报率、收入利润率、资产使用率三项指标值总体均高于其他两类银行，这说明城市商业银行盈利能力、竞争力要高于其他两类银行。而平均股东权益回报率指标值，全国性股份制商业银行 2007 年和 2008 年明显高于城市商业银行，这说明全国性股份制商业银行股东权益占总资产的比例较小，它愿意冒更大风险去追求利润，这与其大股东是私有法人有关。

现实竞争力中的另两类指标——资产质量和资本充足度，所显示的主要是商业银行的安全性。就资产质量指标来看，城市商业银行排名总体处于中间水平。商业银行资产质量不仅涉及其安全性，也对其盈利性有着重要影响，因此，所设定的其指标占比仅次于盈利性。具体来看，城市商业银行不良贷款率是最低的，这就使得其贷款准备损失率较低一点是合理的，也就是说城市商业银行资产质量比所设定的指标所显示的情况要更合理一些。再就资本充足度来看，城市商业银行表现不俗，排名靠前，且近三年有逐年提高趋势。总体看来，城市商业银行的安全性是较高的。

就表3中城市商业银行现实竞争力排名和上述分析，可以得出结论：城市商业银行在现实竞争力上具有较强的竞争优势。

2. 比较分析潜在竞争力指标

这里设定的潜在竞争力指标有五类。其中公司治理结构是商业银行经营和发展的基础，对其竞争力的提升具有重要意义。宁波银行、南京银行、杭州银行2006年、2007年、2008年这项指标的排名都是第7、6、5名，是靠后的，公司治理结构指标中分指标股权集中度（1）和股权集中度（2），是定量指标。上述三家银行这两项指标合计2006年的排名是第5、4、3名，2007年的排名是第6、4、3名，2008年的排名是第7、6、3名，其排名有降低的趋势。这类指标中的另两项分指标股东实力和高管激励机制，城市商业银行也不如大型商业银行和全国性股份制商业银行。

公司的管理效率体现着公司的运营效率，其对公司竞争力的提升也起到重要的作用。就管理状况指标来看，宁波银行2006年、2007年、2008年的排名是第6、6、7名，南京银行是第1、5、6名，杭州银行是第2、1、2名，除杭州银行外另两家银行的排名是下滑的。就所设定的分指标来看，这种下滑性主要是由定量指标三年平均资本回报率分值下滑造成的。因此，城市商业银行管理状况竞争力总体较差。

潜在竞争力指标中的另一类指标是业务结构状况指标。这类指标全部是定量指标。它所反映的商业银行主要业务结构对其获利能力、安全性、流动性、持续经营发展能力都有重要作用，是比较商业银行竞争力的重要方面。这类指标宁波银行、南京银行、杭州银行 2006 年的排名分别是第 5、5、6 名，2007 年的排名分别是第 6、8、5 名，2008 年的排名分别是第 4、5、5 名。说明城市商业银行业务结构不够理想。特别是其中分指标非利息收入占比较低，说明其业务以传统存贷款业务为主，中间业务缺乏，影响其竞争力。

潜在竞争力的另两类指标业务创新与技术状况指标和品牌竞争力指标都是定性指标。业务创新和技术状况是现代银行业发展至关重要的基础，银行业务创新的能力和业务经营的技术支持平台是其提升竞争力的重要因素，业务创新分指标是根据业务创新的速度及对经营的贡献打分的，技术水平根据关键技术及核心技术人员在同业中的技术领先程度而打分。品牌竞争力指标反映了消费者对商业银行的认同程度，是综合反映商业银行竞争力高低的一个指标。它是根据品牌在消费者中的影响程度判断打分的。这两类指标城市商业银行处于明显的劣势。

就表 3 中城市商业银行潜在竞争力排名和上述分析，可以得出结论：城市商业银行在潜在竞争力上具有明显的竞争劣势。

四、城市商业银行竞争力优劣势的存在原因

（一）城市商业银行现实竞争力存在较强优势的原因分析

城市商业银行在现实竞争力上有不俗的表现，而在潜在竞争力上表现较差。说明其有短期内促使其现实竞争力良好发展的有利因素。

第一，地方政府的扶助与支持。城市商业银行的前身是城市信用合作社，其与地方政府一直存在着千丝万缕的关系。城市信用合作社在发展过程中积累了极大的风险，特别是不良资产居高不下，后来组建起来的城市商业银行继承了这一"包袱"。地方政府一般是当地城市商业银行的最大股东。为达到监管部门指标充足率方面的要求，许多地方政府帮助城市商业银行处置不良

资产、化解风险，进行了资产置换、注资，还引导城市商业银行进行联合重组、跨区经营等活动。可见，城市商业银行近几年现实竞争力的强劲表现与地方政府的扶持是分不开的。

第二，作为地方性小银行所存在的一些经营管理上的天然优势。城市商业银行一般具有地方性、规模小的特点。其地方性特点的优势是，对所处区域内经济金融环境更熟悉，有利于其拓展区域内的个人零售业务，为区域内中小企业融资服务。其规模小，特点的优势是，城市商业银行管理层级少、管理半径短，因此决策链条短、信息传导快，使其决策高效、行动快速。

第三，近年采取了一些有利于其发展的改革措施。一是实施跨区经营策略。2005 年，经国务院同意后，监管部门公布了《城市商业银行异地分支机构管理办法》，开始允许少数资产规模较大、经营管理水平较高的城市商业银行突破经营区域在一个城市的限制，跨区域发展业务。二是试行联合重组。自 2005 年以来，一些地区开始尝试联合重组。通过联合重组，使相关城市商业银行的竞争力得到了增强，整体抗风险能力得以提升，使其有条件能够逐步实现跨市经营、跨省经营，走向全国。三是允许设立县城分支机构。2007年初，银监会制定下发了《关于允许股份制商业银行在县城设立分支机构有关事项的通知》，通过允许城市商业银行在县城设立分支机构，促进中小商业银行为县域经济、新农村建设及小企业发展提供金融服务。四是引进境外战略投资者。如果把握得当，运用适当，通过引进战略投资者，理论上可以较快提高城市商业银行的核心竞争力。主要在四个方面带来好处：能够规范法人治理结构，完善风险约束机制，增强风险控制能力；可以带来优秀金融管理人才，提高金融管理水平；能够引进雄厚的资本，解决业务发展的"瓶颈"问题；可以带来先进的金融工具，提升业务创新能力。五是在资本市场发行股票，公开上市。通过上市，城市商业银行可以得到三个方面的好处：由此可以获得资本的长期有效补充；通过上市提高知名度，获得投资者的认可；通过上市建立健全城市商业银行的公司治理机制。

（二）城市商业银行潜在竞争力存在明显劣势的原因分析

城市商业银行潜在竞争力存在明显劣势的原因主要表现为以下几个方面：

第一，公司治理结构不健全，运作不规范。在城市商业银行组建时，为化解其金融风险，监管部门允许地方财政在一定时期内适当控股或持股比例高一点，以致城市商业银行公司治理结构存在缺陷，运作不规范，政府干预、内部人控制现象时有发生，没有建立切实可行的激励约束机制。即使后来有些城市商业银行引进了一些战略投资者，但并没有从总体上解决公司治理结构方面的问题。例如，2008年年终城市商业银行宁波银行、南京银行、杭州银行有限售条件股份国家持股分别是10.80%、17.96%和24.44%，而全国性股份制商业银行招商银行、浦发银行、华夏银行有限售条件股份国家持股都是0。并且，宁波银行和南京银行第一大股东都是国家，其股权占总股本比分别是10.8%和13.55%，杭州银行第二大股东是国家，其股权占总股本比是16.65%。

第二，业务创新不足、产品技术含量低。城市商业银行存在着优秀人才缺乏、基础设施相对薄弱的问题，这使其业务创新能力不足。例如，当前其业务仍以传统的存贷业务为主，主要靠存贷款利差来创造利润。同时，城市商业银行其产品技术含量低集中体现在银行卡、电子银行、个人理财和网上银行等新兴高科技类产品上比其他类银行差，例如网上银行，城市商业银行开发的网上银行仅能实现查询、转账、缴费和支付等较为简单的功能，而股份制商业银行开发的网上银行还可以实现贷款、买卖外汇、理财、网上结算中心等较为复杂的功能，这就使得同是吸收储蓄存款，城市商业银行吸收储蓄存款能力低，而其资金用途用于发放贷款的比例又相对较高。例如，2008年宁波银行、南京银行、杭州银行吸收储蓄存款占存款总额的比分别是24.20%、13.53%、18.33%；而中国银行和中国工商银行该比分别是52.64%、48.20%，招商银行、浦发银行、华夏银行分别是41.97%、15.99%、13.11%。2008年宁波银行、南京银行、杭州银行贷款总额占资产总额的比分别是47.60%、42.88%、58.33%；中国银行和中国工商银行该比分别是

45. 86%、44. 77%；招商银行、浦发银行、华夏银行该比分别是 54. 25%、53. 27%、48. 59%。

第三，业务结构不合理。城市商业银行业务结构不合理主要体现在非利息收入占比过低。非利息收入低说明其中间业务缺乏，例如，2006 年宁波银行、南京银行、杭州银行非利息收入占营业收入的比分别是 7. 35%、10. 42%、7. 30%；而中国银行和中国工商银行该比分别是 7. 30%、10. 49%；招商银行、浦发银行和华夏银行该比分别是 13. 17%、6. 06%、26. 65%。不过到 2008 年，宁波银行、南京银行、杭州银行该比得到了较大改观，分别达到了 15. 07%、19. 71%、15. 84%；中国银行和中国工商银行分别为 28. 63%、15. 08%；招商银行、浦发银行、华夏银行分别为 15. 23%、8. 76%、23. 39%。现代商业银行多利用技术、信息、机构网络、资金和信誉等多方面的优势，为客户提供银行卡、信用证、票据担保、衍生金融工具、代理业务、咨询顾问等中间业务，以吸引顾客、创造利润。而中间业务的缺乏，使其不能满足客户高效、快速、多样化的金融服务要求，丧失增加低成本存款的要求，从而降低其竞争力，制约业务的发展。

五、提升城市商业银行竞争力的对策

根据上述对城市商业银行竞争力优劣势及其存在原因的分析，提出提升其竞争力的对策。

第一，充分利用优势，把城市商业银行发展成主要面对中小企业、面对个人金融服务的地区性商业银行。城市商业银行应该扬长避短，充分关注地方经济发展的动态，利用信息优势、人脉优势，以及中小银行所特有的决策快捷的优势，大力开发相应的特色产品，为地方经济的发展提供高效、快速的金融服务。同时，由于城市商业银行一般规模比较小，其服务对象应该定位于中小企业和个人金融。城市商业银行对本地中小企业比较熟悉，有条件与它们建立起紧密的关系，为其提供所需要的金融服务，同时也易于了解本地中小企业的经营状况，可以最大限度地避免贷款风险。至于个人金融，这应该是城市商业银行重点开发的领域之一。随着我国经济的快速增长，个人金融业务也在快速增长，实际上大型商业银行、股份制商业银行在这个领域已捷足先登，且竞争激烈。城市商业银行应该利用自己的优势，在这一领域有所作为。

第二，资产规模较大的城市商业银行应该实施跨区经营、谋求上市，将其进一步做大做强。因为现代银行企业存在着明显的规模优势，大银行的金融业务伸入到了金融业的各个领域，其竞争力非常强大。在激烈的金融市场竞争中，城市商业银行做大的冲动是理所当然的。我国城市商业银行近几年轰轰烈烈的联合重组，跨区经营，谋求上市就很能说明问题。当然，城市商业银行做大的冲动必须受理性的制约，做大并不等于做强。在其规模膨胀的过程中，国家监管部门应该加大监管力度，使条件成熟的城市商业银行上市筹资，保证其在理性的轨道上谋生存、求发展，并在有序的市场竞争中做大做强。

第三，通过引进战略投资者改善城市商业银行的股权结构，完善其治理结构问题。引进战略投资者是解决城市商业银行国有股一股独大所导致的诸如政府干预、内部人控制等问题的主要手段，引进的战略投资可以是民营资本、外国资本。具有私有资本形式的战略投资的注入，使城市商业银行治理结构不再形同虚设。私有资本天生的追逐利润的动机，可以保证城市商业银行股东大会、董事会、监事会、管理层有效地各行其职、各负其责，使其成为名副其实的商业银行。

第四，注重人才的引进与培养，加强 IT 基础设施的建设，大力发展中间业务。城市商业银行业务创新不足、产品技术含量低的主要原因是其人才的匮乏和 IT 基础设施的薄弱。人才和技术是现代企业的生命线，在信息技术迅猛发展的当代更是如此。城市商业银行发展历史短、起点低、规模小、经验少，再加上股权结构不合理、激励约束机制不健全等，使其难以吸引优秀的人才。因此，城市商业银行应在这方面下功夫，采取人才的引进与自身的培养并举，并大力加强 IT 基础设施的建设，以突破进一步发展的"瓶颈"。另外，我们还注意到城市商业银行业务结构不合理，其中最重要的是利息收入占比低，这就要求其大力发展中间业务。而现代商业银行中间业务的发展需要利用技术、信息、机构网络、资金和信誉等多方面的优势，这又给城市商业银行提出了注重人才利用、加强信息技术设施、突破地域局限、做大做强等方面的要求。

参考文献

［1］赵彦云、汪涛：《金融体系国际竞争力理论及应用研究》，载于《金融研究》2000 年第 8 期。

［2］焦瑾璞：《中国银行业国际竞争力研究》，中国时代经济出版社 2001 年版。

［3］楼裕胜：《商业银行克争力评价方法研究》，浙江大学出版社 2007 年版。

［4］陈敏：《银行业风险防范与控制——骆驼评级制度的启示》，载于《内蒙古财会》2002 年第 5 期。

［5］王纪全、刘全胜、张晓燕：《中国上市银行竞争力实证分析》，载于《金融研究》2005 年第 12 期。

［6］迈克尔·波特：《竞争优势》，华夏出版社 1997 年版。

［7］伊夫·多兹：《管理核心竞争力以求公司更新：走向一个核心竞争力管理理论》，收录于 Andrew Campbell 等：《核心能力战略》，东北财经大学出版社 2003 年版。

［8］王松奇：《中国商业银行竞争力报告 JCKH》，社会科学文献出版社 2008 年版。

第四篇
税收制度研究

- 我国物流税制存在的问题及对策研究
- 经济发展方式转变下的中国税制调整思路
- 税制结构变迁与调整的理论分析
- 增长型税制简论：对中国税制特性的分析
- 个人所得税：短期调整与长期改革
- 课税结构、价值流动与经济平衡
- 税制结构的性质与税制转型：一个分析框架

我国物流税制存在的问题及对策研究[*]

《中华人民共和国国家标准物流术语》对物流的界定为："物品从供应地向接收地的实体流动过程，根据实际需要，将运输、储存、装卸、搬运、包装、流通加工、配送、信息处理等基本功能实施有机结合。"据此可知，现代物流业是新兴的综合性服务行业，它不仅涉及运输、仓储服务，还包括流通加工、信息管理、咨询服务等一系列领域。因此，结合中国税制的主要内容可知，物流企业涉税种有增值税、营业税、企业所得税、个人所得税、房产税、城镇土地使用税、车船税等十多种。物流业的持续、快速、健康发展受到了社会各界的广泛关注，而税收在调节经济社会发展的同时，对物流业来说也成为物流成本的组成部分，影响着物流业的整体发展。因此，促进物流业的健康发展不仅需要物流业内部的不断完善，税收等外部环境也将起到重要的影响。

一、我国物流税制的现状分析

我国现行的税收制度并未对物流业单设税种，物流业涉税规则散见于税收相关的法律法规和政策之中。本文界定物流税制指与物流相关的各级税收法律、法规、政策的总和。因此，物流税制的考察也需要从税种结构和税收管理两方面进行。

---

[*] 本文原载于《中国流通经济》2011年第6期。合作者：陈少克。

（一）物流税种结构现状

1. 从提供服务的环节看，主要涉及流转税

流转税是对商品或劳务的流转额进行征收的一种税，即流转税课征商品或服务的流转环节。对物流业涉及的流转税，可以概括为以下几点。

首先，在我国，营业税是对提供交通运输、建筑等劳务、销售不动产、转让无形资产所产生的营业额征收，因而，物流业便属于营业税的征税范围。根据物流业的业务范围，其涉及的营业税的涉税税目主要是：交通运输业（3%的税率）、邮电通信业（3%）和服务业（仓储、代理等，按5%的税率）。由于涉及不同税率的税目，所以，税法规定，企业核算是必须分别核算3个税目的营业额，分别按各自适用的税率计税，若不能或没有分别核算的，由税务机关核算（更多的情况是税务机关采用"适用最高税率"的做法）。

其次，虽然物流行业很少涉及货物的销售，但涉及加工业务的时候要缴纳增值税。同时，因为在营业税的交通运输业中物流企业所开具的符合条件的运费发票客户可以在增值税计算中进行进项税抵扣（按计税金额的7%计算），其本质上也是增值税的问题，即能否开具符合条件的运费发票直接影响到客户的选择问题。但是，需要注意的是，物流企业是营业税的纳税人，其本身的购进行为不能考虑进项税抵扣问题。

最后，根据我国流转税的特点，因为物流业不涉及商品的生产，因而，物流税制中不涉及消费税。但由于流转税和附加税（费）的关系，对于物流行业来说，要按照所缴营业税税额的一定比例缴纳城市维护建设税和教育费附加（见表1）。

表1　　　　　　　物流税制概览（物流业涉税主要税种）

序号	税种	物流业涉税说明	适用税率
1	营业税	境内提供交通运输、邮电通信、仓储、代理、设计、咨询等劳务时	交通运输业：3%；邮电通信业：3%；仓储、代理、设计、咨询等服务：5%。兼营不同业务应分别核算
2	增值税	提供加工业务时	一般纳税人：17%；小规模纳税人：3%

序号	税种	物流业涉税说明	适用税率
3	城市维护建设税	缴纳营业税、增值税的同时缴纳两个附加税费	城市市区：7%；县城、建制镇：5%；其他地区：1%。教育费附加按3%征收
4	教育费附加		
5	企业所得税	物流企业为法人企业	25%
6	房产税	物流企业建立办公场所、货场、仓库、配送中心等时	房产税按房产计税价值的1.2%计征、按租金收入的12%计征，城镇土地使用税采用幅度差别定额税率
7	城镇土地使用税		
8	车船税	当物流企业登记车船等运载工具提供劳务服务时需缴纳	依单位所在地标准设定的税率
9	车辆购置税	购置车辆等运载工具时	10%的税率
10	印花税	建立账册，订立合同时	采用比例税率和定额税率两种
11	耕地占用税	占用耕地建立仓库、货场、配送中心等时	定额税率

2. 从收益实现环节来看，主要涉及所得税

所得税又称所得课税、收益税，指国家对法人、自然人和其他经济组织在一定时期内的各种所得征收的一类税收。物流企业取得法人资格后的经营过程中，要按照国家规定缴纳企业所得税，税率为25%，同时代缴个人所得税。这是与其他企业相同的税制规定。

3. 从服务设施的持有和使用环节看，涉及众多税种

在物流业服务设施的购（租）、建和持有环节涉及的主要是财产税类和行为税类，具体包括房产税、城镇土地使用税、车船税、车辆购置税、印花税和耕地占用税（见表1）。

综上分析并结合物流业的业务范围可知，如果物流企业从事运输这一主要业务时，物流企业需要购置车辆、与客户签订劳务合同，利用自有车、船或租用车、船提供运输服务。在这一过程中，按现行税法的规定，物流企业购置运输车辆时，应按购置车辆计税价格的10%缴纳车辆购置税；运营过程中，应按使用自有车、船或租用车、船的适用税率缴纳车船税；签订的运输合同应按运输费用的 0.5‰ 贴花完成印花税纳税义务；取得的运输收入应按业务收入的 3% 缴纳营业税。如果物流企业在从事运输、仓储等基本业务的同时，还从事销售、加工、修理修配等其他增值税应税业务时，在能分别核算其业务收入的前提下应区分小规模纳税人和一般纳税人，分别采用不同的税率缴纳增值税。物流企业在缴纳营业税和增值税的基础上，应按其适用税率计算缴纳城建税和教育费附加。物流企业一般都拥有比较庞大的仓库和使用场地，按照现行税法要缴纳房产税和土地使用税。当然，物流企业在期末，还须同其他企业一样，按其实现的应税所得额和适用税率计算缴纳企业所得税；对于物流企业为职工发放的工资、津贴等还须履行个人所得税的代扣代缴义务。

（二）物流税收管理现状分析

虽然，物流业是综合性行业。但是，从行业特征来看，由于物流业主要表现为动态的"流动"与静态的"储藏"①，所以，我国税收政策调控的主要领域不可避免地要落在运输、仓储部门。另外，从政策实践来看，我国涉及物流业的税收法律法规，也集中于调控物流业的运输、仓储部门以及运输、仓储环节。因此，在对物流税收管理的探讨中，本文从纳税义务发生时间、纳税期限和纳税地点、发票管理和其他税收政策几方面探讨税收政策在物流主要业务方面的表现。

首先，中国税制体系就纳税义务发生的时间、纳税期限和纳税地点而言并没有针对特定行业做出个别性条款规定。这是物流税制中必须关注的现状。在纳税地点和纳税方式上，主要体现在营业税和所得税的相关规定上。物流企业营业税的纳税地点一般以劳务发生地为主，但从事运输业务的，应向其

---

① 而且各种数据事实上也表明运输业和仓储业是我国物流业的主要组成部分。在我国社会物流总费用构成中，运输费用占 55% 左右，仓储保管费用占 33% 左右；另外，在我国物流业的增加值构成和固定资产投资构成中，交通运输业物流的增加值和固定资产投资比重都分别超过了 60% 和 70%。参见历年《物流运行情况通报》（国家发展和改革委员会、国家统计局、中国物流与采购联合会）。

机构所在地的主管税务机关申报缴纳营业税。国家税务总局《关于物流企业缴纳企业所得税问题的通知》，规定了物流企业汇总缴纳企业所得税的具体办法，即确定了省内跨区经营的物流企业，省内设立分支机构的，凡在总部领导下统一经营、统一核算，不设银行结算账户、不编制财务报表和账簿的，并与总部微机联网、实行统一规范管理的企业，可以在总部统一缴纳企业所得税。

其次，就发票管理而言。对物流企业而言，涉及的发票管理主要是运输发票能否作为增值税进项税抵扣的依据问题（因而关注的也主要是是否有利于降低下游企业的增值税负）。目前，我国主要的涉及物流业的发票有："公路、内河货物运输业统一发票"（用于运输服务）、"服务业统一发票"（用于运输之外的物流服务）、"公路货运代理发票"（用于货运代理服务）、"国际货运代理业专用发票"以及其他货运代理发票。根据现行增值税的相关规定，只有自开票纳税人开具的运输发票才可按照 7% 的扣除率进行进项税抵扣①。因而，物流企业应申请自开票纳税人资格②。

最后，其他税收政策集中表现在以下几个文件的规定：2004 年 8 月，国家发展和改革委员会等九部门联合出台了《印发关于促进中国现代物流业发展的意见的通知》。根据文件精神和政策，国家税务总局于 2005 年 12 月 29 日发布《关于试点物流企业有关税收政策问题的通知》（以下简称 208 号文件），规定从 2006 年 1 月 1 日起，对国家发展和改革委员会及国家税务总局联合确

---

① 运费发票上注明的其他杂费不能抵扣；铁路运输发票上注明的建设基金和新干线运费可以抵扣；全国统一格式的《公路、内河运输发票》和《联运发票》必须是通过税控系统开具，发票上有密码区，与增值税专用发票一样必须经过认证方可抵扣。

② 《国家税务总局关于货物运输业若干税收问题的通知》规定：利用自备车辆提供运输劳务的同时提供其他劳务（如对运输货物进行挑选、整理、包装、仓储、装卸、搬运等劳务）的单位，凡符合规定的自开票纳税人条件的，可以认定为自开票纳税人。因为《货物运输业营业税征收管理办法》规定，从事货物运输的承包人、承租人、挂靠人和个体运输户不得认定为自开票纳税人，因而，事实上对自开票纳税人自有车辆的数量规定了限制。

认的 37 家试点物流企业①，进行运输、仓储业务营业税差额征税②，即试点企业承揽的运输和仓储业务，外包给其他单位并由其统一收取费用的，应以该试点企业取得全部收入减去付给外包单位运费（仓储费）后的余额为营业额来征收营业税。

二、我国物流税制存在的问题

根据现代税收理论，考察税制存在的问题主要考虑：税制是不是有效率，税制是不是公平，税制是不是有利于税务征管。本文用税收负担的轻重衡量效率问题，即税收负担越重，越缺乏效率；用税收负担的分布衡量税制的公平性，即是否产生了重复课征的问题。因此，我国物流税制存在的问题可以从以下几个方面来分析。

（一）物流行业税收负担较高

在税收理论中，税收负担通常采用宏观税负和微观税负两个方面的指标。宏观税负是用全国财政收入与 GDP 的比例来表示，而微观税负通常用某微观主体所支付的税收总额与其增加值之间的比例关系来表示。一般情况下，当微观税负高于宏观税负时，表明该微观主体的税收负担重于全国平均水平，反之则相反。但该方法在实际操作中存在一定的缺陷，主要表现在：首先，增加值是企业全部生产活动的总成果扣除生产过程中消耗或转移的物质产品和劳务价值后的余额，即增加值包括生产过程中发生的固定资产折旧。然而折旧并不能增加企业的盈利。在利润额相同的情况下，某行业固定资产投资比例越高，固定资产折旧越多，增加值就越大，因此计算出税收负担水平就

---

① 目前，全国共有 394 家物流企业适用试点税收政策，详见《国家税务总局关于增加试点物流企业名单的通知》《国家税务总局关于下发试点物流企业名单（第二批）的通知》《国家税务总局关于下发试点物流企业名单（第三批）的通知》《国家税务总局关于下发试点物流企业名单（第四批）的通知》。

② 该文件还规定如果物流企业不符合自开票纳税人资格的，其按差价征税的规定不能享受，即对于代开票的纳税人，分包出去的业务收入也要纳税。

越低。物流业资本有机构成较高，固定资产投资比例很高，工业增加值较高，利润较低。其次，方法没有考虑行业利润率因素。由于各行业的投入水平及投入结构不同，其取得相同利润所投入的生产要素存在差异，因而不能简单利用传统方法对某行业税收负担轻重进行评价。因此，根据王冬梅等（2009）的测算，考虑到物流业高投入、低利润的情况，修正的物流业税负水平高于宏观税负水平7%左右。

另外，物流相关产业涉及的税种主要是营业税和企业所得税。据统计，在北京市的物流企业中，营业税缴纳额占企业缴纳总税额的60%～70%，企业所得税占到20%左右。从现行营业税（相关税目）和企业所得税的税率数值上看，因为物流行业是微利行业，毛利只有4%～5%，税后利润只有1%～2%，显然3%、5%的两档营业税率相对较高，其中仓储行业表现得尤为突出。物流企业的税收负担过重还体现在抵扣增值税上，我国现行税收政策规定运输业发票可以抵扣7%的增值税，但是作为物流业中的仓储却不能抵扣增值税，这实际上虚增了营业税税基，加重了企业的税收负担。

（二）物流行业税负分布不公，存在重复课征问题

首先，从行业对比的角度看，物流业属于现代服务业的范畴，和生产性企业相比，存在税负分布不公的问题。例如，增值税条例中规定，非企业性单位、不经常发生应税行为的企业可选择按小规模纳税人纳税。当物流企业提供流通加工和修理修配业务不经常发生时，物流企业的增值税涉税业务就是小规模纳税人，购进或自制固定资产所发生的进项税额一律不得抵扣，这无疑加重了物流企业的税收负担。

其次，物流业内部税负分布不公。现行税法规定，准予抵扣的货物运费金额是指试点企业开具的货运发票应当分别注明运费和杂费，对未分别注明而合并注明为运杂费的不予抵扣，即物流企业以仓储及其他物流服务业为主要的核心业务时，不仅税率高于运输业，而且还不能抵扣进项税额。

最后，物流业存在重复课征的问题。物流企业重复纳税一般出现在整包和分包服务业务中。当物流企业在提供全程物流服务的时候，为了方便业务

结算和财务管理，常常整张单子结算。为了提高物流运行的效率和经济效益，物流企业通常把一部分不擅长的业务外包给其他物流企业或其他服务性行业。发包方按照整张单子纳税的同时，分包方也要按照分包协议上的价款纳税，这就使得现行物流业务中存在部分重复纳税现象。按现行税收政策规定，在纳税时除运输费用外，其余费用均不能在外包收入中扣除，这就使得对除运输费用外的外包中的其他应税行为进行了重复征税。虽然我国已经制定了相应的政策（208 号文件）组织试点物流企业进行试点，大大减少了重复纳税的现象，但是这项政策的制定只针对试点物流企业，全国还有很多的物流企业享受不到这项政策，也就无法消除重复纳税，势必加重物流企业的税收负担。

（三）物流业涉税管理面临挑战

首先，在发票管理上，我国"以票管税"的税收管理模式，发票在税收征管中起到举足轻重的作用。然而，目前物流业中物流企业和物流企业与委托方的互利性使物流双方选择各自有利的发票种类、开票方式，使传统的运输、仓储、出租等分类业务发票失去了作用，凭票计税、扣税的制度面临重大的挑战。例如，由于运输业发票能够作为增值税进项税额抵扣的凭证，许多物流企业多采用"凑份子"手段，给货主凑够发票额，方便其抵扣和做凭证，由此带来的是借票和假票的风行及发票管理的混乱。

而对于物流业使用的最重要的"货物运输业发票"来说，按照现行政策规定，货物运输业没有自备车辆，通过整合社会资源开展物流配送服务的企业不能取得自开票纳税人资格。由于大型物流企业集团的分支机构遍布全国各地，各地对于运输发票的开票资质也有不同的限定（一些地区要求企业必须有 10 台以上大车才能开具运输发票），因此，企业会根据自身的情况和各个分支机构的市场情况来确定购买车辆的数量，自开票纳税人的认定就存在着额度限制和属地限制等问题。同时，自开票纳税人认定标准也阻碍了物流企业能通过市场租赁车辆来调节淡旺季的不同需求，增加了企业的负担。

其次，在纳税地点上，物流业的发展必然涉及在全国各地开设分支机构的问题①，按照国家税务总局的最新规定，符合条件的物流企业可以统一缴纳所得税。但是统一缴纳所得税只是局限于同一省、自治区或直辖市的范围内，而实际上一些实力比较强的物流集团企业在全国各地都设有自己的分支机构，由于各地经济水平和经营条件不同，常常出现在一个公司范围内，有些地区的分支机构盈利，有些地区的分支机构亏损，集团内部不能统一核算，不能互相抵扣统一缴纳企业所得税，这无疑增加了集团企业的税收负担，很不利于大型物流企业的网络化经营和规模化经营。

另外，如前文所述，营业税纳税地点一般采用"劳务发生地"的原则，但交通运输业采用"机构所在地"标准，物流业中的某些业务经常会跨地区作业，劳务发生地与运输单位的机构所在地经常不一致，而营业税作为地方主体税种，地方政府出于自身财政利益的考虑，对物流业实行某些干预，造成一定程度的市场分割将是可能的，这将不利于物流企业的规模化发展。

三、现行税制下物流企业的涉税选择

从理论上讲，只有一部完善而又全面的税法细则并认真地加以实施，才有可能避免或消除纳税人通过涉税选择获得纳税利益的行为。然而，我国对物流业没有统一的税收法规，营业税、增值税、所得税及其他相关文件之间存在不能相互协调之处，这种现象的存在为物流企业的纳税选择提供了可能。为此，本文构建一个简单模拟情景来阐述在现行税制下的物流企业的涉税选择问题（如图1所示）。

给定三个简单的事项主体：货源公司、物流公司和委托公司。委托公司需要购买一批商品（1万件），但本着零库存的目标，将该事项委托给物流公司，由物流公司办理。假设该商品市场价格每件100元（不含税），直接从货

---

① 根据《中国现代物流市场发展调查（2006）》的结果显示，2005年业务网点覆盖20个以上城市的物流企业占所有被调查企业的32.51%，业务覆盖本省及周边地区的物流企业占31.67%，业务覆盖全国的企业占41.67%。跨地区、跨省区作业，已经成为物流企业的常态。

源公司批发的价格是每件 120 元（不含税）。该物流公司的涉税选择可以从以下几个方面来考察。

第一，从货物的购销上看，涉及增值税的相关业务上有两种选择。其一，如果该物流企业可以被认定为增值税的一般纳税人，则采用简单的购销方式即可，即通过每件 100 元购进，然后 120 元/件卖给委托公司，这个过程中物流企业缴 3.4 万元的增值税（120×17% - 100×17%），此时物流公司的利润是 120 - 100 = 20 万元（简单起见，本文不考虑附加税种的城市维护建设税和教育费附加，下同）。委托公司共支付 140.4 万元（即支付货款 120 万元同时支付增值税 120×17% = 20.4 万元）。其二，增值税暂行条例规定，不经常发生增值税应税行为的单位不得认定为一般纳税人，所以，对于偶尔发生货物销售行为的物流企业，要按照小规模纳税人进行税务管理。假设委托方仍然支付 140.4 万元，则此时由于购进货物中所支付的增值税（100×17%）不得抵扣，因此，物流企业的该项行为应纳增值税额为 140.4÷(1 + 3%)×3% = 4.09 万元，而其利润为 140.4 - 117 - 4.09 = 19.31 万元。

由此可见，涉及增值税业务的时候，由于纳税人地位的不同，对物流企业的利润水平会产生不同的影响，在该事项中，显然物流企业的涉税选择是尽可能通过调整自己的业务范围是自己被认定为增值税的一般纳税人。

第二，从购销变形实现由增值税向营业税的变化。这里涉及环环相扣的几个问题。其一，改变上述的购进卖出（实质是改变合同内容），采用严格的委托代理的方式，即所有的费用由委托公司承担（物流公司不代垫任何费用），由物流公司代理购买，并收取代理费用，增值税专用发票由货源公司直接开给委托公司（见图 1），物流公司此时收取的是 23.4 万元的代理费用（可以看作是 140.4 万元 - 117 万元），因此，要按照"服务业—代理业"税目征收营业税，即 23.4×5% = 1.17 万元，此时，物流企业的利润为 22.23 万元（即代理费用减去所缴营业税）。其二，对于物流公司来说，在扮演代理者角色时，可能涉及的业务不单有代理，还会涉及交通运输、装卸搬运、仓储等业务，因为营业税中，交通运输和装卸搬运都是按 3% 的税率计征营业税，代理和仓储都是按服务业5%的税率计征，因此，最优的选择是在营业额核算时，各种业务分开核算，以便能够充分应用3%的税率带来的税负降低。而且在合同签订中，可以适当提高交通运输业的费用比例。其三，由于自开票纳税人开具的运费发票可以作为下一环节增值税抵扣的依据，而且上述所有活动的开展都要涉及合同的签订，订立合同要涉及印花税，而目前订立合同涉及的印花税税率的差异也对纳税人的涉税选择提供了一定的依据。例如，订立运输费合同，按照万分之五的税率贴花，而定立仓储费合同则要按千分之一贴花，因此，提高运费的比例是"双赢"的，这也是借票和假票的风行及发票管理混乱的最主要动因。

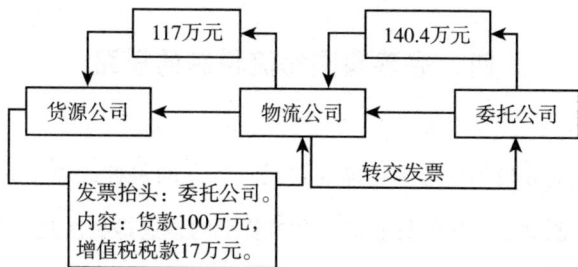

图1 物流企业的涉税选择模拟

第三，对上述简单事项进一步延伸，对于大型物流公司来说，其业务行为经常涉及与分支机构之间的关系，特别是在对企业资产的使用上，物流企业往往从税收利益最大化的角度安排。其一，在物流淡季，物流企业往往将闲置资产对外出租，对于对外出租，收取的租金要按照5%的税率缴纳营业税，但如果将对外出租改为异地作业，即"出租"机器设备和操作人员，则可按照"装卸搬运"业务依照3%的税率缴纳营业税，进而减低税收负担。其二，如果企业资产在集团内部使用，收取租金，仍然要按照5%的税率缴纳营业税，如果出租仓库等还要缴纳房产税和土地使用税，但如果采用内部调拨免费使用，同时增加征收管理费用，则可以达到节税的目的。其三，在对内部出租固定资产的过程中，纳税义务的发生以承租人是否进行登记注册为准，因此，物流企业对内部进行资产出租收取租金的行为通常伴随内部分支场所没有领取营业执照，这不单减轻税收负担，同时也往往造成税务管理和工商行政管理的混乱①。

综上分析，在给定的税法框架下，企业往往从其税收利益最大化的角度安排企业的业务行为来达到减轻税收负担的目的。然而，企业的涉税选择虽然能够降低其税收负担（这取决于其对税制规则的理解和应用能力），但企业的涉税选择可能是顺法意识的，也可能是逆法意识的，逆法意识的涉税选择暴露出来的是税制结构的不完善，也同时为税制的完善提供了一定的基础。一部完整的税制结构不在于堵塞企业涉税选择的空间，而在于避免逆法意识的涉税选择带来的企业税负分布不公和给税务管理带来的混乱影响。

四、完善我国物流税制的思路

任何行业的涉税问题都不可能通过设置独立的税种或独立的税制结构来进行规范，税制规则对任何行业都应该是公平的，这是税法规则的基本精神，也是各国税制发展的经验。然而，这并不意味着某一相对完善的行业税制的不必要性，任何一个行业的税制要素存在漏洞，都将影响整个税制结构的完整性和合理性。因此，从物流业出发探讨完善物流税制的对策，也是对中国税制完善进行探讨的一个角度，因而，它必然和中国税制的完善相辅相成。根据前文分析，完善我国物流税制不单要着眼于税制本身的漏洞，还要考虑纠正并规范企业涉税行为选择。根据先易后难、稳步推进的原则，可以从以下几个方面进行稳步推进。

---

① 按照国家税务总局《关于企业出租不动产取得固定收入征收营业税问题的批复》的规定，企业以承包或承租形式将资产提供给内部职工和其他人员经营，企业不提供产品、资金，只提供门面、货柜及其他资产，收取固定的管理费、利润或其他名目价款的，如承包者或承租者向工商部门领取了分支机构营业执照或个体工商业户营业执照，则属于企业向分支机构或个体工商业户出租不动产和其他资产，企业向分支机构和个体工商业户收取的全部价款，不论其名称如何，均属于从事租赁业务取得的收入，均应"服务业—租赁"征收营业税。如承包者或承租者未领取任何类型的营业执照，则企业向承包者或承租者提供各种资产所收取的各种名目的价款，均属于企业内部的分配行为，不征收营业税。

第一，统一现有物流业税收优惠的试点，将差额征收的营业税规定推广到整个物流行业，即是所有的物流企业在承揽运输和仓储业务，外包给其他单位并由其统一收取费用时，以该取得全部收入减去付给外包单位运费（仓储费）后的余额为营业额来征收营业税。彻底解决运输、仓储业的重复课税问题。

第二，调整并规范营业税税目、税率设置。其一，避免各税目之间存在的交叉问题，例如，快递公司从事的快递业务，既从事市内快递业务也从事跨省快递业务，既可以快递信件也可以快递货物，这种业务既可以被划分到邮政业征税范围也可以被划分到交通运输业范围。这不仅增加了企业涉税选择的成本，也加大了税务征管的难度。其二，应参照国民经济行业分类标准，结合实际行业分化设置营业税税目，并在此基础上重新调整税率。营业税的基本精神是同一行业面对相同的税收负担。但由于行业的分化，现有营业税税目设置已经偏离了这一精神。对物流业而言，同一行业由于业务选择的差异导致税负不均的情况已经凸显出来，这将不利于物流业综合性、网络型的发展，因此，使物流业以单独的税目出现，按照统一的标准征收营业税，不单与税务征管，有助于准确、完整地把握物流业的经营状况和税负数据，便于对物流业的调节，并为物流业的相关规划提供准确的依据。也是为物流业内部公平竞争提供有力的制度平台。

第三，加快发票管理的改革。我国税务管理的基本特点是以票管税。发票不仅是财务收支的法定依据，是会计核算的原始凭证，也是税务检查的重要依据。因此，完善税制体系，发票管理的改革将是核心问题之一。其一，统一物流业发票。现行物流业的分服务项目发票管理制度割离了物流业服务项目的综合性和连续性，不利于发票的管理和税收的征管。设计一种科学合理的物流业专用发票，实行一票结算，不仅有利于加强物流业的税源控制，更能促进企业规范发票管理，方便税收征管。其二，推进物流业统一发票的增值税可抵扣制。物流业属于生产型服务行业，目前，我国增值税已经实现了由生产型到消费型的改革，因此，在此基础上扩大扣除范围，在规范物流业市场准入的基础上，使用全国统一专用发票抵扣增值税。这样不仅也避免了企业违法操作的可能，使物流企业的扣税更合理，也将促使物流业的进一步发展，同时降低生产企业的交易风险（如零库存）。

第四，推进增值税改革。在我国，增值税和营业税从征税范围上是互不征收，虽然在一定程度上有利于税收征管，但推进消费型增值税改革以来，由于服务型行业属于营业税的征管范围，其外购固定资产的进项税额不能抵扣，进而产生了税收负担在不同行业之间的分布不公问题。从完善物流税制的角度入手探讨推进增值税改革，有以下几个要点。其一，可首先改变一般纳税人的认定标准，保证大型物流企业可以被认定为一般纳税人，进而通过进项税抵扣，降低企业税负。例如，可以在增值税暂行条例中对物流业认定一般纳税人（销售货物的规模和比重）标准进行统一界定。其二，由于物流业所购进的固定资产大多用于非增值税应税行为，因此，即使按照上述标准也不得抵扣进项税，因而，从根本上解决物流企业外购固定资产规模大进而税负相对高的现状，需要在上述基础上进一步推进增值税改革，即推进营业税增值税化改革。

第五，目前，物流企业所得税纳税地点可以在全省（市、自治区）范围内统一缴纳，虽然在亏损的税务处理上有助于减轻企业的负担，但物流企业网络化的特点意味着物流网络不可能局限于一个省域范围之内。因此，可以在现有基础上采取省内统一申报纳税，总机构汇总缴纳时可以抵免已纳税款的方法，这将有助于物流业在全国范围内均衡盈亏，促进物流业的发展。

然而，任何税制改革都是财政体制改革的重要组成部分，财政体制是税制改革的框架，要顺利推进税制体制改革，必须有相应的财政体制的调整。例如，我国分税制财政体制下，增值税、所得税是中央和地方共享税种，营业税是地方税种，如果不对增值税、所得税分享模式或财政转移支付制度做出调整，增值税改革和所得税纳税地点及纳税方式的改革措施将很难推进（影响地方财政收入）。除此之外，通过总机构汇总缴纳可以抵扣已纳税款的方法完善物流税制如果没有相应的财政转移支付制度的合理化安排，将不利于总部基地的发展。

参考文献

［1］马海涛：《中国税制》，中国人民大学出版社 2009 年版。

［2］中国会计师协会：《税法》，经济科学出版社 2010 年版。

［3］中国物流与采购联合会：《中国物流发展报告（2005～2006）》，中国物资出版社 2006 年版。

［4］王冬梅、鞠颂东：《中国物流业税收负担水平分析》，载于《中国流通经济》2009 年第 1 期。

［5］席卫群：《我国物流业的税收负担及政策取向》，载于《税务研究》2010 年第 9 期。

［6］夏杰长、李小热：《我国物流业税收政策的现状、问题与完善机制》，载于《税务研究》2008 年第 6 期。

经济发展方式转变下的中国税制调整思路[*]

传统经济增长是将国民生产总值的增加看作是经济福利增加或经济活动评价的主要指标。因而，按照现代经济学的分析，国民经济的发展主要追求一种帕累托最优的理想图景，然而，正如阿特金森、斯蒂格利茨（1995）所言，完全竞争的市场只不过是经典经济学的一个理想假设，经济学推崇的帕累托效率不能保证市场竞争导致的分配与一般意义上的公平概念相一致①。从"以人为本"的角度看，经济发展应解释为在技术与制度创新驱动下，一个国家或地区通过扩大生产、改进分配、治理环境、改善人权等，实现结构性的经济质态演进、居民福祉持续增加的过程。因此，"经济增长本身并不是目的，只是为人类谋福利的一种手段，而经济发展是用于改善人民的生活质量、实现平等教育和社会包容性、保证平等的机会、减少人民的不安全感、解决腐败和破坏环境等问题，确保高质量基本社会服务的全面惠及是达成发展目标最有效方式之一"。因此，如果将经济增长和经济发展看作是两种不同的理念，那么，这两种理念之间的区别应该在于一国经济实现长期发展所依赖的发展源泉构成、发展机制及路径上的不同。于是，经济发展方式转变在转变这两种理念的同时，与之相关的制度安排也应该有相应的创新性调整。

---

    * 本文原载于《中国流通经济》2012 年第 7 期。合作者：陈少克。

    ① 世界银行：《增长的质量》，中国财经出版社 2001 年版。

一、我国现行税制不利于经济发展方式转变

从我国的实际情况来看，经济发展方式的转变应该包括经济结构优化、区域经济协调发展、生态环境改善以及包括收入差距不断缩小下的人们福祉的不断提高。一般来说，经济增长和税收收入的增长之间并不必然产生不可调和的矛盾。然而，从我国现行税制的特性来看，中国税制已经具有了增长型税制的特点，不加调整地任其发展必然损害经济发展的质量，进而阻碍经济发展方式的转变。以此来看，中国税制对经济发展方式转变的阻碍机理主要体现在以下几个方面。

（一）中国现行税制不利于经济结构的优化升级

三次产业结构优化升级主要应表现在农业基础稳固、工业生产能力全面提升、服务业全面发展格局的形成。从图1的基本格局看，近年来我国第三产业的发展为我国产业结构的升级奠定了良好的基础。从税收与三大产业之间的关系看，中国税制的课征范围基本覆盖了三大产业（但对农业有诸多的保护措施，主要是通过对初级农产品的税收优惠等来实现的），因而，现行税制与产业结构升级的矛盾主要表现在第二、三产业的税收差别对待，特别是

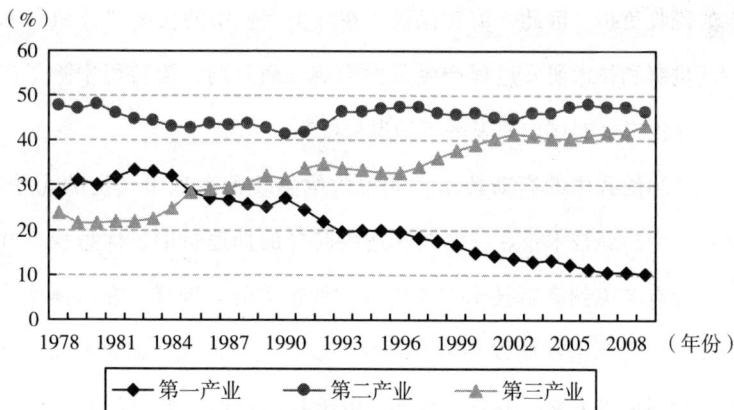

图1 GDP 的三次产业构成比例及趋势

资料来源：《中国统计年鉴》（2010）。

阻碍了现代服务业的发展。现代服务业与传统服务业的基本区别在于，现代服务业侧重于为企业提供生产性服务，而与之相对的传统服务业则主要侧重于为消费者提供生活性服务。由于我国现行营业税是在20世纪80年代初期设立的，其主要是面对传统服务业而非现代服务业，因而，全额计征的营业税不能在增值税进项税额中进行抵扣，这就引发了多种环节重复征税矛盾，增加了相关企业的税收负担，阻碍了现代服务业的发展，进而使经济结构的优化升级受阻。

为促进我国产业国际竞争力的提升，国务院发布了《国务院关于加快培育和发展战略性新兴产业的决定》，并以此明确了我国未来产业发展的重点，即通过战略性新兴产业（下文称"重点产业"）国际竞争力的提升带动我国整体国际竞争力水平的提升，以保持我国经济持续平稳快速发展。因此，重点产业发展对于我国产业结构优化升级具有重要意义。然而，现行税制对重点产业的发展具有一定的阻碍作用。

其一，重点产业的核心是通过提高技术创新水平等核心能力带动产业竞争力的提升，而技术水平的提升及其内在化的过程是一个长期且充满风险的过程；流转税税负转嫁实现的前提条件是交易的实现，而新兴产业在研发环节由于未实现产品销售，税收负担便不能及时转嫁，相对于其他行业便形成了较重的税收负担。因此，流转税税负在该类产业中的长期"停留"将给企业的创新机制和技术研发过程产生负面影响。而目前，流转税中除了出口退税之外，还没有针对国内研发环节的退税机制。

其二，当前我国的高新技术产业税收优惠政策表现出一定的无差异性，只要被认定为高新技术企业，那么就适用同样的加速折旧、优惠税率和抵扣制度，并没有考虑到高新技术产业内部行业的差异。同样，在具体实施的过程中也没有考虑到诸如研发周期、研发手段、生产方式、销售方式、高新技术企业生命周期等方面的差异。另外，由于我国目前税制结构是以流转税为主体，但在税收优惠的设置上是所得税税收优惠政策多于流转税，显然与当前我国的税制结构不相符合，影响了税收优惠政策发挥作用的力度。

其三，在所得税方面的加速折旧、再投资退税或抵免制度、税前扣除和亏损弥补等方面都没有考虑到战略性新兴产业的特殊性。例如，新兴产业的有些资产更新换代非常快，甚至两三年就出现新产品，而我国《企业所得税法实施条例》第九十八条规定："采取缩短折旧年限方法的，最低折旧年限不得低于本条例第六十条规定折旧年限的60%"，不利于新兴产业的发展。同时，新兴企业具有学习型组织的特点，其用于再教育、再培训的费用规模较大，因而，我国所得税中对于职工教育费的税前扣除等方面不能为新兴产业的发展提供充足的优惠。由于税制设置，特别是税收优惠设置中忽视了诸如职工教育、培训、新产品开发等经济发展的因素，这便进一步增加了现行税制的增长型特征。

与此同时，对经济增长与经济发展具有重要作用的自然资源（矿产品、土地等）由于其区域分布的不均，再加上从量计征的资源税结构，使资源的拥有量与经济可持续发展水平（经济结构扭曲）不相称的同时，也造成了现行税制与区域经济发展之间的矛盾。

（二）现行税制不利于资源环境的可持续发展

我国目前正处在工业化进程中，社会经济可持续发展面临资源与环境的多重压力，这是中国经济发展面临的重要资源国情①。随着我国经济的快速发展，资源的消耗和环境污染与可持续发展之间的矛盾将日益突出。然而，我国税制结构中涉及资源环境调节的税种分布零散（增值税、消费税、资源税、城镇土地使用税、耕地占用税等），虽然涉税税种较多，但对企业资源环境节约意识的调节有限。

第一，这些税种都具有较强的税负转嫁性，由于我国矿产资源、能源价格很大程度上存在政府控制，同时，消费品市场价格则完全市场化变动，因而税负转嫁最终是由消费者负担大多数税负。这意味着，在我国居民环保和

---

① 2009年在第40个世界地球日来临之前，国土资源部、中国地质调查局和中国地质大学公布了我国资源国情，认为我国许多重要资源对外依存度均超50%。到2020年基本实现工业化，我国石油、天然气、铁、铜、铝需求缺口均将超过50%。

节约资源意识没有充分提高的情况下，这些税种很难对资源环境的利用起到充分的调节作用。

第二，除了增值税之外，其他税种在涉及资源环境项目上的征收都采取从量计征的方式（新疆资源税试点除外），且单位税额普遍偏低，使这些税种的调节作用失去了其对价格的敏感度，伴随着资源价格的上升，其随资源环境利用的调节作用不断丧失。

第三，现行资源税的立法原则主要是为了体现资源的有偿使用和对级差收益的调节，因此造成了现行资源税的最大问题是完全"以税代租"，并丧失税法的统一性和确定性。

第四，从税种设置和立法原则上看，资源环境税类除了调节纳税人行为，促成节约利用资源环境之外，为资源环境治理筹集资金也应该是其应有内容，然而，目前税制结构中的涉资源环境税类还不能完全做到"专款专用"，特别是其中的流转税构成了政府经常性收入。因而，虽然分散税种能起到调节作用，但因无法保证治理成本与治理所需税收之间的对等，无法保证调节的力度。

第五，现行涉资源环境税种，除增值税、消费税之外，都是地方税种，地方政府（主要是省级人民政府）在税率和税基确认上都具有一定的自由裁量权，因而，在 GDP 导向下和地区经济竞争压力下，资源环境税类的调节作用往往大打折扣。

此外，在其他税种中也有根据资源环境的标准进行税制设置的（如车辆购置税），也有促进资源循环利用的税收优惠设置（如企业所得税等）。这些内容一方面说明大资源税或绿色税制理念在税制设置上应用的开始；另一方面也说明了中国资源税制的不完善（对新能源利用的税收促进政策只有在完善的资源税制下才能发挥充分的作用）。资源，是一个宽泛的概念，目前资源税制与资源环境可持续发展之间的矛盾除了现行税制上的表现之外，更重要的表现之一便是资源税制所覆盖的范围有限，不能实现其全面的调节作用。

（三）现行税制在收入差距调节上存在诸多不足

流转税的税收负担可以通过价格变化转移给消费者，而税负转嫁与商品的供给弹性和需求弹性直接相关。在我国，增值税的课税对象是有形动产，因为生活必需品的需求弹性较小，而奢侈品的需求弹性较大，这就决定了生活必需品的购买者必须承担大部分的税负。因此，增值税的课征结果是，贫者的负担率高，富者的负担率反而低。根据刘怡和聂海峰（2004）的研究，最低收入群体的增值税有效税率是15.1%，接近法定税率17%，而最高收入群体的增值税有效税率要比最低收入群体低7个百分点，只有8.0%。[①]虽然，消费税对奢侈品的课征具有一定收入分配的作用，但现行消费税还没能也不能覆盖所有的奢侈品（对奢侈品的界定存在困难），因此，并不改变我国流转税在收入分配上的累退性。所以，以流转税为主体的中国税制不利于收入差距的缩小，进而在改善人们福祉上存在固有的劣势。

一般来说，所得税在收入分配调节上主要在个人所得税上得以体现，然而，张阳（2008）的研究结果表明，我国企业所得税并不完全由资本承担，还有17%左右转嫁给劳动要素[②]，反映出我国企业所得税制在收入分配方面的不公平。而在个人所得税方面，免征额和累进税率设计上的不足使个人所得税的收入筹集功能远高于收入分配调节的作用，而工资薪金所得税所占比重明显偏高的现象表明[③]，中国工薪阶层正承担着与其总体收入格局状况不太相称的赋税，劳动收入的税负程度偏重，与其在收入分配中的实际地位不相称。

---

① 刘怡、聂海峰：《间接税负担对收入分配的影响分析》，载于《经济研究》2004年第5期。

② 张阳：《中国企业所得税税负归宿的一般均衡分析》，载于《数量经济技术经济研究》2008年第4期。

③ 刘鹏对2006年我国个人所得税相关数据的研究标明，我国工资薪金所得的个人所得税额占全部个人所得税税额的比重为52.7%，劳务报酬所得为2%，而其中，工资薪金所得中在20%的税率级次上征收的税款占工资薪金项目个人所得税税额比重为17.03%，而且这一比例随税率级次的递增而呈现递减的态势，劳务报酬所得中在20%的税率级次上征收的税款占劳务报酬项目个人所得税税额比重为49.96%，这一比例也随税率级次的递增而呈现递减的态势。参见刘鹏：《中国税收效率问题》，上海三联出版社2010年版，第196页。

而在我国的税制体系中，迄今为止并不存在真正意义上的财产税。现有的房产税、车船税尽管在名义上被归为财产税，但其纳税人主要是经营性单位和企业，与个体利益没有直接和明显的关联度，因而不具有调节贫富差距的作用。因而，我国当前的税制结构在调节收入分配、促进社会公平方面功能较弱，并且有强化收入不均等的趋向。这与以人为本，改善人们福祉的发展理念是相悖的。

二、通过税制调整促进经济发展方式转变

在税制结构主体特征上，虽然我国流转税为主体的税制结构已经出现了流转税与所得税双主体的特质，但所得税的比重还是相对较低（见表1、图2）。虽然，所得税对经济发展有一定程度的扭曲性作用，但从总体上看，所得税的负面效应主要是税制设置上的问题，所得税的"良税"特征仍然具有指导地位。但是，所得税改革的前提条件是对流转税有比较清晰的认识，从最终消费者或税负最终负担者的角度看，增加所得税的比重以提高其对经济发展的良性作用，需要降低流转税的比重。从税收公平和财政收入稳定的角度看，单独增加所得税或单独减少流转税都是违背税收原则也是不科学的选择。流转税具有较好的增收功能，而科学设计的所得税不仅具有增收功能，也具有收入分配调节的作用。而从世界税制发展的基本规律上看，当经济发展到一定程度，税制结构将从以流转税为主体转变为以所得税为主体。但由于流转税在财政收入汲取上具有较强的功能，因而税制调整的方向应该是以流转税和所得税为主体的双主体税制结构，但同时应实现税制本身应有的调节作用，通过税制结构内部设置不断促进经济结构的优化，实现经济、资源、环境的可持续发展，保证发展理念的最终目的，即在人们福祉水平改善上发挥相应的调节作用。相对于流转税来讲，所得税税负的直接感知作用也将在一定程度上促进财政民主化和公共化进程。因此，从长远看，中国税制转型需要在不断完善所得税制的基础上，逐步降低流转税比重的同时提高所得税的比重，

真正形成符合现代发展理念的流转税和所得税双主体的税制结构。

表1 　　　　　　　　　　　　**中国主体税种结构概况** 　　　　　　　　单位：亿元

年份	税收总额	增值税	营业税	消费税	流转税总额	流转税所占比重（%）	企业所得税	个人所得税	所得税总额	所得税所占比重（%）
2001	15301.38	5357.13	2064.09	929.99	8351.21	54.58	2630.87	995.26	3626.13	23.70
2002	17636.45	6178.39	2450.33	1046.32	9675.04	54.86	3082.79	1211.78	4294.57	24.35
2003	20017.31	7236.54	2844.45	1182.26	11263.25	56.27	2919.51	1418.03	4337.54	21.67
2004	24165.68	9017.94	3581.97	1501.90	14101.81	58.35	3957.33	1737.06	5694.39	23.56
2005	28778.54	10792.11	4232.46	1633.81	16658.38	57.88	5343.92	2094.91	7438.83	25.85
2006	34804.35	12784.81	5128.71	1885.69	19799.21	56.89	7039.60	2453.71	9493.31	27.28
2007	45621.97	15470.23	6582.17	2206.83	24259.23	53.17	8779.25	3185.58	11964.83	26.23
2008	54223.79	17996.94	7626.39	2568.27	28191.6	51.99	11175.63	3722.31	14897.94	27.47
2009	59521.59	18481.22	9013.98	4761.22	32256.42	54.19	11536.84	3949.35	15486.19	26.02

253

资料来源：《中国统计年鉴2010》。

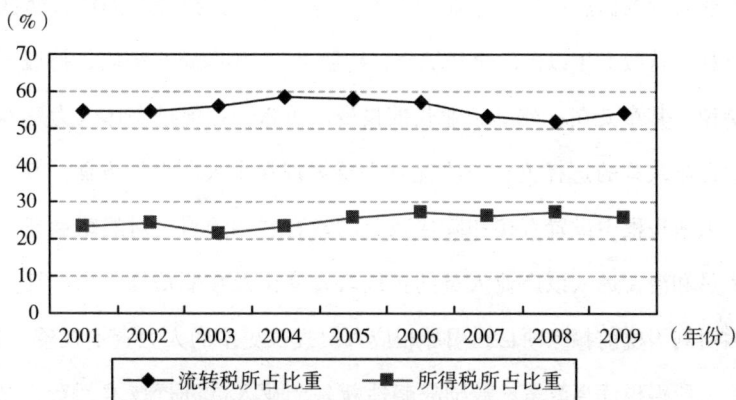

图2　流转税与所得税占税收收入总额的比重及趋势

（一）所得税制调整的基本思路

所得税的稳定性和对收入分配的调节作用需要整个所得税制结构乃至整个中国税制体系的调整。特别是所得税的收入分配职能往往依赖于其收入实现职能。因而，短期看，所得税改革应注重对现有产业结构的调整，特别是注重推动重点产业的发展。据此，应在现有制度的基础上做如下调整：第一，进一步补充加速折旧的规定。对于一些资产更新换代非常快的新兴产业应放宽该类设备的折旧年限，规定可在更短时间内提取折旧。第二，建立再投资退税或抵免制度。现行企业所得税法缺乏关于再投资的优惠制度，为了鼓励新兴产业企业再投资，应作出这方面的规定。例如，如果新兴产业将以前年度利润用于扩大再投资，则可退还一定比例的上年度缴纳的所得税，或允许再投资额的一定比例从其应纳税所得额中扣除。第三，由于新兴产业产品从研发成功到实现经营利润的时限较长，且初期的利润稳定性较差，应延长亏损弥补期限。第四，增加费用扣除。对于具有学习型组织特点战略性新兴产业，应适当增加教育培训费用的税前列支规模，按实际发生额予以扣除；建立风险成本列支制度。借鉴金融理论，将研发风险换算成成本，然后适当加大成本扣除比例。第五，资本利得是在实现时一次性课税的，持有时间越长，收益积累的时间也越长，因此，区分持有时间的长短实行不同的税收政策是比较科学合理的做法。我国企业的资本利得也应该按持股时间的长短区别对待。例如，持股1年以内的全额征收，持股1~3年的减半征收，持股3年以上的免税。其意义在于鼓励企业长期投资。第六，在促进个体人力资本投资的税收优惠政策的选择上，税收优惠主要体现在个人所得税方面。其一，考虑在个人所得税中设置直接扣除或减免的教育费用项目，对战略性新兴产业现有人员和潜在进入该产业人员的正规教育支出及在职培训支出，计算个人所得税时列为税前扣除项目，引导相应人员提供更多的人力资本投资。其二，通过个人所得税优惠政策，鼓励战略性新兴产业人员进行技术创新，提升其人力资本价值。如对其人员在技术成果和技术服务方面的收入可比照稿酬所得，减征或免税；对科技人员获得的企业发明创造奖和科技进步奖等给予一定的税收优惠；对战略性新兴产业内个人取得的特许权收入免征个人所得税；改革个人所得税累进税制，鼓励战略性新兴产业内高收入人才进行人力资本投资。

而从长期看，结合我国税制结构的特点和发展型税制的思路，所得税的比重应该逐渐提升，结构也应进一步优化。可以有如下思路：首先，引入支出税理念，即在相应的宽免设置的基础上，将个人在一定时期内的消费支出总额进行课征。其次,为避免支出税理念下对储蓄、投资等的刺激作用,应进一步扩大税基,将其他各种形式的所得全部纳入个人所得税税基,并采用综合课征。再其次,在扩大税基的基础上,结合大量减免措施,采用固定边际税率的线性税率结构,即应纳税所得不分级次,也不明确规定适用税率(只有一个不变的最高边际税率),仅设计一个线性计算公式。在计算征收时,将所得代入公式,所得多的多征,所得少的少征,税率自动随所得额的大小呈连续的升降,产生累进效果。最后,虽然理论上存在争论,但实现所得税一体化,即将企业利润都放在个人所得税上课征,避免企业所得税税负的转嫁。

然而,税制改革具有整体协动性的特征,中国所得税的改革和完善取决于流转税的改革方向,即在整个社会税收负担保持既定的情况下,流转税税收负担的大幅度降低才能够为所得税的全面改革提供良好的税制环境。反之,流转税的全面改革也需要所得税改革为其提供的税制环境。

(二)流转税制调整的基本思路

在流转税的改革和完善上,一方面,考虑到增值税转型的同时即意味着实际税率的下调,进一步下调税率的空间已经有限。另一方面,无论是调整增值税税率,还是扩大增值税覆盖范围,都牵涉中央与地方财政之间关系的重大调整,甚至可能颠覆分税制财政体制的根基。因此,短期看,在所得税制和其他税收制度没有根本调整的情况下,流转税改革应主要侧重于其经济结构优化的功能,降低企业税收负担,可以从流转税退税上进行设计。新兴产业在研发环节未实现产品销售,为了减轻其税负,应对该环节的进项税额实行货物和劳务税退税。到形成产品销售后,再就其销售环节的增值额全额缴纳增值税。然而,由于现实中无法清晰地判定企业在当前究竟处于研发阶段还是产品生产阶段,因此,可设置 5 年的退税期,即在新兴产业自成立起的 5 年内对其物质资本所承担的进项税额给予退税。第一,增值税退税。对新兴产业企业的进项增值税实行退税,并在实现增值税转型的基础上,对包括厂房、建筑物等不动产在内的全部固定资产所含增值税税款给予退税。第二，营业税退税。对新兴产业由于建造固定资产、购买无形资产所负担的营业税给予退税。第三，关税退税。对新兴产业购进的进口机器设备所含的进口关税给予退税。事实上，在不考虑其他税种的前提下，这种货物和劳务税退税机制相当于税务机关为新兴产业提供了无息贷款，税收义务并未免除，而是从未形成产品的研发环节递延到了已形成产品并实现利润的生产和运营环节，从而平滑不同时期的风险和收益。

从中长期看，在我国增值税和营业税从征税范围上是互补征收，虽然在一定程度上有利于税收征管，但推进消费型增值税改革以来，由于服务型行业属于营业税的征管范围，其外购固定资产的进项税额不能抵扣，进而产生了税收负担在不同行业之间的分布不公问题。伴随着生产性服务业的发展，为公平税负，保证流转税的中性，推动营业税增值税化将是一个长期趋势。在增值税化的基础上相应降低税率保证所得税改革的推进。

另外，流转税制中，增值税与消费税的结合是一个趋势，也有利于在税收中性的前提下加强对经济的调节，因此，消费税也要不断完善，主要是扩大消费税的覆盖范围，将具有较强负外部性的产品和奢侈品列入应税范围。在此基础上，为避免消费税的扭曲性和提高税负的直接感知性，课税环节应尽可能选为消费环节。

（三）财产税制调整的基本思路

我国税制在调节收入分配方面过多地注重货币收入的调节，相对忽视对财富的调节。随着我国产权制度的改革、个人收入水平的提高和财富积累的增加、居民收入差距的扩大、住房商品化的完成，应该加强对财产的征收力度，尤其是对不动产的征收力度。由于财产税是税收负担的直接性和中国居民税收负担①提高，中国财产税体系的完善也必须在流转税税负降低的基础上，通过房产税（或物业税）的整合（将不动产的取得、保有、转让各环节都纳入税收调节范围进行整合）和适时开征遗产税与赠与税来完善中国税制

---

① 中国居民的税收负担主要是间接税的税收负担。

体系的同时，通过税负水平的直接化及其对居民收入差距的调节作用及对地方政府财政行为调节，促进中国税制的发展型转变。

（四）资源税和行为税制的调整方向

虽然资源税和行为税多为小税种，但这些税种对于谋求资源环境的永续利用、减少资源的过度开采和消耗，规范人们不当经济行为，绿化中国税制具有重要意义。针对我国资源税类现状，着眼于中国税制结构的发展型转变，中国资源税类改革首要的是改变现行的从量计征（在新疆资源税试点的基础上推广），在此基础上，扩大应税资源的范围，着眼于资源的节约利用和经济社会的可持续发展，将与经济社会发展密切相关的森林、草场、地热，甚至水资源列入资源税的课税范围。完善对矿产资源的课税标准，提高资源税税负水平以真正对纳税人的资源利用行为起到调节作用。而行为税本身就是对特定经济行为进行调节的特定税种，其本质目的在于规范人们的特定经济行为。因此，行为税虽然具有广泛性的特征，但其本身确实极其复杂。我国行为税制的不规范不仅表现在税种分布的混乱（如燃油、一次性筷子、娱乐等消费行为分布在流转税中，其他税种中也有通过税收优惠设置而形成的具有行为调节作用的行为税），也表现在对行为调节上的非灵活性。因此，行为税的改革着力点在于整合税种、完善税率、绿化税制，即将统一类型的经济行为集中在一个税种中进行集中调节，可以考虑采用累进税率强化对特定经济行为的调节作用，在税种及税率设计时应融入环保理念，通过绿化行为税制的方式进行环保税的调节。

三、结 语

税制结构是一个复杂的系统，虽然对世界各国税制结构的考察可以发现，经济发展水平相同的国家，其税制结构（尤其是税种结构）也大致相同。但各国经济发展结构、税收文化等方面的差异也使世界各国税制结构具有明显的差异。税收的功能也是复杂的，从经济学的角度考察，税收的功能主要是筹集财政收入，并对经济发展起调节作用。因此，税制结构的转型也必须着眼于国家发展。我国正处于经济发展的关键转型期，为保证经济社会可持续发展的经济发展方式与经济结构的转型有各种制约因素。从税制的角度来看，目前我国税制结构的增长型特征是经济发展的主要制约因素。要实现经济发展方式转变，必须要从制度转型入手，因此，实现中国税制由增长型税制向发展型税制转型是促进并保证经济发展方式转变的重要因素之一。诚然，税制转型也是一个复杂的、长期的系统工程，它甚至涉及整个国家财政制度的重构，尽管本文由于篇幅限制不能对发展型税制做全面深入的探讨，但为经济社会可持续发展计，为人与自然和谐发展计，为人们福祉的不断提高计，这确实是我们必须面对并不断解决的制度难题。

参考文献

［1］［英］安妮·B. 阿特金森、［美］约瑟夫·E. 斯蒂格利茨：《公共经济学》，上海人民出版社、上海三联书店 1995 年版。

［2］贺立龙：《转变经济发展方式的含义与动力探析》，载于《社会科学辑刊》2011 年第 2 期。

［3］世界银行：《增长的质量》，中国财经出版社 2001 年版。

［4］陈少克、陆跃祥：《增长型税制简论：对中国税制特性的分析》，载于《税务与经济》2012 年第 1 期。

［5］杨斌：《税收学》，经济科学出版社 2004 年版。

［6］刘怡、聂海峰：《间接税负担对收入分配的影响分析》，载于《经济研究》2004 年第 5 期。

［7］张阳：《中国企业所得税税负归宿的一般均衡分析》，载于《数量经济技术经济研究》2008 年第 4 期。

［8］刘鹏：《中国税收效率问题》，上海三联出版社 2010 年版。

［9］高培勇：《税制改革何处去？（上）》，载于《南风窗》2009 年第 17 期。

［10］郭庆旺、吕冰洋：《中国税收负担的综合分析》，载于《财经问题研究》2010 年第 12 期。

税制结构变迁与调整的理论分析[*]

——非均衡状态、变迁主体与发展路径

　　税收作为国家参与国民经济分配、筹集财政收入的主要手段，其本身具有的强制性特点决定了税制结构设定本身也具有强制性。因此，税制结构的变迁便具有强制性制度变迁的特点，通常表现为国家通过颁布法令的形式确定税制结构。然而，税制结构毕竟涉及社会利益格局的调整，因此，这种强制性制度变迁背后不可避免地涉及不同利益（不同纳税人之间的利益、纳税人与政府之间的利益等）之间博弈而形成的诱致性因素。这些诱致性因素在强制的制度变迁中能否得到体现以及体现的程度如何将直接决定税收制度执行成本的高低，进而影响税收的实现程度。其中，税制结构的选择对不同利益的影响更为直接（例如，直接税和间接税的选择直接决定了社会的公平程度，直接影响不同收入水平人的税收负担），因此，税制结构变迁和税制结构模式的选择过程也就表现为不同利益主体相互角逐的过程。也正因如此，税制结构变迁便成为税收制度变迁的核心内容之一，成为税制结构模式选择和税制改革需要考虑的重要内容之一。

---

　　* 本文原载于《云南财经大学学报》2012 年第 5 期。合作者：陈少克。

一、制度变迁与税制结构变迁：分析框架界定

制度变迁是指新制度（或新制度结构）产生、替代或改变旧制度的动态过程。在制度经济学的研究中，对制度变迁的研究通常有三个角度：其一，制度变迁作为一种替代过程，是一种效率更高的制度替代原制度；其二，作为转换过程，制度变迁是一种更有效率的制度的生产过程；其三，作为交换过程，制度变迁是制度的交易过程。制度经济学在对这些制度变迁过程的研究上存在两种极端的看法。其一，社会达尔文主义的制度变迁观，即制度变迁是一个自然演进的过程。因而，制度变迁是制度由均衡到非均衡的自然演进过程，这一过程是没有制度变迁主体的，即这一变迁过程中，人也是受某些因素决定，与制度一起变迁的。其二，意志决定论的制度变迁观，即制度变迁是人们设计、选择的结果，即这一制度变迁说是存在制度变迁主体的。而且，制度变迁的必要条件是制度非均衡状态的出现，但在制度变迁中，起决定作用的是制度变迁主体。当一项制度安排处于没有否定因素或者否定因素不足以威胁其现存状态时，制度变迁便不可能发生。其中，制度变迁主体是那些有意识地推动制度变迁或对制度变迁施加影响的主体。显然，这两种看法都有合理性且都存在现实的例证。

税收制度作为一种特殊的制度，从税制发展史的角度看，它一直处在变化和演进之中。税收制度是一个宽泛的概念，包括税制结构的选择与设置、税收征管制度等，从税制变迁的角度看，虽然这些内容都是税制变迁的组成部分，但其各自强调的内容存在一定的差别：税收征管制度变迁则是程序税制变迁，虽然其变迁路径受到税制结构变迁的影响，但还要取决于技术性因素（如信息技术、评估技术等）等；而税制结构变迁强调的实体税制变迁，侧重于税种、税类以及税制结构模式的选择等问题，是税制变迁的核心内容，在很大程度上决定税收制度其他内容的变迁。因此，本文侧重分析税制结构的变迁。

对于税制结构变迁而言，虽然存在自然演化的因素，例如，在对税制结构的研究中，常见的观点认为，税制结构的发展经历了以古老的直接税为主体的税制结构到以间接税为主体的税制结构，再进一步到以直接税为主体的税制结构，这一发展过程是一个伴随着生产力的发展而不断演进的过程。但是，锡德里克·桑福德（2000）在对一些发达国家税制改革进行研究时发现，税制结构的设置取决于人、过程和环境，并认为，税制结构的改革"必须是在收益和损失相互依存的方式下实施"，通常"需要进行广泛的协商和讨论"，"能够让支持和反对改革方案的人有机会发表观点进行公开探讨"，同时，他还认为，成功税制改革和核心内容是"政治实干家精神"。① 因此，税制结构更多的是一种人为设计、选择和利益博弈的结果。基于此，本文从意志决定论制度变迁观的角度分析税制结构变迁（但并不否认其中自然演化的因素）。作为税收制度中的一项制度安排，税制结构变迁的必要条件是现行税制结构在社会经济环境发生变化的背景下，对社会利益结构产生了重构性影响，进而在各方利益主体的利益博弈中表现出非均衡状态。同时，和其他制度变迁一样，税制结构的变迁是在税制结构变迁主体的推动和影响下进行的。因此，研究税制结构变迁的基础性工作便是正确分析税制结构可能的非均衡状态，以及税制结构变迁主体及其在税制结构变迁中的作用。

二、税制结构非均衡状态的表现形式

正如制度的均衡和非均衡状态有不同（不同层次和不同内容）的表现，税制结构的非均衡状态也具有多种形式②。本文认为，按照税制结构作用范围，可将税制结构非均衡状态划分为局部非均衡和整体非均衡；按照税制结构作用对象的差异，则可划分为纳税人利益不均衡、政府利益不均衡以及政

第四篇 税收制度研究 | 税制结构变迁与调整的理论分析

---

① ［英］锡德里克·桑福德：《成功税制改革的经验问题》（第1卷），《成功的税制改革》（张文春、匡小平译），中国人民大学出版社2000年版，第253～255页。

② 均衡和非均衡是相对的概念，本文侧重分析非均衡的表现。

府与纳税人之间利益不均衡。

（一）税制结构作用范围上的非均衡状态

1. 税制结构的局部性非均衡

税制结构的局部性非均衡主要是在税制结构中对个别税种（类）设置上的差别产生的非均衡状态。因此，税制结构局部非均衡状态表现为：

其一，在税制结构设置上，由于覆盖区域（或行业）上存在差别而导致的非均衡。从税制演化史上看，在农业社会，农村经济为政府提供了充足的税源，也是政府课税的基本范围，在商业、工业等城市经济没有出现之前，这种课税结构就表现为一种均衡状态。随着城市中的商业和工业等发展（特别是在临界点处），由于既定的传统税制结构没能覆盖新兴产业领域，于是在新的经济环境下就表现出了覆盖范围的不均衡。改变这种不均衡状态的一个课税要求就是对不同区域、不同行业同等课税以实现新的税制结构均衡状态。但是，随着"重农抑商"的发展并在课税结构上得以表现，这种"抑商"带来的税制结构（通常表现为对商业的重税）便逐渐显现出其新的不均衡状态。

从现代社会的税制结构看，这种局部非均衡经常表现为由于税收优惠等的差别性设置导致的税收负担差别从而引致税制结构的不稳定状态。例如，所得税中对特定纳税人加速折旧的优惠使不同纳税人的税收利益失衡，当这种失衡状态失调时便产生了税制结构的非均衡状态。同时，在现代社会，税制结构的非均衡还表现为税制结构在特定的财政分配框架下导致的区域之间税收收入获得上的不均而导致的非均衡状态。例如，在我国，由于财产税制的缺失，使地方政府缺乏稳定的收入来源，进而导致地方政府行为的变化，使税制结构表现出非均衡状态。

其二，在税制结构设置上，由于课税对象的不同产生的非均衡状态。直接的表现是课税对象范围覆盖上呈现出选择性，这种选择性课税使纳税人理性地选择各种避税行为，产生了税收收入的不可持续，进而表现出税制结构的非均衡性。例如，对财产课征中有选择性的结果常常表现为人们在财富积累中规避课税财产（也正因如此，财产课征才更多地选择房产等不动产而非流动性财产）。例如，我国资源税设计中，仅对有限的矿产品课征，使涉及其他自然资源的行业在开采、利用等方面表现出非节约行为，而使现行资源税结构表现出非均衡状态。

2. 税制结构的整体性非均衡

税制结构的整体性非均衡主要是对税制结构整体性效果反应的考察。税制结构整体性的非均衡主要可从以下几方面探讨：

其一，既定的税制结构引发了政府对财政收入筹集的担忧。在税制结构既定的情况下，随着经济发展特别是经济结构的调整，一旦税源结构发生了根本性变化，进而造成政府财政收入的减少，在政府支出规模和结构不做根本性调整的情况下便引致政府收支失衡，这是税制结构非均衡的重要表现。历史上，税制结构变迁很多时候都是从政府财政收入筹集的角度出发进行的强制性调整，例如，古老的直接税为主体的税制结构被间接税为主体的税制结构所代替，就是从政府财政收入获得的角度上税制结构非均衡到新的均衡的一个变迁。例如，最初的个人所得税开征强调的是其收入筹集的功能等。

其二，既定的税制结构引发人们对经济增长的担忧。随着交易关系的复杂化，既定的税制结构便可能改变其初始性质，例如，在税制结构演化中，古老的直接税制结构体系中的诸如执照税、资本税等严重阻碍了工商业的发展，进而阻碍了经济发展。从生产力发展的基本趋势上看，这些直接税体系需要由当时看来能够促进工商业发展的间接税所代替，但随着工商业的发展和交易活动范围的扩大，这些传统看来具有刺激经济增长特征的税制结构由于在交易过程中不可避免地重复课征，从而加重了工商业税负，成为阻碍经济增长的因素，产生新的税制结构非均衡状态。

其三，既定的税制结构引发人们对社会公平性的担忧。有效的制度必然是公平的制度。在古老的直接税制下，封建贵族、僧侣阶层易于获取税收豁免的特权，当这种特权在平等、公平理念下引发社会争论时，这种税制结构便呈现出非均衡状态。同样，在现代社会，税制结构引起不同阶层税负水平不公也常常导致税制结构呈现非均衡。当然，这种类型的非均衡状态常常受一个社会对公平认知的影响，当税收公平被界定为有效调节收入差距而现实税制结构不能实现的时候，伴随着社会呼声的激起，这种税制结构便表现出非均衡状态。

（二）税制结构作用对象上的非均衡

税制结构作用对象上的非均衡状态主要是由于税制结构的设置改变了各方的利益结构而引发的税制结构非均衡状态。"如果利益矛盾激化，各阶层、各群体或个人的力量与其所获得或能够获得的利益不对称时，就被认为制度处于非均衡状态"①。因此，前文所述的各种形式的非均衡状态的存在，从根本上讲就是税制结构引发的利益不协调所致。从这个意义上说，税制结构的非均衡状态并不取决于税制结构变迁是不是一个帕累托最优状态（关键是利益结构或潜在利益结构是否均衡）。当一个新的税制结构损害了某些利益主体（A）的利益，同时提高了另一些利益主体（B）的利益水平时，如果导致的是 A 和 B 之间可获得的利益相对对称，或者利益矛盾在可控的范围之内，那么，即便这个过程是非帕累托改进，那么也会形成新的制度均衡；反之，当一个新的税制结构没有改变 A 群体的利益的同时，提高了 B 群体的利益水平时，如果相对利益格局发生了较大的变化，导致的是 A 和 B 之间利益矛盾不可协调（例如，A 群体可能因 B 群体福利水平的提高而产生"仇富"心理，进而出现"仇富"行为等），那么，即便这个过程是帕累托改进，那么新的税制结构也是非均衡状态。

见图 1，无差异曲线分别代表税制结构选择下 A 和 B 两个群体的效用水平（下文图 3 也是如此），如果 O、E、F、G、H 分别表示不同的税制结构所代表的社会福利状态，那么，如果一个税制结构状态由 E 点改变至 G 点，从制度变迁"交换过程"的角度看，这个过程显然是非帕累托改进的无效率过程，

---

① 黄少安：《制度经济学》，高等教育出版社 2008 年版，第 105 页。

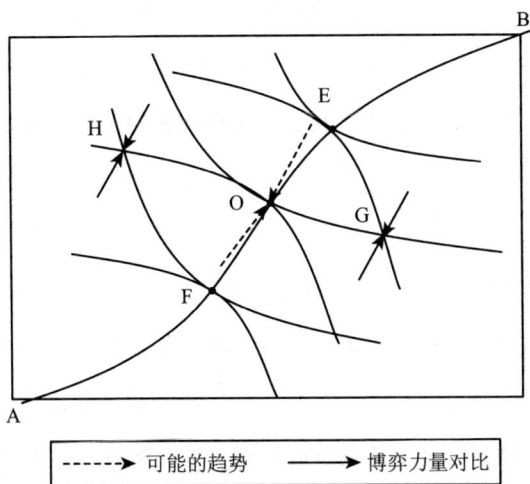

图例：- - - - → 可能的趋势　　——→ 博弈力量对比

图 1　帕累托改进与税制结构均衡状态

但如果在 G 点处，双方博弈力量对比均衡，那么 G 点所代表的就可以是一个税制结构的均衡状态。反之，H 点向 F 点移动的过程虽然是一个帕累托改进过程，但由于这个过程是提高 B 群体的福利水平过程，可能导致 A、B 两个群体相对利益结构发生变化，如果 F 点处所代表的税制结构状态受到 A 群体的强烈反对，且 A 群体有能力改变这一状态，那么，虽然 F 点处是个帕累托最优点，但其所反映的税制结构状态也是非均衡的状态。因而，税制结构的均衡状态依赖于不同力量的对比，如果整个社会强调公平的呼声很高，对公平诉求的力量足够强大，那么，理想状态的税制结构应处于 O 点，尽管向 O 点转变的过程会损害特定群体的利益。

因此，当一个税制结构导致纳税人税负水平不均（常常相对于纳税能力）时，便产生了纳税人之间利益角度上的税制结构非均衡。例如，在我国税制结构中，生产性服务业和生产企业分别适用不同的税种导致其税负水平不均，这种呼声下引起的营业税改征增值税本身就是对税制结构的这种非均衡的反应。当一个税制结构在既定的财政分配框架下导致政府之间（特别是中央政府和地方政府之间）税收利益不均衡时，便产生了政府间利益角度上的税制结构非均衡。一般情况下，这种非均衡状态要靠财政分配关系的调整来解决，但这种意义上的财政分配关系的调整必然伴随着税制结构（税收分配关系格局）的调整。同样，当一个税制结构导致政府税收利益（表现为相对于财政支出的税收收入规模）与纳税人利益（表现为相对于从财政支出获取利益的税负水平）不协调时，便产生了政府与纳税人利益角度上的税制结构非均衡。税收是政府参与国民经济分配的重要手段，也是政府履行其职能的重要物质保障。因此，当税收收入占 GDP 的比重过低的时候，激起政府维护自身利益的诉求进而导致税制结构不均衡（此时，整个社会将意识到通过税制结构调整提高税收收入比重是一基本趋势）；同样，税收收入的比重过高伴随政府活动方位过宽影响微观经济主体利益的时候，这种纳税人出于自身利益的呼声也将导致税制结构的非均衡。

当然，不同利益主体在税制结构作用下的冲突还经常表现在税收制度僵化对税制结构有效调整的禁锢上。税收制度的设计通常要使税制结构能够随着经济社会的发展不断地有效调整，同时又能保持税收制度的相对稳定，这需要在进行税制设计时拥有充分的智慧。然而，现实中，常见的是在既定税制框架下的税制调整缺乏前瞻性，有些税收政策在设计上就存在漏洞，人为刻画痕迹较显著。因此，很多所谓的税制改革实际上不过是在进行拾漏补缺、小修小补，于是，政策多变不可避免，寻租空间在税制体系中不断地完善着，不同利益主体之间的关系也因此更趋复杂化，于是，税制结构的非均衡状态便成为一种常态。

三、税制结构变迁主体及其作用

如前所述，虽然税制结构模式有自身的规律，必须与经济结构和经济发展水平相一致，因此，税制结构存在自然演化的特点。但从根本上看，税制结构是人们设计、选择的结果，是人们有意识的结果。因此，税制结构变迁便要依赖与税制结构变迁主体的有意识行为。从制度分析的角度看，制度变迁的主体可以是政府，可以是一个阶级、一个企业或组织，也可以是个人。

对于税制结构变迁而言，其变迁主体可以界定为政府和纳税人两类①。两类税制结构变迁主体的力量对比及其在税收征纳关系中的位置不同决定了两者在税制结构变迁中的行为方式各异。

（一）政府与税制结构变迁

"任何税收都必须通过政治来操作和实施"②。因此，在税制结构变迁中，政府这一税制结构变迁主体往往发挥主要的作用。从形式上看，政府的主要方式是通过颁布法令等强制性手段完成税制结构变迁，这便使税制结构变迁具有强制性制度变迁的特点。但政府作用的这种形式往往要受到一系列因素的制约③，其中，根本的是一个社会的政治体制：

在一个专制体制下，由于税制结构调整立足于实现政府的特定目的，因此，政府作用方式的强制性在税制结构设计的内容上也表现出单一的强制，而且由于专制体制下法律制度对政府不具有约束力，因而这种强制性的作用方式还表现出极强的随意性。例如，在古老的直接税为主的税制结构时期，随着经济环境的变化（如古老的直接税加速了农业的破产）而致税源减少，政府往往通过单一强制的方式采取加重对城市工商业课税的办法予以弥补。实际上，在专制体制下，很多税种的开征或税制结构的调整都是政府单一强制的结果。尽管其中许多税制改革也考虑到民众的利益，例如，中唐杨炎"两税法"以"人无丁（丁男）、中（中男），以贫富为差"为原则调节税制结构，抛弃了唐代原来以人丁为课征标准的租庸调制，以土地、业产等财富的多寡，按每户的贫富差别进行课征。但由于民众在社会利益格局中处于弱势地位，因而无法保证税制结构均衡，这也是历史上"两税法""一条

---

① 纳税人包括自然人和法人，即包括个人也包括各种企业或组织，因此，不同类型的纳税人其行为方式是不同的，其利益诉求以及利益表达能力、实力有很大差别。但是，在税收征纳关系中，纳税人是和国家或政府相对的行为主体，他们共同的行为方式是维护自身不受政府的过多干扰，从这个意义上看，可以把纳税人整体看做是一个制度变迁主体。

② J. M. Buchanan, "Constitutional Constraints on Governmental Taxing Power", Stuttgart: Fisher Price Press, 1979, pp. 334 – 359.

③ 这些因素包括政治环境、社会环境、国家的规模和范围、政府权力架构、民主制度以及政府所要实现的目标等。

鞭法"等税制改革遭受挫折的根本原因。"专制制度下，对代表统治阶层利益的政府职能及其行为，并无事先的强制性规则，而具有'事后'约束的特点——即通过政府发挥其职能作用的范围和方式的过程中遇到的阻力对其进行调整"①，所以，政府在税制结构变迁的作用中表现出强制的随意性，政府主导的税制结构变迁结果往往是不稳定的局部（统治阶层内部）均衡②。

在民主体制下，政府和公众之间是一种契约关系，政府的行为受到法律等制度规范的约束，因而，在税制结构变迁中，政府要充分听从纳税人的利益表达，并在此基础上，通过认识和把握时机，确定变迁目标，选择变迁方式，制定变迁方案，最终通过强制性的法律规范得以确认，使税制结构变迁内容上具有渐进性的属性。因而，虽然政府参与下的税制结构变迁仍具有强制性，但由于公众的参与而使税制结构变迁结果呈现出相对稳定的整体性均衡。

（二）纳税人与税制结构变迁

虽然，从结果看税制结构变迁是一个强制性的政府行为，但税制结构变迁过程中纳税人却发挥着不可替代的作用，这种作用主要表现为通过纳税人利益诉求的向上传导影响决策者的税制结构设计。也正是在这个意义上，税制结构变迁是一个诱致性和强制性制度变迁相结合的产物。然而，纳税人在税制结构变迁中的作用也要受到外部环境特别是政治体制的影响，同时也取决于自身力量。

根据前面分析，专制体制下税制结构变迁是政府单一的强制性变迁形成一个不稳定的、局部的税制结构均衡。之所以说这种均衡是局部均衡，是因为这种均衡是一个忽略公众利益的税制结构格局；之所以说是不稳定的，是因为由于没有考虑到公众利益，因而损害公众利益（也可以是相对降低公众利益水平）是一种常态，只是由于公众利益诉求受制于其本身力量而无法得

① 焦耘：《税制结构变迁的制度分析》，西南财经大学 2008 年博士学位论文。
② 童光辉：《财政危机下的税制变迁与税收悖论——我国传统小农经济与大国财政之间的张力》，载于《中央财经大学学报》2010 年第 9 期。

到满足，一旦公众力量聚集到一定程度，必将打破该均衡状态（但在这种力量产生之前，纳税人是不具有税制结构变迁主体地位的）。从这个意义上讲，中国历史上每一次改朝换代也都可以看做是为改变原有税制结构均衡所代表的利益架构的行为，只是这种行为方式产生了不断循环的破坏力。英国的《大宪章》、法国的《人权宣言》等也是纳税人力量的增强对专制制度下局部税制均衡的一个改变①，只是这种改变确立了民主体制，通过对政府权力的限制使纳税人获得了税制结构变迁中的主体地位。

在民主体制下，纳税人在税制结构变迁中的作用一方面表现为纳税人通过民主途径防止政府通过税制结构调整影响纳税人的利益。例如，1221 ~ 1257 年，英国调整税制结构加大对平民财产税的课征，与此伴随的是平民代表进入议会。另一方面，更多地表现为由于纳税人利益分化产生了不同的利益集团，这些利益集团通过表达各自的利益诉求，影响政府税制结构调整的方向。这里便体现出不同利益集团的力量对比对税制结构变迁的影响力。例如，现代直接税制的确立在很大程度上反映了资本家阶层和劳动者阶层之间利益博弈对税制结构变迁的影响：间接税的课征会相应地提高产品价格，从而迫使资本家提高工人的名义工资使生产成本提高，进而影响资本家的经济利益。资产阶级为了维护本阶级的根本利益，不得不考虑增加税制结构中直接税的比重。随着直接税特别是累进税引入税制结构，税制结构对收入分配调节的力度增强，也是劳动阶层不反对的理由之一。从这个意义上讲，为保持税制结构调整或税制改革的公平性，任何关于税收或税制结构的争论或呼声，我们都有必要判断其代表谁的利益。

但纳税人这一税制结构变迁主体，其作用的发挥往往受一些观念的影响，对税制结构变迁的影响最为直接和明显的观念是：整个社会对政府和个人之间关系及其各自是什么的看法、社会对平等和公平的看法。纳税人在税制结构变迁中的作用随着社会对以上两个问题所持观念的变化而变迁。例如，"原

---

① 李炜光：《李炜光说财税》，河北大学出版社 2011 年版，第 38 ~ 42 页。

来人们强调个人对自己的命运负责，现在却强调个人应像象棋里的卒子那样由外界力量来摆布。原来认为政府的作用是充当仲裁者，防止人们互相强迫，现在却认为政府应当充当家长，有责任迫使一些人帮助另一些人"，并在这一观念被广泛认同的前提下逐渐构建起一整套社会福利制度。[①] 与之相关联的是纳税人对高税负的容忍和对公平的诉求，这将影响纳税人在税制结构变迁过程中的作用方式。

四、结论：税制结构发展路径与路径调整

税制结构模式的选择要考虑经济发展水平和经济结构的变化。而利益格局本质上讲是由经济结构的变化引起的。因此，税制结构变迁也就形成了由经济结构进而各利益集团和政府共同作用的路径。从长期看，或者从税收发展史和经济史的角度看，税制结构变迁方向和经济发展路径基本一致，但在短期，各个时期各个国家或地区税制结构会有不同的表现（如图2所示），这些表现是由各方利益相互博弈形成的，这些不同的税制结构在一定程度上对经济发展结构产生了一定的影响，进而也相对固化了当期的利益结构，进而固化了税制结构

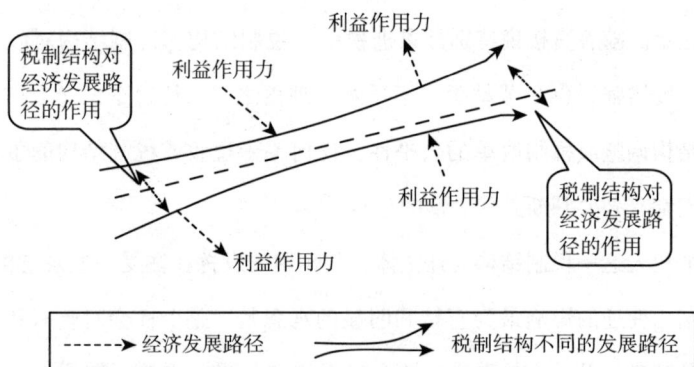

图2　经济发展路径、利益作用力与税制结构发展路径

---

① 焦耘：《观念对税制结构变迁的影响分析》，载于《特区经济》2007 年第 10 期。

的均衡状态（如前所述，这种均衡状态可能是一种非帕累托最优状态）。

从税制结构调整的角度看，税制结构的根本性调整往往伴随着税法的根本性改变，这将使人们付出相应较高的学习成本。同时，既有的税制结构中往往按照既定的利益结构设定了许多补充条件，因此，在利益结构固化的情况下，税制结构变迁也只能是一种自然的不断小修小补的改良过程。从这个意义上看，税制结构变迁也因此常常产生路径依赖，使税制结构变迁经常表现出渐进式的改良路径。

同时，税制结构变迁路径常常是和社会价值目标结合在一起的。[①] 通常情况下，社会价值目标规定了税制结构变迁的方向。而现代税收原则中的公平和效率原则就是对现代社会价值目标的基本反映。据此可界定现代社会税制结构调整的基本方向，即追求既能实现税收公平又不损害税收效率的一种税制结构状态。这个状态可以用埃奇沃斯盒状图做近似的分析（如图3所示），O点在契约线 AB 上，因而是一个帕累托最优的状态，同时，其所处的中点位置也可以近似反映出整个社会的税制结构公平状态，因而，如果 O 点代表一种税制结构状态所反映的社会福利水平，那么这个位置就可以代表税制结构变迁的有效方向。

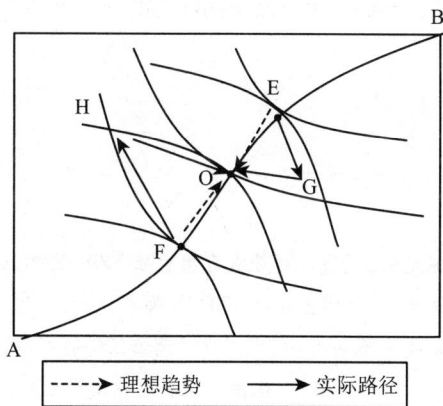

图3 税制结构变迁路径

①［德］柯武刚、史漫飞：《制度经济学：社会秩序与公共政策》（韩朝华译），商务印书馆2003年版，第192～204页。

然而，正如前所述，税制结构变迁是税制结构不断由非均衡状态向均衡状态演进的一个过程，这个过程主要是由各个利益主体的力量对比和博弈决定的。因此，一个帕累托最优的状态，如 E（或 F）点，可能不符合社会对公平的诉求，因而，在公平诉求力的作用下，可能使税制结构变迁至 G（或 H）点达到一种新的均衡。在这一点，如果利益结构均衡状态不被打破，那么，这一状态将持续存在，即使有变化，也将是一种小修小补。在这个意义上，这样的利益格局便使税制结构变迁具有了很强的路径依赖。税制结构要想实现公平和效率的目标，必须在利益格局力量调整的基础上使 G（或 H）点不断向 O 点靠近。

一个有效的、合理的税制结构状态，是一个与经济社会可持续发展相一致的税制结构。虽然税制结构模式的确立是政府通过颁布法律法令的形式确立的，但如果把政府看做是主导税制结构的主要力量，那么，在税制结构模式的选择上，政府的基础性任务便是确定经济社会可持续发展的基本目标，并明确税制结构调整的方向。在此基础上，必须权衡各方的利益格局，通过利益关系的调整实现有效的税制结构均衡状态。显然，由于不同的税制结构有不同的作用和性质，因而，对税制结构性质的分析也是一项基础性工作。

参考文献

［1］罗昌财：《论税制变迁的诱致性因素》，载于《云南财经大学学报》2010年第6期。

［2］黄少安：《制度经济学》，高等教育出版社2008年版。

［3］杨斌：《税收学》，科学出版社2004年版。

［4］［英］锡德里克·桑福德：《成功税制改革的经验问题》（第1卷），《成功的税制改革》（张文春、匡小平译），中国人民大学出版社2000年版。

［5］潘文轩：《税源变化引致税制变革——对税制变迁规律的一种理论解释与现实考察》，载于《经济体制改革》2009年第6期。

［6］陈少克、陆跃祥：《个人所得税：短期调整与长期改革》，载于《郑州大学学报》（哲学社会科学版）2012年第2期。

［7］J. M. Buchanan, "Constitutional Constraints on Governmental Taxing Power",

Stuttgart：Fisher Price Press，1979，pp. 334－359.

［8］焦耘：《税制结构变迁的制度分析》，西南财经大学 2008 年博士学位论文。

［9］童光辉：《财政危机下的税制变迁与税收悖论——我国传统小农经济与大国财政之间的张力》，载于《中央财经大学学报》2010 年第 9 期。

［10］李炜光：《李炜光说财税》，河北大学出版社 2011 年版。

［11］焦耘：《观念对税制结构变迁的影响分析》，载于《特区经济》2007 年第10 期。

［12］［德］柯武刚、史漫飞：《制度经济学：社会秩序与公共政策》（韩朝华译），商务印书馆 2003 年版。

第四篇 税收制度研究

税制结构变迁与调整的理论分析

增长型税制简论：对中国税制特性的分析[*]

　　我国现行税制是 1994 年税制改革确定的基本框架，即以流转税为主体税种的税制结构。在这一税制框架下，税收增长率高于 GDP 的增长率已经是屡见不鲜的常态（见表 1、图 1）。也正是在这一背景下，税收收入增长以及税负水平的变化都成为社会关注的热点问题。虽然个别税种的调整能在一定程度上缓解税负的"痛苦"，但税制结构本身的特性也在很大程度上限定了个别税种调整对税负"痛苦"的缓解程度。因此，分析中国税制的整体特性便成为税制改革的一个基础性工作之一。

表 1　　　　　　1994～2010 年中国税收收入与 GDP 增长情况　　单位：亿元,%

年份	税收收入	税收收入增长率	GDP	GDP 增长率
1994	5126.88	20.48	48197.9	36.41
1995	6038.04	17.77	60793.7	26.13
1996	6909.82	14.44	71176.6	17.08
1997	8234.04	19.16	78973.0	10.95
1998	9262.80	12.49	84402.3	6.87
1999	10682.58	15.33	89677.1	6.25
2000	12581.51	17.78	99214.6	10.64
2001	15301.38	21.62	109655.2	10.52
2002	17636.45	15.26	120332.7	9.74
2003	20017.31	13.50	135822.8	12.87

---

[*] 本文原载于《税务与经济》2012 年第 1 期。合作者：陈少克。

年份	税收收入	税收收入增长率	GDP	GDP 增长率
2004	24165.68	20.72	159878.3	17.71
2005	28778.54	19.09	184937.4	15.00
2006	34809.72	20.96	216314.4	14.69
2007	45621.97	31.06	265810.3	18.33
2008	54223.79	18.85	314045.4	18.15
2009	59521.59	9.77	340506.9	8.42
2010	73202.00	22.98	397983.0	16.88

资料来源:《中国统计年鉴2010》。

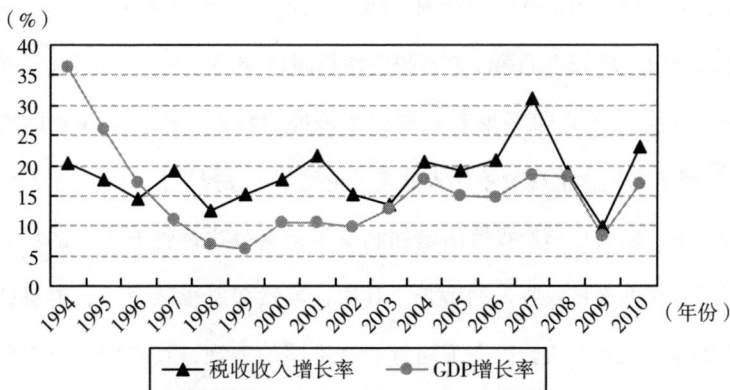

图1 1994～2010年中国税收收入与GDP增长情况

一、中国税制的特性:对增长型税制的阐释

1994年以来,中国税收收入的快速增长和GDP的快速增长已经构成中国经济的重大特点之一(见表1、图1)。从理论上看,税收收入增长的决定性因素在于经济的增长,然而,中国税制本身也具有较强的增收功能,而这种增收功能在一定程度上又成为中国经济增长的制度性促进因素。这便构成了中国增长型税制相对于税收理论的一个悖论,即税收的快速增长进而税收负担的增加并没有阻碍中国经济的增长(至少从短期看),反而在一定程度上促

进了经济增长。这需要从中国税制的特点入手进行分析。①

（一）我国现行税制增收功能的机制分析

从中国税制结构上看，中国税制是以流转税为主体的税制结构。从总体上看，流转税的计税基础和 GDP 的核算接近，因而流转税的增长率应该与 GDP 的增速相一致，但在我国，流转税本身存在一定程度的累进性（相对于 GDP 的增长）②，这主要表现在：首先，因为增值税主要是对第二产业进行征收，特别是在增值税转型改革之前的生产型增值税由于外购固定资产进项税不能抵扣，使得实际增值额大于理论增值额③，增值税的税基实际上比工商业增加值要大。由于固定资产投资对 GDP 的贡献率长期以来保持在 40% 以上，特别是占税收比重较大的第二产业投资增长高达 38.3%④，进而使中国第一大税种的增值税相对于 GDP 增长呈现出累进税的特点。特别是在我国增值税"扩围"或全面的增值税改革尚未推进的情况下，在投资拉动经济增长势头未减的背景下，随着房地产投资的增加和交通运输等生产性服务业的增长，营业税税基也在助推税收收入的增长。其次，虽然增值税转型之后本身的累进性有所下降，但我国流转税在不同行业有不同的表现，其差别不单主要体现在营业税上，增值税的税率设置（例如属于生活必需品的粮食、食用植物油、暖气、煤气、石油液化气、天然气等设置 13% 的税率，而其他产品设置 17% 的税率，小规模纳税人 3% 的征收率等）、税收优惠（对 GDP 贡献大的传统制

---

① 本文尝试在不考虑经济增长等税制以外因素的基础上考察税制结构本身的增收功能。虽然，本文并不否认税收收入只有在经济增长提供充沛的税基的基础上才能实现，但在税收收入增长的影响因素中，税制结构也是重要的因素，特别是对于本文所分析的增长型税制而言。由于单单考察税制本身，因此，本文侧重从税制结构本身的特点出发进行逻辑演绎。

② 在税收研究中，累进税指的是随着人们收入的增加，对应的有效税率也随之提高的一种税制状态，一般用来研究税收的收入分配功能。本文所指的累进性指的是从税制本身的特点出发，如果出现由于税制本身导致税收增长率大于 GDP 的增长率，就认为该税种或税制具有一定的累进性，因而这种累进性不考虑其收入分配效应。

③ 理论增值额的核算原理和 GDP 终值法核算基本一致，参见杨斌《税收学》，科学出版社 2011 年版，第 197 页。

④ 李冷：《现行税制、固定资产投资与中国税收增长持续高于经济增长的分析》，载于《经济问题》2009 年第 10 期。

造业鲜有税收优惠）设置都体现出行业导向型，这样，往往表现出行业销售水平高、利润率水平高的行业税收负担相对重的特点，使增值税进而整个流转税具有相对于 GDP 的累进性特点。再其次，流转税中的消费税是对非生活必需品在征收增值税的基础上增加的一道税负，因而本身也具有累进的特点，特别是在社会消费偏好不变的情况下，随着 GDP 的增长特别是居民收入水平的提高，其相对于 GDP 的收入累进性会进一步显现。最后，流转税相对于 GDP 的累进性还通过城市维护建设税和教育费附加进一步得到体现。

而由于所得税的税基与 GDP 的核算并不一致，因此，一般认为，所得税相对于 GDP 的累进性并不明朗。但由于利润率进而所得额和 GDP 呈正相关关系，因此，虽然企业所得税采用比例税率并不具有累进性，但个人所得税中工资薪金、个体工商户的生产经营所得和对企事业单位的承包承租所得以及劳务报酬所得等采用超额累进税率使整个所得税具有了相对于 GDP 的累进性。

而中国的分税制改革在很大程度上提高了税务征管特别是地方政府的征收努力，特别是在地方政府增收导向下的"土地财政"在不断提高土地收益水平和增值水平的基础上，通过土地增值税的超率累进税率机制也在一定程度上提升了中国税制结构相对于 GDP 的累进性。

（二）我国现行税制对经济增长的促进作用机理

我国大多数学者近年来对税收与经济增长的研究都侧重于从经济增长的角度研究经济增长如何促使税收收入的超速增长现象，却往往忽略了中国现行税制结构本身的特点也构成了经济增长的一种"激励"，这主要体现在以下几个方面。

首先，如前所述，中国税制是以流转税为主体的，而流转税的税负归宿是最终消费者而非单独企业本身，因此，中国税制结构导致企业税负是暂时的而非永久性的。而由于税负转嫁的能力取决于企业的市场竞争力，因此，流转税的主体地位本身就是对经济增长起重要拉动作用的企业的激励（虽然，出口、投资和消费是拉动经济增长的"三驾马车"，但消费对中国经济增长的贡献却一直低迷）。随着生产型增值税向消费型增值税转型，以及未来增值税

"扩围"的实现，又都是在一定程度上对企业资本的释放。当然，虽然增值税的中性税收功能日益明显，但在消费税上，由于征税环节大多在生产环节（目前只有金银首饰、钻石、钻石饰品在零售环节征税，另新增卷烟的批发环节征税），因而，从整个社会来看，只要生产环节销售价格降低，便会实现相对的低税负，进而促进应纳消费税的各行业的发展。中国的资源税（类）具有一般流转税的特征，同时，其从量计征的课税方式使资源（矿产品、土地等）的使用量与其本身带来的税收成本不相一致（因为资源的使用量与资源本身的价格脱离关系，因而税收调节作用不能充分发挥而使其税收成本相对较低），在中国经济增长资源依赖性日益增强的情况下，增强了中国税制本身的增长功能。

其次，就企业所得税而言，结合现行所得税制的基本要素和基本原理，本文做如下分析，理论上讲，企业的经济利润可以表示为：$\Pi = R - W - C$。其中，Π 为经济利润；R 为企业总收入；W 为现时成本，包括工资、原材料等；C 为资本使用者的成本（即已经投资资本的年度成本），包括利息支付和折旧。而资本使用者的成本可表述为 $C = \gamma_A K + D$，其中，D 为经济折旧，K 为已投资资本的数量，γ_A 为加权平均融资成本。在资产负债表中，$K = B + E$，其中，B 为借入资本的数量，E 为所有者（股东）投入的资本数量。令 γ_B 为借入资金的实际利率，γ_E 为所有者资本金可挣得的实际利率，则 $\gamma_A = \dfrac{B}{K} \cdot \gamma_B + \dfrac{B}{K} \cdot \gamma_E$。然而，从理论上看，企业所得税并非是对企业的经济利润课税，而是对企业的经济所得课征，而经济所得中是不包含隐含的利息成本的，因此，经济所得（Π^e）公式可表示为 $\Pi^e = \Pi + \gamma_E \cdot E$。根据我国企业所得税法的相关规定，企业所得税的计税依据是根据经济所得作出相应调整之后的应纳税所得，其中主要要调整的是折旧的处理方式不尽相同。令 D_r 为税法规定的可以税前扣除的折旧，则应纳税所得（TI，即 taxable income）可表示为 $\text{TI} = \Pi + \gamma_E \cdot E + (D - D_r)$。

据此可简单得出以下结论：其一，由于借入资金的成本可以扣除，因此企业所得税的课征鼓励了企业的债务融资。其二，由于对公司支付的股息重复课税（这些股息在负担了企业所得税之后还要由获得该项收益的个人缴纳个人所得税——目前是由支付方扣缴），因此所得税的课征鼓励了企业的再投资而非分配。其三，获得加速折旧的投资将受到较大的激励。因此，虽然，现有税收理论认为对所得征税不仅具有收入分配的效果，还具有中性的税收效果，甚至对经济增长具有负面作用。但中国所得税对中国经济增长也具有刺激作用。

再其次，对于个人所得税而言，虽然采取源泉扣缴的方式体现的是税负的粘蝇纸效应，其造成的实际工资净额的下降通过劳动力市场作用对企业产生影响。由于我国劳动力供给缺乏弹性，因此，征收个人所得税几乎不会影响劳动力成本，也就使个人所得税税收负担由雇员承担的同时，就业量不受影响。① 同时，伴随着个人所得税费用扣除标准的调整，个人对教育等人力资本投资的增加也构成了经济增长的促进因素。

最后，其他税种对经济增长的促进机制主要表现在：其一，目前中国资源类税种（包括资源税、城镇土地使用税、耕地占用税等）采取从量计征，伴随着中国经济资源依赖性的增加和资源价格的上升，中国企业面临的资源税负相对降低，进而对经济增长具有一定的促进作用；其二，对于中国的财产税而言，由于缺乏保有环节征税的机制，因而伴随着不动产价格的波动，税负归宿于消费者在所难免。

二、增长型税制及其与经济发展的矛盾

上文对我国税制增长型特性的分析可得出增长型税制基本特征。首先，税制体系具有很强的内在增收功能，特别是该种税制体系致使税收收入的增

---

① 伯纳德·萨拉尼：《税收学》，中国人民大学出版社 2009 年版，第 20～21 页。

加速度远远高于 GDP 的增长。这种内在的增收功能是抽象掉经济增长对税收收入的增进作用之外的，由税制结构以及税制要素组合所决定的。其次，税制体系在实现其较强的增收功能的同时，也会从总体上促进经济增长（虽然会损失经济效率和社会公平）。这种对经济增长的促进作用是通过税制结构本身的"激励"作用产生的，这种"激励"作用来源于税制结构的设计、税制要素的安排。

一般来说，经济增长和税收收入的增长之间并不必然产生不可调和的矛盾。然而，如前所述，我国现行税制由于具有了增长型税制的特点，因而任其发展下去必然会与经济发展产生矛盾。经济发展和经济增长是两种不同的理念。从本质上看，经济发展的本质是以人为本的和谐经济。从我国的实际情况来看，经济发展的理念应该包括经济结构优化、区域经济协调发展、生态环境改善，以及包括收入差距不断缩小下的人们福祉的不断提高。以此来看，中国目前的增长型税制与经济发展的矛盾主要体现在以下几个方面。

（一）与经济结构优化之间的矛盾

鉴于篇幅限制，本文所谈的经济结构主要侧重于产业结构。在三次产业结构上，中国税制的课征范围基本集中在对第二产业和第三产业课征。三次产业结构优化升级主要应表现在农业基础稳固、工业生产能力全面提升、服务业全面发展格局的形成。从图 2 的基本格局看，近年来我国第三产业的发展为我国产业结构的升级奠定了良好的基础。而现行税制与产业结构升级的矛盾主要表现在第二、三产业的税收差别对待，进而阻碍了现代服务业的发展。现代服务业以生产性服务业为主，服务对象主要是企业。由于全额计征的营业税不能在增值税进项税额中进行抵扣，这就引发了多种环节重复征税矛盾，进而增加企业的税收负担，阻碍现代服务业的发展①，使经济结构的优

---

① 现代服务业与传统服务业的基本区别在于，现代服务业侧重于为企业提供生产性服务，而与之相对的传统服务业则主要侧重于为消费者提供生活性服务。由于我国现行营业税是在 20 世纪 80 年代初期设立的，其主要是面对传统服务业而非现代服务业，因而，目前的营业税体系与现代服务业发展之间的矛盾是不言而喻的。

化升级受阻。

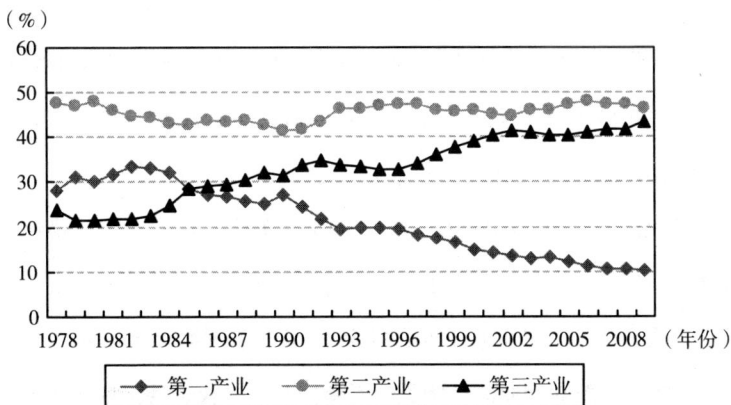

图2　GDP 的三次产业构成比例及趋势（1978～2008 年）

资料来源：《中国统计年鉴（2010）》。

　　为促进我国产业国际竞争力的提升，国务院发布了《国务院关于加快培育和发展战略性新兴产业的决定》，并以此明确了我国未来产业发展的重点，即通过战略性新兴产业（以下称"重点产业"）国际竞争力的提升带动我国整体国际竞争力水平的提升，以保持我国经济持续平稳快速发展。因此，重点产业发展对于我国产业结构优化升级具有重要意义。然而，现行税制的增长型特征对重点产业的发展具有一定的阻碍作用，主要表现在：其一，重点产业的核心是通过提高技术创新水平等核心能力带动产业竞争力的提升，而技术水平的提升及其内在化的过程是一个长期的且充满风险的过程，因此，流转税税负在该类产业中的长期"停留"① 将给企业的创新机制和技术研发过程产生负面影响。而目前，流转税中除了出口退税之外，还没有针对国内研发环节的退税机制。其二，当前我国的高新技术产业税收优惠政策表现出一定的无差异性，只要被认定为高新技术企业，那么就适用同样的加速折旧、优惠税率和抵扣制度，并没有考虑到高新技术产业内部行业的差异。同样，

---

　　① 因为新兴产业在研发环节未实现产品销售，因而税收负担便不能及时转嫁，相对于其他行业便形成了较重的税收负担。

在具体实施的过程中也没有考虑到诸如研发周期的差异、研发手段的差异、生产方式的差异、销售方式的差异、高新技术企业生命周期等方面的差异。另外，由于我国目前税制结构是以流转税为主体，但在税收优惠的设置上是所得税税收优惠政策多于流转税，显然与当前我国的税制结构不相符合，影响了税收优惠政策发挥作用的力度。其三，在所得税方面的加速折旧、再投资退税或抵免制度、税前扣除和亏损弥补等方面都没有考虑到战略性新兴产业的特殊性，例如，《企业所得税法实施条例》第九十八条明确规定："采取缩短折旧年限方法的，最低折旧年限不得低于本条例第六十条规定折旧年限的60％"。然而，新兴产业的有些资产更新换代非常快，甚至两三年就出现新产品；新兴企业具有学习型组织的特点，其用于再教育、再培训的费用规模较大等。由于这些内容忽视了经济发展的因素，这便进一步增加了现行税制的增长型特征。

与此同时，对经济增长与经济发展具有重要作用的自然资源（矿产品、土地等）由于其区域分布的不均，再加上从量计征的资源税结构，使资源的拥有量与经济可持续发展水平（经济结构扭曲）不相称的同时，也造成了现行税制与区域经济发展之间的矛盾。

（二）与资源环境可持续发展之间的矛盾

我国目前正处在工业化进程中，社会经济可持续发展面临资源与环境的多重压力，这是中国经济发展面临的重要资源国情①。随着我国经济的快速发展，资源的消耗和环境污染与可持续发展之间的矛盾将日益突出。然而，我国增长型税制结构对资源环境利用的调节作用与可持续发展之间存在明显的矛盾。

我国现行税制结构中涉及资源环境调节的税种分布零散（增值税、消费税、资源税、城镇土地使用税、耕地占用税等），虽然涉税税种较多，但对企

_____

① 2009年在第40个世界地球日来临之前，国土资源部、中国地质调查局和中国地质大学公布了我国资源国情，认为我国许多重要资源对外依存度均超50％，到2020年基本实现工业化，我国石油、天然气、铁、铜、铝需求缺口均将超过50％。

业资源环境节约意识的调节有限。第一，这些税种都具有较强的税负转嫁性，这意味着，在我国居民环保和节约资源意识没有充分提高的情况下，这些税种很难对资源环境的利用起到充分的调节作用。第二，除了增值税之外，其他税种在涉及资源环境项目上的征收都采取从量计征的方式（新疆资源税试点除外），且单位税额普遍偏低，使这些税种的调节作用失去了其对价格的敏感度，伴随着资源价格的上升，其随资源环境利用的调节作用不断丧失。第三，现行资源税的立法原则主要是为了体现资源的有偿使用和对级差收益的调节，因此造成了现行资源税的最大问题是完全"以税代租"[1]，并丧失税法的统一性和确定性。第四，从税种设置和立法原则上看，资源环境税类除了调节纳税人行为，促成节约利用资源环境之外，为资源环境治理筹集资金也应该是其应有之内容。然而，目前税制结构中的涉资源环境税类还不能完全做到"专款专用"，特别是其中的流转税。因而，虽然分散税种能起到调节作用，但因无法保证治理成本与治理所需税收之间的对等，无法保证调节的力度。第五，现行涉资源环境税中，除增值税、消费税之外，都是地方税种，地方政府（主要是省级人民政府）在税率和税基确认上都具有一定的自由裁量权，因而在 GDP 导向和地区经济竞争压力下，资源环境税类的调节作用往往大打折扣。

此外，在其他税种中也有根据资源环境的标准进行税制设置的（如车辆购置税），也有促进资源循环利用的税收优惠设置（如企业所得税等），这些内容一方面说明大资源税或绿色税制理念在税制设置上应用的开始，另一方面也说明了中国资源税制的不完善（对新能源利用的税收促进政策只有在完善的资源税制下才能发挥充分的作用）。资源，是一个宽泛的概念，目前资源税制与资源环境可持续发展之间的矛盾除了现行税制上的表现之外，更重要的表现之一便是资源税制所覆盖的范围有限，不能实现其全面的调节作用。

---

① 杨斌：《税收学》，科学出版社 2011 年版，第 243 页。

（三）　与缩小收入差距之间的矛盾

流转税的税收负担可以通过价格变化转移给消费者，而税负转嫁与商品的供给弹性和需求弹性直接相关。在我国，增值税的课税对象是有形动产，因为生活必需品的需求弹性较小，而奢侈品的需求弹性较大，这就决定了生活必需品的购买者必须承担大部分的税负。因此，增值税的课征结果是，贫者的负担率高，富者的负担率反而低。根据刘怡和聂海峰（2004）的研究，最低收入群体的增值税有效税率是15.1%，接近法定税率17%，而最高收入群体的增值税有效税率要比最低收入群体低7个百分点，只有8.0%。[①]虽然，消费税对奢侈品的课征具有一定的收入分配作用，但现行消费税还没能也不能覆盖所有的奢侈品（对奢侈品的界定存在困难），因此，并不改变我国流转税在收入分配上的累退性。所以，以流转税为主体的中国税制不利于收入差距的缩小，进而在改善人们福祉上存在固有的劣势。

一般来说，所得税在收入分配调节上主要在个人所得税上得以体现，然而，张阳（2008）的研究结果表明，我国企业所得税并不完全由资本承担，还有17%左右转嫁给劳动要素[②]，反映出我国企业所得税制在收入分配方面的不公平。而在个人所得税方面，免征额和累进税率设计上的不足使个人所得税的收入筹集功能远高于收入分配调节的作用，而工资薪金所得税所占比重明显偏高的现象表明[③]，中国工薪阶层正承担着与其总体收入格局状况不太相称的赋税，劳动收入的税负程度偏重，与其在收入分配中的实际地位不相称。

[①]　刘怡、聂海峰：《间接税负担对收入分配的影响分析》，载于《经济研究》2004年第5期。

[②]　刘鹏对2006年我国个人所得税相关数据的研究标明，我国工资薪金所得的个人所得税额占全部个人所得税税额的比重为52.7%，劳务报酬所得为2%，而其中工资薪金所得在20%的税率级次上征收的税款占工资薪金项目个人所得税税额比重为17.03%，而且这一比例随税率级次的递增而呈现递减的态势，劳务报酬所得中在20%的税率级次上征收的税款占劳务报酬项目个人所得税税额比重为49.96%，这一比例也随税率级次的递增而呈现递减的态势。参见刘鹏：《中国税收效率问题》，上海三联出版社2010年版，第196页。

[③]　张阳：《中国企业所得税税负归宿的一般均衡分析》，载于《数量经济技术经济研究》2008年第4期。

而在我国的税制体系中，迄今为止并不存在真正意义上的财产税。现有的房产税、车船税尽管在名义上被归为财产税，但其纳税人主要是经营性单位和企业，与个体利益没有直接和明显的关联度，因而不具有调节贫富差距的作用。因此，我国当前的税制结构在调节收入分配、促进社会公平方面功能较弱，并且有强化收入不均等的趋向。这与以人为本，改善人们福祉的发展理念是相悖的。

三、结　语

从提出"新一轮税制改革"以来，中国税制改革一直处于小修小补的状态。虽然这种对现有税制的调整在一定程度上、一定领域内有助于弥补税制的缺陷，但不能从根本上改变我国税制的性质。在我国加快深化经济体制改革，转变发展方式的大背景下，税制改革已经被提到一个前所未有的高度。通过税制改革转变经济发展方式也已经成为税制改革的基本方向。然而，正如本文分析，在现行税制结构不做根本性调整的情况下，增长型税制的发展将会成为经济发展方式转变的障碍。因此，构建适合经济发展与经济发展方式转变的具有现代发展理念的发展型税制将是税制改革的基本方向。

结合本文分析，在传统税收效率和税收公平原则的基础上，发展型税制还应该具有如下特征：首先，发展型税制应该实现税收收入与经济增长的和谐关系，即税收收入随着经济增长而适度增长，但税制结构本身的内在增收功能以及税制结构对经济增长的刺激作用（而非调节作用）弱化或中性化；其次，在前述基础上，发展型税制应实现其本身应有的调节作用，通过税制结构内部设置不断促进经济结构的优化；再其次，发展型税制结构的合理化还体现在促进经济结构优化的同时实现经济、资源、环境的可持续发展；最后，发展型税制结构应该保证发展理念的最终目的，即在人们福祉水平改善上发挥相应的调节作用——这将是深化对税制结构基本理论和税制改革思想认识和研究的重要课题。

参考文献

［1］杨斌：《税收学》，科学出版社 2011 年版。

［2］李冷：《现行税制、固定资产投资与中国税收增长持续高于经济增长的分析》，载于《经济问题》2009 年第 10 期。

［3］陈少克、袁溥：《对个人所得税费用扣除的理论思考——基于劳动力价值构成及其实现的视角》，载于《云南财经大学学报》2011 年第 2 期。

［4］陈少克、陆跃祥：《我国物流税制存在的问题及对策研究》，载于《中国流通经济》2011 年第 6 期。

［5］刘怡、聂海峰：《间接税负担对收入分配的影响分析》，载于《经济研究》2004 年第 5 期。

［6］张阳：《中国企业所得税税负归宿的一般均衡分析》，载于《数量经济技术经济研究》2008 年第 4 期。

个人所得税：短期调整与长期改革[*]

　　近年来，社会对个人所得税的关注热度日益增强，主要原因是人们对收入分配差距的关注，以及对个人所得税在收入分配调节中应该发挥的作用寄予厚望。1993 年我国个人所得税 "三税整合"① 并在 1994 年正式施行新的个人所得税，在此之后，历经了 2006 年和 2008 年的费用扣除标准调整及 2011 年费用扣除标准和税率结构的调整，个人所得税在人们的关注之下不断地调整着。然而，从个人所得税理论和各国个人所得税实践的角度来看，这些调整只能是短期的调整。从理论上讲，如果经过这些短期的调整不会改变长期个人所得税的根本性改革目标，那么这样渐进的推进过程将是合理的。这就需要在个人所得税功能定位的基础上进行科学的评估。

一、关于个人所得税功能及其实现的讨论

　　目前，对个人所得税功能的认定主要集中在其对收入分配差距的调节作用，这一作用往往是和超额累进税率结合在一起的，即通过合理的超额累进

---

　　[*] 本文原载于《郑州大学学报》（哲学社会科学版）2012 年第 2 期。合作者：陈少克。

　　① 我国个人所得税发展史上的 "三税" 指 1980 年开征的个人所得税、1986 年开征的城乡工商业个体户所得税和 1987 年开征的个人收入调节税。1993 年 10 月 31 日，八届全国人大常委会四次会议通过了《全国人大常委会关于修改〈中华人民共和国个人所得税法〉的决定》，同日发布了新修改的《中华人民共和国个人所得税法》，实现了个人所得税的 "三税整合"。

税率可以实现对低收入群体少课税或不课税，对高收入群体课以重税，进而实现收入调节的目标。然而，从税收本源上看，任何一个税种其开征的基本理由是筹集收入，而税收的调节功能只是在筹集收入的基础上产生的。另外，从个人所得税的发展史上看，个人所得税的最初开征也只是聚焦于筹集财政收入，应付不断扩张的财政支出带来的财政压力——如最早开征个人所得税的英国是为了应付18世纪末拿破仑战争使英国的军事支出大幅度增加，入不敷出的财政压力；美国最初开征个人所得税也是为了应对南北战争带来的财政压力等。"累进税率的普遍采用，只是个人所得税变迁历史中的一段插曲，仅仅表明了在一定条件下政府对市场初次分配过程的一种干预，但并不说明这种干预的天然合理性和必然性"①。

第一，既然赋予个人所得税收入分配调节的功能，那么，需要考虑的就应该是：它的调节功能究竟有多大，或者它究竟在多大程度上能够实现收入分配的调节。首先，由于个人所得税是对纳税人取得收入为课税对象进行调节的，因而，它对收入分配的调节作用就主要集中在对收入流量的调节。在市场经济下，收入流量确实是引起收入差距的原因之一，对收入流量进行调节也确实能够对收入分配起到一定的调节作用。但是市场经济下，不同的人拥有的要素的数量和质量的差别是引起收入流量差别的主要原因。也就是说，仅仅调节收入流量而不能对财产存量进行调节本身就限制了个人所得税对收入分配的调节能力。其次，个人所得税通过"对低收入者少课税或不课税，对高收入者课以重税"的原则仅仅是在一定范围内缩小收入差距。而市场经济下，随收入分配的调节应该是"保低不限高"，显然，在没有合理的公共支出机制下，个人所得税的调节不能"保低"却实现了"限高"。这一方面说明对个人所得税收入分配调节作用不能寄予太大的希望，同时也说明有效地收入分配调节机制只能是各税种和政府支出

---

① 刘尚希、应亚珍：《个人所得税：功能定位与税制设计》，载于《税务研究》，2003年第6期。

政策相互协调才能实现的。

第二，既然个人所得税对收入分配调节的功能是有限的，那么，需要考虑的是：个人所得税如何设计才是合理的？或者说，如何设计个人所得税才能把个人所得税本有的功能尽可能发挥到极致？首先，个人所得税对收入流量的调节只能在一定程度上"限高"。一般来说，在市场经济条件下，收入实现的程度和创造收入的能力具有较强的相关度，因此，对高收入者过高的边际税率将挫伤其创造收入的积极性，从而影响经济发展和低收入群体的收入水平。虽然现实中存在垄断等不合理的现象导致的高收入，但这是政府规制等调节的范畴，不能放在个人所得税的调节范围之内。其次，个人所得税只有在充分发挥其收入筹集功能的前提下才能实现社会收入分配的有效调节。个人所得税对低收入群体应遵循少课税或不课税的原则，但由于实现"保低"的目标很大程度上要依赖政府对低收入群体的特定公共支出，因此，只有个人所得税充分实现了收入筹集，政府才有充分的资金对低收入群体进行支出来实现"保低"，如通过个人所得税和社会保险税的合理搭配等。

第三，个人所得税要在有限的范围内实现其应有的调节功能，必须保证个人所得税的实现，即个人所得税的征管必须是有效的。个人所得税的调节功能要通过一定的累进税制来实现，一般来说，多级超额累进税率会在不同程度上造成纳税不遵从，而且纳税不遵从的程度随累进级次的增加而增加（刘连泰，2010），但是，首先个人所得税的累进性不单单可以由超额累进税率产生，合理的税制要素组合可以产生同样的效果，如免征额和比例税率就可以实现该功能。因为衡量个人所得税的累进程度是由平均税率而不是边际税率反映的（见下文）。其次，虽然课征模式、税制要素特别是税率结构会对税收征管产生影响，但税收征管效率根本上取决于管理设计，正如锡德里克·桑德福（1995）在《成功税制改革的经验与问题》中所说："如果税制的管理是按照多档税率制度设计的……这些成本（指管理成本和纳税遵从成本——笔者注）应不至于过高"①。

二、对我国个人所得税制历次调整的评析

虽然 1994 年以来我国个人所得税经历了多次调整，但主要是集中在对工资薪金项目费用扣除标准的调整和税率的调整。这主要表现在：2005 年 10 月我国将个人所得税工资、薪金项目的费用扣除标准提高至 1600 元，于 2006 年 1 月 1 日起执行。2007 年年底，又将该项费用扣除标准调整为 2000 元，并于 2008 年 3 月 1 日起执行。2011 年 7 月 27 日《关于修改〈中华人民共和国个人所得税法实施条例〉的决定》公布，明确表明自 2011 年 9 月 1 日起施行新的个税法条例。这次个税调整主要是将费用扣除标准提高至 3500 元，同时对工资薪金所得和个体工商户的生产、经营所得及对企事业单位的承包经营、承租经营所得税率结构的调整（见《关于修改〈中华人民共和国个人所得税法实施条例〉的决定》）。由于个人所得税中工资薪金所得税所占的比重不断增加，同时个体经营所得税的比重不断下降（马静，2010），限于篇幅，本文分析以工资薪金项目为主。

（一）平均税率和收入能力

本文对个人所得税调整前后不同收入水平对应的平均税率进行了计算并通过图示反映（见图 1）。在调整前和三次调整之后，中低收入者的税收负担水平都有明显下降，但高收入者的税收负担率没有太大变化。而且，图 1 中的四条折线几乎是在月薪 35000 元附近相交，之后几乎呈相同的趋势变化。

对于调整前的平均税率和前两次调整的平均税率而言，随着费用扣除的不断提高，每一收入水平对应的平均税率都有明显的下降，但总体变化趋势特别是对中低收入者而言基本一致，即对中低收入者而言每个人个人所得税

① 锡德里克·桑德福：《成功税制改革的经验与问题（第 2 卷）：税制改革的关键问题》，中国人民大学出版社 2001 年版，第 16 页。

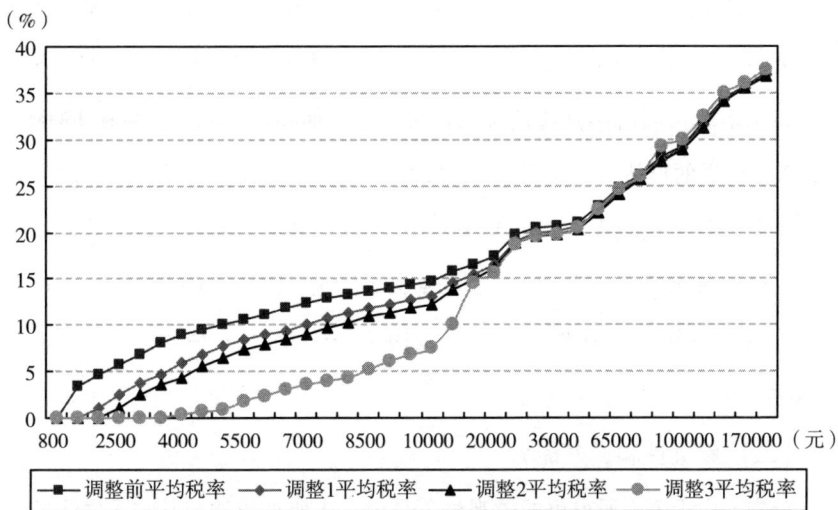

（%）

调整前平均税率　◆调整1平均税率　▲调整2平均税率　●调整3平均税率

图1　个人所得税调整前后平均税率变化

注：第一，在对各个收入水平应纳税额进而平均税率计算的时候，没有考虑公积金、社保缴费等的税前扣除。第二，调整 1 指从 2006 年 1 月 1 日起将工资薪金费用扣除标准提高为 1600 元；调整 2 指从 2008 年 3 月 1 日起将工资薪金费用扣除标准提高为 2000 元；调整 3 指从 2011 年 9 月 1 日起将工资薪金的费用扣除标准提高为 3500 元，同时调整税率结构。

的税收负担几乎是平均下降。高收入者的平均税率虽有下降，但下降幅度明显低于前者，显示了费用扣除标准变化对累进程度的改变。这两次调整在税收收入上的反应表现为：2005～2007 年，工资、薪金所得个人所得税占当年个人所得税总收入的比例分别为 55.50%、52.57% 和 54.97%。2008 年工薪所得税收入 2240.65 亿元，同比增长 28.1%，比上年增速（38.4%）回落了 10.3 个百分点；2009 年工薪所得税收入 2483.09 亿元，增长 10.8%，比上年增速回落了 17.3 个百分点；2010 年工资薪金所得税收入同比增长 26.8%，而 2011 年 1～9 月工资薪金所得税增长率达 33.6%。[①] 这些数据的变化反映的是平均税率变化之后随着收入水平和税收征管力度的不同产生的综合效应，但本文认为，税收收入之所以能保持增长，最根本的是中等收入阶层的收入水平不断提高，同时其平均税率没有大幅下降。

———————

① 资料来源：财政部网站《税收收入增长的结构性分析》（2008～2010）和《2011 年 1～9 月份税收收入情况分析》，http：//www.mof.gov.cn/zhengwuxinxi/caizhengshuju/index.htm。

而在这几次调整中，只有第三次调整的变化幅度最大，呈现出中低收入者税收负担水平普遍大幅下降，同时高收入者税负水平有所提高。这是费用扣除标准和税率结构同时调整所产生的巨大力量。如图 1 所示，月薪在 15000～20000 元以下的群体平均税率有大幅下降，这一庞大群体的平均税率的下降带来了明显的减税效果：2011 年 10 月税收统计显示，由于受新个人所得税政策影响，我国个人所得税 10 月实现 352 亿元，同比下降 2.2%，环比下降 22.7%。其中，工薪所得税实现 219 亿元，同比下降 4.5%，环比下降 26.7%。①

（二）累进性和调节能力

首先，由于个人所得税的微观税负是由个人所纳税款与其收入之间的比例关系来衡量的，因此，平均税率是衡量个人税负的基本指标。其次，由于工资薪金项目个人所得税采用超额累进税率，因此，不同收入水平的人所面临的平均税率是不同的，即使同一个人在不同收入水平下也有不同的平均税率。因而，平均税率的变化就反映出课税的累进性。最后，费用扣除标准的变化会引起平均税率的变化，因而，将费用扣除标准变化和超额累进税率结合起来就能够衡量个税调整带来的累进程度的变化。因此，在图 1 中反映的不同收入水平下平均税率的变化本身就反映了个人所得税收入分配调节上的累进性。

按照前文的分析，只要工资薪金个人所得税收入功能能够充分实现，其在流量上对收入进行的调节配之以有效的支出政策，就能够实现"保低"的目标。但由于第三次调节大幅度降低了中间阶层的平均税率，虽然提高了高收入者的平均税率，但由于工资薪金个人所得税调节的仅仅是工资薪金，因而从整体收入上看"限高"的作用是有限的。据国家统计局的资料显示，2009 年只有北京、上海金融行业和信息传输、计算机服务及软件行业的年平均工资水平在 10 万元以上，如果按图 1 显示的拐点划分中等收入和高收入阶

---

① 资料来源：《新个人所得税法减税效应明显》，载于《中国税务报》2011 年 11 月 11 日。

层的话，这个拐点大概在月薪 35000 元附近。这也说明虽然对高收入阶层的调节力度很大，但真正实现的程度较小。因此，第三次调整"限高"的能力有限，却损失了"保低"的能力——总体税负下降导致的收入能力下降。

另外，在现有对所得税平均税率和费用扣除标准的研究中，刘元生、杨澄宇、袁强（2011）通过世代交替模型的数值模拟，认为"固定所得税税率时，存在一个最优起征点，使资本的基尼系数最低，并且最优起征点随着税率的升高左移"，同时也分析了"固定起征点情况下，税率越高转移支付强度越大，收入调节作用越明显"[①]。虽然，该项研究内在地假设了个人所得税的综合计征，但把费用扣除标准、税率（显然是平均税率）和政府转移支付结合起来探讨所得税的收入分配效应却是个人所得税改革中需要把握的问题。

（三）短期调整对长期改革的损害

我国个人所得税改革定位的方向是"综合与分类相结合的个人所得税制度"，其功能定位主要是调节收入分配差距。因而，个人所得税的所有调整都应该围绕这样的目标和功能定位进行。然而，目前的短期调整却对长期改革产生了一定程度的危害。

首先，收入分配的调节作用要在整个税制结构的综合作用下才能够充分实现。个人所得税具有收入差距调节的作用，但当其在整个税收收入中的占例很低的情况下其调节作用是有限的，而且有限的调节作用往往会被过高的流转税的累退性所抵消。因此，要发挥个人所得税的调节作用，需要提高个人所得税在整个税收收入中的比重，同时降低流转税的比重。但我国三次个人所得税调整都在整体上降低了个人所得税的税负，与税制结构调整的长期趋势相悖。一旦在税制结构调整中降低了流转税的份额，而个人所得税税收收入能力得不到提升，便将阻碍税制改革进程。

其次，就个人所得税本身而言，如前所述，个人所得税的收入筹集功能

---

① 参见刘元生、杨澄宇、袁强：《税收政策的收入分配效应——一个世代交替模型的数值模拟分析》，中国劳动学会劳动科学教育分会 2011 年年会会议论文。

的实现主要体现在对中等收入阶层的课征,这是个人所得税发展的必然。然而,我国第三次个税调整大幅度降低了中层收入者的税收负担,弱化了这一功能,而税收负担调整的不可逆性表明,这将为以后税负结构的调整增加难度。

最后,目前我国个人所得税在很大程度上还是分类计征,因而,我国个人所得税历次调整都局限于分类别的调整,缺乏整体性的思路,例如,劳务报酬所得等长期没有随工资薪金等的调整而调整。一旦推行综合计征,各类所得统一税负,在费用扣除标准和税率等的确定上将出现不可避免的社会阻挠因素。另外,由于没有采用综合计征,费用扣除标准的设定便不能充分考虑纳税人的综合扣除因素,因而对扣除标准的争论便是必然。如果在社会压力下对费用扣除标准做出让步,则不仅损害个人所得税的收入能力,也将影响整个税制的累进程度。合理的费用扣除标准的设定只能在未来综合课征的情况下才能确定,例如,综合考虑纳税人家庭、收入、支出等情况。

三、对个人所得税长期改革的讨论

(一) 关于个人所得税的整体税负

如前所述,个人所得税的税负确定需要考虑整个税制结构。在我国,个人税收负担主要表现在流转税带来的较高归宿税负,在这种情况下,降低个人所得税的税收负担,从短期看是合适的。但是,个人所得税改革不能停留在短期,应该从长远考虑确定税负。根据马克思两大部类平衡的基本模型可以看出(如下式),在两大部类平衡条件两端分别计税并保持平衡,则有:

$$\begin{cases} t\,\mathrm{I}\,(C+V+M)=t\,\mathrm{I}\,(C')+t\,\mathrm{II}\,(C') \\ t\,\mathrm{II}\,(C+V+M)>t\,\mathrm{I}\,(V+M/X)+t\,\mathrm{II}\,(V+M/X) \end{cases}$$

其中,C' 表示需要更新的固定资产,而 C' 从价值构成的角度看包括了用于积累的 $M-M/X$,因此,$C-C'+V+M$ 可以看作是增值税的法定增值额,因此 $t(C-C'+V+M)$ 便可看作是对每一时期新增固定资产进行税负扣除的法定增值税。而 $t(V + M/X)$ 则可看作是对所得课税。在上式的基础上可以进一步推导出：

$$t \text{I} (C - C' + V + M) + t \text{II} (C - C' + V + M) > t \text{I} (V + M/X) + t \text{II} (V + M/X)$$

这里表明了增值税和个人所得税之间在保持经济平衡的条件下的比例关系。在整个社会对收入分配诉求日益高涨的情况下，要求税制结构中必须提高个人所得税的比重，根据这一平衡式，这一比重的提高需要同时降低增值税的比重才能保持纳税人税负的平衡，并通过税制结构的调整保持经济平衡。[①]

（二）关于个人所得税的课征模式

我国目前个人所得税课征模式主要是分类课征模式，虽然年收入在 12 万元以上的要求自行申报，为课税模式增加了综合课征的色彩，但综合课征模式还没有真正推行。多数讨论都认为，我国还不存在进行综合课征的条件，主要是对个人的收入来源的掌握以及收入资料的审计上存在制度性困难。正因如此，财政部 2009 年公布的《我国个人所得税基本情况》中提出："应下大力气健全和完善征管配套措施，包括加强现金管理，大力推进居民信用卡或支票结算制度；尽快实现不同银行之间的计算机联网；在个人存款实名制度的基础上，对个人金融资产、房地产以及汽车等重要消费品也实行实名登记制度；建立健全海关、工商、劳务管理、出入境管理、文化管理、驻外机构以及公检法等部门向税务部门提供有关人员经济往来和收入情况信息的制度等。有了这些制度的保障，综合与分类相结合的个人所得税制改革才能得

---

① 因为根据文中这一不等式，直接得到的结论是必须同时提高增值税的比重才能保持经济平衡，这样一来纳税人税负水平的提高却打破了纳税人的税负平衡。考虑到流转税中消费税的问题，而且在税收平衡公式中由于 $V + M$ 最终构成了社会成员的收入（用 Y 表示），即 $Y = V + M$，于是 $tY = t(V + M)$ 意味着，对收入课征所得等价于在消费环节课征消费税。故，上式两端同时加上消费税的课征，不改变不等式右边所得税的性质，却可以调节不等式左边的税制结构。根据国际税制调整的基本趋势，通过大幅降低增值税的比重并提高消费税的调节力度，不仅能保证流转和所得税之间的比例关系，也加强了收入分配的调节力度，并可以同时保证纳税人税收负担的平衡。同时也说明，通过税收制度来调节收入分配问题需要个人所得税和其他税种相互协调才能实现。

以顺利推进。"但就目前而言，这些所谓的制度保障已经基本具备，所需的应该只是改革的"决心和魄力"。①

（三）关于个人所得税费用扣除标准的设定

如前所述，费用扣除标准的设定只有在综合课征的条件下才能够准确设置。理论上讲，费用扣除标准主要包括两部分内容：其一是个人为取得收入所必须支付的有关费用，如差旅费、利息支出、维修费、灾害保险等；其二是生计费，主要包括基本生活费、赡养费、教育支出、医疗费、人寿保险、退休金等。这个内容基本与马克思劳动力价值构成相吻合。因此，从劳动力价值实现的角度分析，假设用劳动者实际取得收入的多少来衡量劳动力价值的实现程度，则劳动力价值的实现程度，即劳动者获得的收入可以表示为：$W = W_a + xW_e$，其中，W 表示劳动者的收入；W_a 表示由社会平均条件决定的劳动力价值；W_e 表示劳动者创造的超过劳动力价值以外的那部分新价值；x 表示加成系数。影响加成系数 x 的因素主要是四个，即经济单位的经济效益（p）、以专业技能为分类标准的每个异质类劳动力市场的供求关系（s）、各要素市场的供求对比关系和各要素的相对贡献率（v），以及每个劳动力的潜在贡献力和实际贡献大小对比情况（r）。亦即 $x = f(p, s, v, r)$。在 p 和 s 既定的情况下，加成系数就主要取决于 v 和 r 的值。据此，劳动力价值的实现程度取决与加成系数 x：当劳动者的潜在贡献力和实际贡献小于社会平均状况时，加成系数为负值，此时，劳动力价值的实现程度低于社会平均水平；反之，劳动力价值的实现程度高于社会平均水平。所以，当社会平均条件决定的劳动力价值 W_a 相对固定，p 和 s 既定的情况下，劳动力价值的实现程度取决于函数 $f(v, r)$，这样，如果社会平均条件决定的劳动力价值 W_a 作为费用扣除，则应税所得就为 $f(v, r) \times W_e$，因此，个人所得税对财政收入的贡献取决于劳动力价值的实现程度。另外，公式中的 v 和 r 均表示相对贡献，而 v 和 r 一般取决于对劳动力形成的投入，特别是像健康、教育等能提高劳动力素质的投入，

---

① 朱志钢：《个人所得税改革依然任重道远》，载于《中国税务》2011 年第 6 期。

即劳动力发展上的支出。虽然马克思劳动力价值构成理论中包含了这些支出，但在个人所得税处理的时候，是否作为费用扣除的组成部分以及如何进行费用扣除都存在争论（更多的情况是类似教育等支出的标准无法界定）。从这个角度看，税制安排应该能够鼓励劳动力所有者增加对劳动力素质、技能等的投入——这种安排不仅能提高劳动力价值的实现程度，还有利于增加财政收入（事实上，现代经济增长理论也能得出这样的结论）。于是，这便可以作为个人所得税费用扣除的设置的基本思路①。

（四）关于个人所得税税率的设定

虽然个人所得税税率设定主要采取超额累进税率以达到收入分配调节的目的，但也有如俄罗斯等国采用比例税率。因此，在个人所得税可供选择的税率形式的探讨中，通常就累进税率（超额累进税率）和比例税率两者之间产生争论。一般情况，这两类税率的选择主要集中在三大方面的考虑：其一，超额累进税率比较复杂，带来的是较高的税收征管成本，而比例税率在征管上则相对比较简单。其二，超额累进税率在税收原则上更多地体现出纵向公平的原则，因此对收入分配的调节力度比较大；而比例税率更多的体现的是横向公平，对收入分配的调节力度不大。其三，超额累进税率对高收入群体课以较高的边际税率，在调节收入差距的同时可以进一步实现收入筹集功能，而比例税率对高收入阶层则无法实现这一点。

然而，税率的设定并不是孤立的，它毕竟要和其他税制要素结合起来考虑，而比例税率和适当的费用扣除标准结合也可以产生累进效果。如图 2 所示，在图 1 的基础上加入了一个假设情况下的课税，即假设费用扣除标准是 4500 元/月，并采用 25% 的单一比例税率。虽然这一计算仍然以工资薪金收入为基础，但从平均税率变化上却反映出一个值得关注的走势变化，即对低收入阶层少课税且大多数不课税，对中等收入阶层相对于第 3 次调整平均税率

---

① 参见陈少克、袁溥：《对个人所得税费用扣除的理论思考——基于劳动力价值构成及其实现的视角》，载于《云南财经大学学报》2011 年第 2 期。

和累进程度有一个较大的提高，而对高收入阶层（图中反应的大概在40000元左右——注意这是一种假设）虽然平均税率较高，但累进程度却有所下降。这与最适所得税理论基本是吻合的。目前，虽然单一税理论在实践已有应用，但大多还停留在理论争论层面。单一税理论对个人所得税税率设置上的启发主要集中在降低税率级次和对高收入阶层的累进程度。

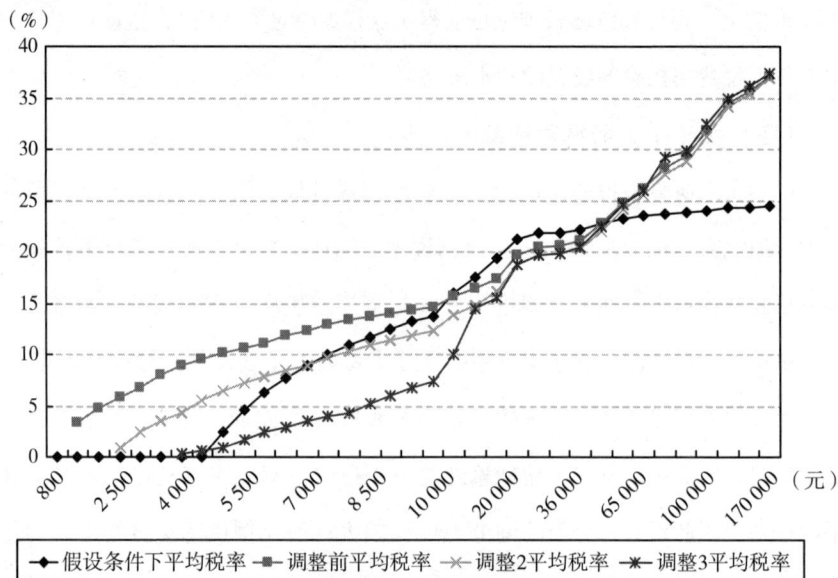

图2　加入假设情况下的平均税率变化比较

四、结　语

个人所得税的改革方向及方式取决于对其的定位。历史地看，在个人所得税仅仅作为收入筹集手段的时期，个人所得税制的内容是相对简单的，而且税制本身关注的大多是纳税人的承受能力。随着对个人所得税赋予收入分配调节的功能，税制内容和设计便成为一个复杂的系统。发挥个人所得税的收入分配调节功能需要对税制要素和税制要素组合可能产生的客观效应进行全面分析，但需要把握的是，个人所得税只有在充分实现其收入筹集功能的基础上，才能够在税制要素组合合理设计的基础上充分发挥其调节功能。然而，个人所得税对收入分配的调节毕竟存在局限性，这些局限性需要整个税制体系的协调，特别是流转税、所得税和财产税等的适当组合。同时需要财政政策特别是在税收工具基础上的财政转移性支出的合理应用。这一切都表明个人所得税改革不能就事论事，它是一个系统的复杂的工程，需要在充分考虑社会需求、政治过程的基础上，在公共财政框架下进行。

参考文献

［1］刘尚希、应亚珍：《个人所得税：功能定位与税制设计》，载于《税务研究》2003 年第 6 期。

［2］刘连泰：《"劫富济贫"抑或"有缺陷的正义"——美国的联邦累进所得税之争考》，载于《华东政法大学学报》2010 年第 2 期。

［3］锡德里克·桑德福：《成功税制改革的经验与问题（第 2 卷）：税制改革的关键问题》，中国人民大学出版社 2001 年版。

［4］马静：《单一税理论与我国个人所得税改革实践》，财政部财政科学研究所博士学位论文，2010 年。

［5］《新个人所得税法减税效应明显》，载于《中国税务报》2011 年 11 月 11 日。

［6］刘元生、杨澄宇、袁强：《税收政策的收入分配效应——一个世代交替模型的数值模拟分析》，中国劳动学会劳动科学教育分会 2011 年年会会议论文。

［7］朱志钢：《个人所得税改革依然任重道远》，载于《中国税务》2011 年第 6 期。

［8］陈少克、袁溥：《对个人所得税费用扣除的理论思考——基于劳动力价值构成及其实现的视角》，载于《云南财经大学学报》2011 年第 2 期。

课税结构、价值流动与经济平衡[*]

——一个马克思经济学的分析框架

在市场经济条件下，经济波动或者经济的不平衡已经是一种常态，一个国家经济的平衡也只是在各种因素共同作用下的短暂现象。因此，对经济平衡的任何研究都不过是对经济发展勾勒一个绚丽的理想图纸，但这个理想图纸对指导经济发展或经济政策确实会起到积极作用。在经济平衡的研究文献中，马克思在其社会总资本再生产理论的基础上建立的经济平衡发展的模型（以下简称"马克思经济平衡模型"）对相关经济理论产生了重要影响，其所反映的两大部类按比例协调发展的思想是现代经济学和经济政策的宝贵财富。马克思的该项研究是对两部门经济的考察——没有政府，更没有税收。然而，在现代社会中，课税已经是不可避免的事情，正如现代经济学研究经济平衡时不可避免地要加入税收变量一样。因而，在不考虑其他因素的情况下，将课税引入马克思经济平衡模型中来探讨经济平衡对课税结构的要求，对与课税结构相关的税收政策将会起到积极的作用。

一、马克思经济平衡模型：回顾与应用说明

马克思在研究社会总产品的实现问题时，提出了两大部类关系的理论。

---

* 本文原载于《马克思主义研究》2012 年第 7 期。合作者：陈少克。

马克思认为，社会总产品从价值构成上看分为三部分：不变资本（C）、可变资本（V）、剩余价值（M）；从经济用途上看分为两大类：生产资料和消费资料。相应地，社会生产就分为两大部类，即生产资料的生产部门（第 I 部类）和生产消费资料的生产部门（第 II 部类）。在一定的假设条件下，马克思论证了两大部类之间必须保持如下的平衡关系，社会再生产才能正常进行。

（1）在简单再生产的情况下，经济平衡要求两大部类之间的关系满足：$II(C+V+M) = I(V+M) + II(V+M)$ 与 $I(C+V+M) = I(C) + II(C)$。[①] 进而得出简单再生产下的两大部类的基本平衡关系，即 $I(V+M) = II(C)$。

（2）在扩大再生产条件下，用 M/X 表示整个社会的剩余价值中用于消费的那部分剩余价值，则两大部类的平衡关系要满足：$I(C+V+M) > I(C) + II(C)$ 和 $II(C+V+M) > I(V+M/X) + II(V+M/X)$。[②] 在此基础上，简化的两大部类间的基本平衡关系可表示为 $I(V+\Delta V+M/X) = II(C+\Delta C)$，即第 I 部类提供给第 II 部类的生产资料与第 II 部类对生产资料的需求之间、第 II 部类提供给第 I 部类的消费资料与第 I 部类对消费资料的需求之间必须保持一定的比例关系。而在此基础上的平衡式 $II(C+V+M) = I(V+\Delta V+M/X) + II(V+\Delta V+M/X)$ 表明第 II 部类所生产的消费资料应该与两大部类对消费资料的需求保持平衡；同时，$I(C+V+M) = I(C+\Delta C) + II(C+\Delta C)$ 则表明，第 I 部类生产的生产资料应该与两大部类对生产资料的需求保持平衡。

因此，两大部类的平衡关系实际上既包含了总量平衡又包含了结构平衡。只有总量平衡和结构平衡同时得到满足，两大部类的产品才能完全销售出去，从而得到各自的价值补偿；两大部类的需求才能完全得到满足，从而实现各自的实物补偿。这便是马克思的经济平衡模型。这也表明，经济扩张只有在保持各部门之间按比例扩张才能保持经济的稳定与平衡。

---

① 马克思：《资本论》（第二卷），人民出版社 2004 年版，第 441~457 页。
② 同上，第 589~590 页。

虽然马克思也分析了固定资产更新、积累率、资本有机构成等对经济平衡发展的作用，但整体上看，在马克思的研究中，这一模型实质上是对两部门经济的考察。对现实问题的分析往往需要引入政府因素进行探讨，而税收是理论分析中引入政府的有效方式之一。本文在马克思经济平衡模型的基础上引入税收，探讨基于保持经济平衡的课税结构问题。

需要说明的是，由于政府支出是社会总需求的组成部分，因而，引入政府因素之后将对经济平衡模型公式产生影响（但不改变其实质）。假设政府支出形成的社会需求分为消费需求（g_c）和投资需求（g_i），则对于简单再生产条件下的经济平衡模型来说，其基本形式可重写为：

$$\begin{cases} \mathrm{I}\,(C+V+M) = \mathrm{I}\,(C) + \mathrm{II}\,(C) + g_i \\ \mathrm{II}\,(C+V+M) = \mathrm{I}\,(V+M) + \mathrm{II}\,(V+M) + g_c \end{cases}$$

政府支出从根本上看也可以分别分为在第Ⅰ部类和第Ⅱ部类中的支出。用 $\mathrm{I}\,(g_i)$、$\mathrm{II}\,(g_i)$ 分别表示属于第Ⅰ部类和第Ⅱ部类中的投资需求，$\mathrm{I}\,(g_c)$、$\mathrm{II}\,(g_c)$ 分别表示属于第Ⅰ部类和第Ⅱ部类中的消费需求，则：

$$\begin{cases} g_i = \mathrm{I}\,(g_i) + \mathrm{II}\,(g_i) \\ g_c = \mathrm{I}\,(g_c) + \mathrm{II}\,(g_c) \end{cases}$$。于是，马克经济平衡模型的基本含义仍然保持不

变，即第Ⅰ部类提供给社会的生产资料与社会对生产资料的需求之间、第Ⅱ部类提供给社会的消费资料与整个社会对消费资料的需求之间仍然保持特定的比例关系。对扩大再生产条件下的经济平衡模型来说，同样如此。

另外，由于平等课税是现代税收理论中最基本的税收原则。因而，本文分析中也内在地假设对政府支出活动与其他市场经济主体活动的平等课税①。因此，下文分析中，我们将 $\mathrm{I}\,(g_i)$、$\mathrm{II}\,(g_i)$ 分别糅合进别 $\mathrm{I}\,(C)$、$\mathrm{II}\,(C)$，同时将 $\mathrm{I}\,(g_c)$、$\mathrm{II}\,(g_c)$ 分别糅合入 $\mathrm{I}\,(V+M)$ 和 $\mathrm{II}\,(V+M)$（在扩大再生产的基

---

① 事实上，在现实税制设置中，虽然政府常常不作为纳税人，但政府的支出活动却是要承担税负的（虽然经常有对政府活动的税收优惠或减免）。例如，政府的购买活动中，不可避免地要承担流转税税负等。

本模型中做同样处理）。仍然用马克思两部门经济平衡模型进行课税结构的分析①。

二、课税与马克思经济平衡模型

在马克思的模型中，经济平衡关系主要通过几个等式或不等式所反映的经济中的比例关系来考察。因此，如果考虑政府课税，那么从保持经济平衡的角度出发，课税应继续保持原有等式和不等式中反映的比例关系不变。把整个社会总产品的价值构成仍表示为 $C+V+M$，则从课税对象的角度看，马克思经济平衡模型等式或不等式两边反映的内容也恰恰是不同性质的课税基础。例如，$C+V+M$ 反应的是商品的流转全额，因此以 $C+V+M$ 为税基反映出来的便是全值流转税，而以 $V+M$ 为税基实际上可以表示理论上的增值税，等等。因此，在保持经济平衡的条件下便能看出经济平衡对课税结构的要求。

（一）社会总产品构成中的税收等价关系

税收等价关系是考察课税结构安排的一个基本视角。通常情况下，税收等价包含两个方面的基本含义：其一，从课税效应的角度看，如果通过不同的税种课征产生了相同的经济效应，那么，这种不同税种之间便具有等价关系。然而，不同税种的课征由于纳税人、课税环节等税制要素安排的不同，不可避免地会产生不同的税负负担分布，进而产生不同的经济效应。因此，现实中很少出现这一意义上的税收等价。其二，从税收总量关系上看，等量的税收收入可以通过不同的课税安排来实现。例如，尽管流转税和所得税具有不同的性质，因而两类课税安排常常产生不同的经济效应，但在其他条件不变的情况下，通过降低流转税税负，同时相应提高所得税税负水平便可以

① 因为我们要考虑的是经济平衡关系，从马克思经济学的角度看，关注的是部门结构和价值结构，因此，上文分析表明，这并不会影响分析的基本结论（因为，对政府活动的部门构成和价值构成也要同等地课税），尽管这是一个简化处理。但正如本文副标题所提，这仅仅是一个分析框架。

保持税收收入总量不变。

虽然，本文认为不同的课税安排会对整体税制结构的性质产生不同的影响，但在税收等价关系上，侧重于接受上述第二方面的含义，即从总量关系上把握税收等价。一方面，这层意义上的税收等价能够从静态的角度与课税结构相对应；另一方面，更重要的是，便于从马克思社会总产品价值构成角度把握课税结构与经济平衡之间的关系。

在马克思经济学中，社会总产品价值构成通常表示为 $W = C + V + M$，因此，通过对等式两边同时课以相同的税率 t，并通过不同的组合便可以得到不同的税收等价关系，这是后文分析的一个基础。

首先，$tW = t(C + V + M) = tC + tV + tM$ 表明，对生产环节课以全额流转税等价于对资本、工资和利润同时同等（量或比例）课税。

其次，$tC + t(V + M) = t(C + V) + tM$ 表明，对资本课税和对商品流转增值额（$V + M$）课税等价于对要素投入课税及对利润课税。需要说明的是，因为 $V + M$ 指的是在商品价值中扣除了所有的流动资产和固定资产折旧，所以对 $V + M$ 课税相当于课征的增值税（假设固定资产在一个生产周期中全部损耗，下同）。

最后，由于 $V + M$ 最终构成了社会成员的收入（用 Y 表示），即 $Y = V + M$，于是 $tY = t(V + M)$ 意味着，在商品流转环节征收增值税等价于在分配环节对收入课征所得税。

同理，通过商品价值的不同组合，将会得出不同的税收等价公式。在税收原理中，因为 C、V、M 的不同组合形成了不同的课税基础，因此，这些税收等价公式便反映了不同税种（类）之间的等价关系，进而对税制结构优化起到一定的指导性作用。

（二）课税与经济平衡的逻辑分析

在课税的情况下，要保持简单再生产的平衡，需要对简单再生产平衡公式两边同时课以相同的税率。于是，$t\,\mathrm{I}\,(V + M) = t\,\mathrm{II}\,(C)$ 表明，政府对第 I 部类课征增值税的同时，需要同等地对第 II 部类的资本投入课税才能保持经济平衡；$t\,I\,(C+V+M)=t\,I\,(C)+t\,II\,(C)$则表明，为保持经济平衡，在对第 I 部类课征全值流转税的情况下，也应对两大部类的资本投入同时、同等地课以资本税；而 $t\,II\,(C+V+M)=t\,I\,(V+M)+t\,II\,(V+M)$表明，对第 II 部类流转全额课税的同时应同等地对两大部类课以增值税。由于这三个等式中已经涵盖了增值税、资本税和全额流转税，因此，在简单再生产的情况下，税制结构的优化至少需要增值税、资本税和全额流转税之间比例关系的恰当确定。

在扩大再生产的模型中，课税并保持经济平衡需要：

$$t\,I\,(V+\Delta V+M/X)=t\,II\,(C+\Delta C)$$

$$s.t.\begin{cases} t\,I\,(C+V+M)>t\,I\,(C)+t\,II\,(C) \\ t\,II\,(C+V+M)>t\,I\,(V+M/X)+t\,II\,(V+M/X) \end{cases}$$

进一步即：

$$\begin{cases} t\,II\,(C+V+M)=t\,I\,(V+\Delta V+M/X)+t\,II\,(V+\Delta V+M/X) \\ t\,I\,(C+V+M)=t\,I\,(C+\Delta C)+t\,II\,(C+\Delta C) \end{cases}$$

$$s.t.\begin{cases} t\,I\,(C+V+M)>t\,I\,(C)+t\,II\,(C) \\ t\,II\,(C+V+M)>t\,I\,(V+M/X)+t\,II\,(V+M/X) \end{cases}$$

此时，对 $V+\Delta V+M/X$ 课税实际上是对扩大再生产下的社会消费课税。因此，保持经济平衡的课税需要在对第 II 部类课征全值流转税的同时同等地对两大部类产生的社会消费课征；对第 I 部类课征全值流转税应同时同等地对两大部类的投资课征投资税。而将简单再生产课税模型中的 $t\,I\,(C+V+M)=t\,I\,(C)+t\,II\,(C)$ 和 $t\,II\,(C+V+M)=t\,I\,(V+M)+t\,II\,(V+M)$ 结合在一起考虑，意味着在税制结构设置上应该是对整个社会产品课征全值流转税的同时同等地课以增值税及资本税。于是，不管是简单再生产和扩大再生产，保持经济平衡的课税需要的是不同税种的结合，即通过税制结构的合理化实现三部门条件下的经济再平衡。

第一，尽管简单再生产的平衡公式表明，对社会产品征收增值税的同时要同等地对社会消费品征收全额流转税，但是，基于扩大再生产平衡条件的课税原则：

$$
\begin{cases}
t\,\mathrm{I}\,(V+M) > t\,\mathrm{II}\,(C) \\
t\,\mathrm{II}\,(C) + t\,\mathrm{II}\,(V+M) > t\,\mathrm{I}\,(V+M/X) + t\,\mathrm{II}\,(V+M/X)
\end{cases}
$$

进而 $t\,\mathrm{I}\,(V+M) - t\,\mathrm{I}\,(V+M/X) + t\,\mathrm{II}\,(V+M) - t\,\mathrm{II}\,(V+M/X) > 0$ 表明，在对社会产品征收增值税的同时，对社会消费进一步开征消费税是保证经济平衡的条件，同时意味着，在课税不可避免的情况下，经济平衡要求设置扭曲性的税制结构，而 $t\,\mathrm{I}\,(V+M) + t\,\mathrm{II}\,(V+M) > t\,\mathrm{I}\,(V+M/X) + t\,\mathrm{II}\,(V+M/X)$ 从课税范围的角度直接反映了普遍课征增值税与对特定消费品课征消费税这种扭曲性税制结构之间的关系。

从增值税的课征来看，按照理论增值额 $(V+M)$ 课征增值税意味着在商品流转的每一个环节都要核算增值额，在市场经济日益复杂的情况下，这无疑增加了纳税人的核算成本和国家的征管成本，因而，各个国家都规定了法定增值额，以提高征纳效率，尽可能保持增值税的中性税种性质。在各国的实践中，几乎没有法定增值额与理论增值额相同的情况。但由于这里假设了固定资产可以在一个生产周期全部实现转移，因而 $t(V+M) = t(C+V+M) - tC$ 便与现实中通过销项税（$t(C+V+M)$）减进项税（tC）课征的增值税相一致（虽然这里的假设与现实存在偏差）。

第二，虽然现代税收学不赞成对资本品课税（对资本品课税不利于经济增长和经济效率的提高）。但动态地看，对资本品课征相当于对资本品价值全额课征，在对社会产品普遍课征流转税的情况下，作为中间产品的资本品已经纳入课税范围之中。同时，资本投入中的自然资源，如矿产品、土地、房产等纳入课税范围也是各国税收实践中的惯例。但对 M/X 课税和对 ΔC 课税虽然意味着对上一环节价值的重复课征，但在再生产过程中，该类课征却也是税制公平的一个主要内容。从经济发展的角度看，只要课税不改变消费倾向或投资倾向，经济平衡是不会发生改变的。这意味着对 ΔC 和上一生产环节 $M - M/X$ 的同等课征，即意味着对社会储蓄的课征。

目前，各国税制已经脱离了单一税制的原始课税状态，普遍采取不同性质的税种（类）相结合的复合课征。因此，既然理论上对增值税形式（对 $V+$

M 的课征）的假设与增值税课税实践存在偏差，而根据税收等价公式，对两大部类课征增值税等价于以市场主体的收入为课税对象课征的所得税。于是，在不考虑增值税的情况下，在税制结构设置上可以将全值流转税（如流转环节的消费税或商品税、营业税）、土地税、房产税等财产税、资源税和所得税（含储蓄税）按一定的比例结合起来以保持经济平衡。而 $t\mathrm{I}(C+V+M)>t\mathrm{I}(C)+t\mathrm{II}(C)$ 表明，对资本课税的税率或者课税深度应该低于流转税。

第三，结合现实课税选择，对所有产品课征全额流转税并不现实，因此，结合上文的基本模型，可以做如下判断：其一，假设生产性服务业属于第 I 部类，则对生产性服务业课征全额营业税，需要同时按比例对社会的资源、土地等生产投入品课征资本税，但课征比率应低于全额营业税比例；其二，假设消费性服务业属于第 II 部类，那么，对消费性服务业课征全额营业税的同时，应对两大部类同时课征增值税或所得税；对特定消费品课征全额的消费税（生产流转环节），应对对应的两大部类课征增值税或所得税；其三，对其他现实中不能进行全额课征流转税的，可以增加增值税或所得税的方式来保证经济平衡。

第四，从固定资产更新的角度看，由于上文分析中假设固定资产周转期为一个生产周期，但现实中固定资产更新方式是不同的，常有的情况是，在生产中总有一部分固定资产使用寿终正寝，折旧完毕，需要购买生产资料进行物质替换，另一部分则仍处于使用之中，价值还在逐步折旧过程中。因此，固定资产的更新方式将影响经济平衡。[①] 各个企业固定资产更新方式的不同是社会调节面临的难题。由于 $\mathrm{I}(C+V+M)=\mathrm{I}(C')+\mathrm{II}(C')<\mathrm{I}(C)+\mathrm{II}(C)$（$C'$ 表示需要更新的固定资产，从价值构成的角度看 C 包括了用于积累的 $M-M/X$），因此，在课税结构设置上既要保证经济平衡，也需要充分考虑固定资产更新方式。从现实增值税的基本原则上看，由于 $C-C'+V+M$ 可以看作是法定增值额，而如前文所述，由于 $t(C-C'+V+M)=t(C+V+M)-tC'$ 相当于现实增值税计税方式，即销项税减进项税的税额抵扣制。于是，$t(C-C'+$

---

① 马克思：《资本论》（第二卷），人民出版社 2004 年版，第 523～526 页。

$V+M$）便可用来表示对每一时期新增固定资产进行进项税额抵扣之后的法定增值税，那么，由

$$\begin{cases} t \mathrm{I}(C+V+M) = t \mathrm{I}(C') + t \mathrm{II}(C') \\ t \mathrm{II}(C+V+M) > t \mathrm{I}(V+M/X) + t \mathrm{II}(V+M/X) \end{cases}$$

进而 $t \mathrm{I}(C-C'+V+M) + t \mathrm{II}(C-C'+V+M) > t \mathrm{I}(V+M/X) + t \mathrm{II}(V+M/X)$ 表明，通过对社会产品普遍征收法定增值税的同时，对收入课以收入所得税便可保持经济平衡，但增值税的税负应重于收入所得税。同时也表明，在税制结构设置或改革中，增值税税负的增加必须伴随所得税税负的减轻。

最后，以上分析是出于保持经济稳定的考虑，用简单的供求关系来反映这个思路，即：当课税对供给产生抑制的同时，必须同等地抑制需求，这样才能保持经济始终处于总供给等于总需求的平衡状态。但是，其一，由于这样的平衡关系保持了市场价格不以课税而发生波动，因而这一平稳关系对税制结构分析的一个前提条件是纳税人和负税人的统一，否则一旦纳税人在市场竞争中将税收负担全部或部分转嫁出去，那么经济的平衡关系将不复存在。其二，即使纳税人的税收负担不会在市场竞争中进行转嫁，税收给整个社会带来的负面影响在这一模型中也体现出来：虽然，平衡关系保持相对价格的稳定（如图1所示，课税前后价格保持不变），对市场主体的经济决策不会产生影响，进而一定程度上体现了税收中性，但征税前后带来的福利损失缺口（如图1中的阴影部分所示）却是在考虑社会成本时不能忽视的（除非供给和需求都缺乏弹性或完全弹性）。这也正是马克思对税收"剥夺论"① 的真正内

---

① 马克思并没有对税收问题进行系统的分析，其税收思想散见于其著作的各个相关部分。马克思认为，税收是国家参与剩余价值分配的具体形式。因此，对资产阶级来说，"捐税……所改变的，只是产业资本家装进自己腰包里的剩余价值的比例或要同第三者分享剩余价值的比例"（《马克思恩格斯全集》第23卷，人民出版社1972年版，第570页）。在马克思对资本主义经济的分析中，剩余价值体现的是资本家对工人的剥削，国家参与剩余价值分配的税收实际上也是对工人剥削的体现。因此，马克思税收思想可以概括为"剥夺论"，有两层含义：其一，对资本家来说，这种"剥夺"是对剩余价值的再分割；其二，对工人来说，"剥夺"则更多地体现着在生产过程之外的超经济剥削，是对劳动者必要劳动的再压缩。参见王国清：《马克思主义政治经济学教研中的"税收误区"和"税收盲区"释疑》，载于《财政研究》2008年第2期。

涵，即课税不仅社会生产下降，也带来整个社会的福利损失。

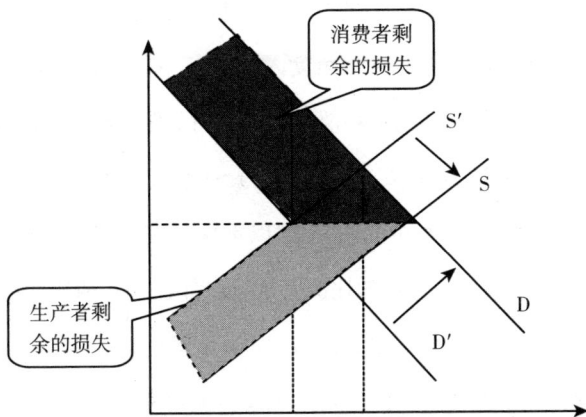

图1　保持经济平衡下课税的福利损失

三、经济平衡下的课税与价值流动

上文是一个静态的分析角度，从动态或比较动态的角度考虑，如果通过税制结构的选择使整个社会发生价值流动，即课税对供给和需求产生正向的激励使其回归本位（见图1中的箭头指向），那么，课税产生的福利损失也将逐步消除。事实上，税收的再分配作用在资源配置中必然引起资本进而价值流动，因而通过税制设置中的激励作用引导价值流向，促进经济平衡发展将是税收福利损失消转的主要方式。

第一，在马克思的分析框架中，资本有机构成提高是经济增长的重要动力。① 在增长源泉来自于自身积累的以规模扩大为主要特征的经济增长中，在资本有机构成不断提高的情况下，从供给的角度看，投资会采用新技术和设备，在生产规模扩大的同时还伴随着技术进步和劳动生产率的提高，拉动经济增长；从需求的角度看，投资要达到目的，必须进行实际积累，需要购买机器设备、原材料和扩大就业，必然产生巨大的生产资料需求和一定数量的

---

① 马克思：《资本论》（第一卷），人民出版社 2004 年版，第 717～718、第 732 页。

消费需求。于是，在课税的情况下，必须对新技术的投入和积累采用从轻的原则。然而，如前分析，单方面的减税或轻税必然导致经济不平衡，因此需要从税制结构整体考虑，即从一个角度入手进行整体税负调整，在保证经济平衡的条件下，通过价值在投资和消费中的流动，促进经济平衡发展。

$t\,\mathrm{I}\,(C-C'+V+M)+t\mathrm{II}(C-C'+V+M)>t\mathrm{I}(V\downarrow+M/X\uparrow)+t\mathrm{II}(V\downarrow+M/X\uparrow)$ 表明，如果对两大部类中的 M/X 课以重税（用 $M/X\uparrow$ 表示），同时对 V 降低税负（用 $V\downarrow$ 表示），适当的比例安排可以保证上式两边的比例关系的不变。假设 V 是用于必需品的支出，而 M/X 是用于奢侈品的支出，那么，反应在第 II 部类内部关系上即为 $t\,\mathrm{II}\,W_1=tV_{\mathrm{I}}+tV_{\mathrm{II}}$ 与 $t\,\mathrm{II}\,W_2=tM_{\mathrm{I}}/X+tM_{\mathrm{II}}/X$，（其中 $\mathrm{II}\,W_1$ 与 $\mathrm{II}\,W_2$ 分别表示第 II 部类产品中必需品和奢侈品的价值，M_{I}/X 和 M_{II}/X 分别为两大部类非积累的剩余价值）。这就意味着，为促进经济平衡增长的税收政策可以有如下选择：其一，对个人收入中用于购买必需品的部分采取减税的政策（通常在个人所得税免征额中加以规定），同时对必需品的流转税降低税负（如设置低税率等）；其二，对收入中用于非必需品的部分课以重税（如累进税率等），同时提高必需品的流转税税负（如在普遍征收增值税的基础上课以特别消费税等）。

$t\,\mathrm{I}\,(C-C'\uparrow+V+M)+t\,\mathrm{II}\,(C-C'\downarrow+V+M)>t\,\mathrm{I}\,(V\downarrow+M/X\uparrow)+t\,\mathrm{II}\,(V\downarrow+M/X\uparrow)$ 中考虑到新技术运用的效应，可以采取加速折旧或提高固定资产扣除标准的方式进行：其一，加速第 I 部类中新技术运用的固定资产折旧，同时降低第 II 部类中非生活必需品生产中固定资产扣除比例，在上式右边不做任何改变的情况下，通过适当的比例关系，也能保持经济平衡。其二，由于这样的比例关系很难量化，因而，可以与上式右边的机制结合在一起进行课税调整，同时对特殊资本投入如土地、矿产品课以重税。

第二，在马克思的分析框架中，虽然资本有机构成的提高是经济增长的源泉，但也是经济失衡的导因。[①] 资本有机构成的提高一方面在为社会提供日

---

① 马克思：《资本论》（第一卷），人民出版社 2004 年版，第 742~743 页。

益丰富而又廉价的商品的同时，也伴随着资本对劳动的替代，从而使消费需求增长缓慢。另一方面，随着工业化的推进，资本有机构成提高，资本积累能力在不断增强，不仅表现为资本自我投资水平的提高，还表现为利用社会资本能力的提升，因此，按照谁投资谁受益的分配原则，必然导致整个社会收入分布的不合理，进而呈现收入分配上的"马太效应"。这将进一步恶化总供给和总需求之间的矛盾。这意味着，引入课税的经济平衡模型必须随着资本有机构成的变化而不断地进行税制结构的调整，以尽可能消减经济运行的失衡。

由于资本有机构成的提高是一个"过程"而非"状态"，因此，任何试图通过在某一时期设置限制供给或促进需求的税收政策都是对经济的扰乱。税收政策需要根据资本有机构成的变化趋势为经济"安装"一个被现代经济学称作"自动稳定器"的税制"装置"。这个"装置"的目的不是增加或减轻税收负担，而是通过税收机制，使社会收入 $V+M/X$ 在社会成员之间重新流动。于是，仍对 $t\text{I}(C-C'+V+M)+t\text{II}(C-C'+V+M)>t\text{I}(V+M/X)+t\text{II}(V+M/X)$ 分析如下。

其一，资本有机构成的提高需要有与之对应的劳动力素质的提升。例如，用 $W=W_a+xW_e$（W_a 是社会平均条件决定的劳动力价值；W_e 为劳动者创造的超过劳动力价值以外的那部分新价值；x 为加成系数）表示劳动者获得的收入，在经济单位的经济效益和外在市场条件既定的情况下，将加成系数表示为 $x=f(v,r)$（v 为各要素市场的供求对比关系及各要素的相对贡献率；r 为每个劳动力的潜在贡献力和实际贡献大小对比情况），在其分析中 v 和 r 一般取决于对劳动力形成的投入，特别是像健康、教育等能提高劳动力素质的投入，即劳动力发展上的支出。据此，如果这两部分作为个人所得税费用扣除的组成部分处理，将提高劳动力价值实现程度。[①] 因而，在所得税设置中，对收入

---

① 陈少克、袁溥：《对个人所得税费用扣除的理论思考——基于劳动力价值构成及其实现的视角》，载于《云南财经大学学报》2011 年第 2 期。

中体现劳动力价值的 V 进行税前扣除，同时对 M/X 设置累进税率将给劳动力的再生产以及劳动力再教育发展提供税收条件。和前文分析一样，这将意味着对 V 课税的降低和 M/X 课税的同时提升。这种机制的设置并没有考虑对上式左边的变化，于是，这便意味着在政府课税中，随着 M/X 的增加和税率累进幅度的增加将有一个额外的税收收入从经济系统中漏出。在剩余劳动力存在的情况下，如果这个额外的收入漏出不再进入经济系统，则必然引起经济失衡。这是税制设置中必须考虑的问题。

其二，在上述分析基础上，在税制结构设置上构造一种自动的漏出和进入机制将是必要的。依据现有的税收理论，负所得税的应用将会产生这种效果①，即设置 $T_t = t(Y_e - Y_n)$，其中，T_t 一般情况下是负值，表示为了缴税而带来的收入的流出，当其为正值时表示获得了净补贴。Y_e 是政府对贫困人员的补贴支出，这样，如果令 Y_p 为社会最低生活标准，则 $Y_p = tY_e$。因为在个人没有收入的情况下，适用的税率是最低的税率，所以，一个社会或地区的最低生活标准便很容易确定。Y_n 表示税前收入，相当于马克思模型中的 $V + M/X$。于是，居民的税后收入便是 $Y_h = Y_n + t(Y_e - Y_n)$。通过这种机制的设置可以使个人收入重新流动以解决相对过剩人口对社会可能带来的危害。

其三，上述安排仅仅是在不等式右边进行的，要想保持经济平衡，需要同时对左侧进行相应的课税调整。首先，由于上述课税变化仅仅是收入的重新分配，并不改变价值总量，因此，左侧的变化也不能对价值总量产生总体影响；其次，收入分配的重新调整改变了不同阶层的收入格局，而不同阶层的消费偏好和消费结构的差异要求社会生产的结构随之改变。对 V 的免征设置和对 M/X 的累进征收必然对社会积累产生激励作用，但负所得税的设置同

---

① 负所得税是弗里德曼（Friedman, M.）在 20 世纪 60 年代提出来的，这一政策建议的基本内容是：确定一个收入标准，在此标准以上的收入征税，在此标准以下的收入给予补贴（即负税率），但补贴并不是固定标准，而是根据收入而定。具体来说，在某个收入标准之下，居民都可以得到补贴，但收入越高，补贴之后的总收入越多；收入越低，补贴之后总收入也越少。如果这里的补贴标准是来源于所得税的税收收入，那么，这种机制也就实现了居民收入的重新分配。

时降低了积累效应，因此，对左侧的课税调整主要集中在：首先，对第Ⅱ部类的非生活必需品生产的加重课征同时对其中生活必需品的课税减免；其次，对第Ⅰ部类中为生活必需品提供生产资料的生产降低税负，而对非生活必需品的生产资料课以重税。其中，除了流转税上的变化之外，如前所述对自然资源（特别是不可再生性稀缺资源）等资本投入品课以重税不仅利于经济可持续发展，还会在减轻较重的所得税带来的积累效应，保持经济平衡上发挥重要的调节作用。

四、结　论

虽然，现有的研究已经将课税作为经济发展模型的内生变量加以研究，并得出了许多关于课税的基本原则和基本的税收政策导向。但是，税收在经济稳定与经济平衡中的作用在政府政策中经常出现偏差。主要表现在对税收问题不能系统地统筹考虑。例如，我国在资源税改革中，单单从资源的可持续利用和保护角度出发，"在现有资源税从量定额计征基础上增加从价定率的计征办法"[①]，却忽视了单方面的调整可能面临的对民生的冲击。本文把课税作为一个外生变量加在马克思的经济平衡理论模型中进行简单考察，虽然其中的比例关系难以从计量检验的角度确切得出，但简单的结论对税制改革思路的确定确是有益的：课税是一个系统性的工程，课税调整必须着眼于课税系统的整体性调整，唯有如此，才能保证原有的经济平衡。然而，在经济发展的实际中，经济平衡是在多种因素的共同作用下产生的。因此，如果通过税制改革对经济社会产生激励，那么，这种税制改革绝不能是局部的税收政策调整，它不仅需要整体税种（类）结构的合理搭配，也需要对课税要素的科学运用。基于本文的分析框架，减税或增税需要放在税制结构平衡系统中统筹考虑。也正因如此，新一轮税制改革中才提出"结构性减税"一说。然

① 参见《国务院关于修改〈中华人民共和国资源税暂行条例〉的决定》。

而，在结构性减税中，税制结构中比例关系的确定是一个复杂的系统。任何破坏其中应有的比例关系进行的任何结构性的减税，虽然短期看可以结构性地降低税收负担，促进经济增长，但必将破坏经济平衡，除非这种结构性减税的目的是为了达到新的经济平衡，但经济平衡的实现也绝非结构性减税本身所能实现。正如澳大利亚著名经济学家和社会改革者理查德·珰宁所言："税制改革不可避免地要采取'一揽子'方法……如果要从中挑选出那些受欢迎的部分而抛弃那些不受欢迎的部分，那将是灾难性的"①。

参考文献

[1] 马克思：《资本论》（第 1 卷），人民出版社 2004 年版。

[2] 马克思：《资本论》（第 2 卷），人民出版社 2004 年版。

[3] 侯梦蟾：《税收经济学导论》，中国财政经济出版社 1990 年版。

[4] 杨斌：《税收学》，科学出版社 2011 年版。

[5] 唐国华、许成安：《马克思经济增长理论与中国经济发展方式的转变》，载于《当代经济研究》2011 年第 7 期。

[6] 齐新宇、徐志俊：《政府行为对两大部类增长率的影响——基于一个扩大的马克思再生产模型》，载于《马克思主义研究》2010 年第 3 期。

[7] 杨虹：《论货物与劳务税对居民收入分配的调节——以北京市城镇居民为例》，载于《财政研究》2011 年第 7 期。

---

① Arndt, H. W., "R. I. Downing, Economist and Social Reformer", *Economic Record*, Vol. 52, September 1976.

税制结构的性质与税制转型：一个分析框架[*]

1994 年的分税制改革全方位地调整了我国的税制结构，确立了我国以流转税为主体的税制结构。2003 年 10 月召开的中共十六届三中全会提出要按照"简税制、宽税基、低税率、严征管"的原则推进税制结构调整。2008 年末的中央经济工作会议围绕保持经济平稳较快发展这一经济工作的首要任务，提出要推进"实行结构性减税"。这预示着新一轮税制改革从政策上开始起步。然而，近年来，虽然税制改革在逐步推进，但税制改革却一直停留在对原有税制结构"小修小补"的程度。从适应新形势下经济社会发展要求的角度，根本上改变现有税制结构的税制改革却一直停滞在"观望"或讨论的状态。这里的焦点问题是：我们该建立什么样的税制体系？这是一个涉及税制改革方向的基本问题。

一、问题的提出：为什么要引入税制结构的性质

税制改革要遵循什么原则，要沿着什么样的方向进行，等等一直是税制改革理论和实践中不断争论的问题。一般而言，对税收问题的任何研究都是在对一个国家税制结构或某一税类或某一税种改革方向的探索。因此，分析

---

[*] 本文原载于《郑州大学学报》（哲学社会科学版）2013 年第 1 期。合作者：陈少克、谢羚。

各个研究在确定税制改革方向上的优点和劣势是理论研究的一个重要方面。现有对税制改革的研究和讨论主要沿着三条路径进行。

第一，从税收原则（即税收公平和税收效率原则）的角度出发，对税制改革或税制结构进行公平性和效率性的理论设计。这是传统税制改革理论研究的基本路径。这一类研究的基本结论是构建既符合税收公平又符合税收效率原则的税制结构。最优税制理论从最优税的角度探讨了税制结构，在严格的假设下探讨了最优商品税和最优所得税及其两大税类的组合问题，即直接税的公平诉求和间接税的效率诉求相结合的税制结构应该可以实现税收的公平和效率。但其中的税制结构过于简单化，同时最优税理论与现实有很大的距离，它提供的是西方理论界探求对税收公平和税收效率权衡的一种思考思路。正如罗森所说"最适税收研究的结果并不是确立税制的'蓝图'"①。同样，"所谓最优商品税、最优所得税也并不是意味着人们已经设计出了此类税收，而仅仅提供了并且在非常严格假定下描述最优税制特征的理论和方法"②。同时，这一研究路径下的成果由于没有考虑到税制要素在税制构建中的作用，导致了由于现实中税制要素组合方式的不同，实际税制结构本身的性质与理想的税制结构存在很大的差异。而且，直接税结构和间接税结构本身也是一个复杂的体系，不同税种的组合也将对其本身的性质产生重大的影响。

第二，对税制结构设计的研究。这一研究路径下的研究成果大多集中在对影响税制结构因素的分析上。例如，马斯格雷夫（Richard A. Musgrave, 1968）认为，发展对税制结构的影响更多的是一个制度变化的函数，而更少的具有内在的经济问题性质。因此，经济因素以两种方式影响着税制结构的发展，即税基随着经济发展的变化引起税制结构的变化，税收政策目标随经济发展阶段的变化而引起对判断良好税制结构准则的变化。罗杰·戈登和李魏（Roger Gordon and Wei Li, 2006）对发展中国家税制结构中存在的诸多疑

① 哈维·罗森：《财政学》（第七版），中国人民大学出版社 2008 年版，第 293 页。
② 杨斌：《税收学》，科学出版社 2011 年版，第 116 页。

感进行了分析，基本结论是最优税制结构应和经济发展结构相一致，即只要发展中国家的经济结构还没有达到完善的程度，最优税制结构就要受到约束。但他们没有对税制结构对经济结构的促进作用进行分析。所以，这一研究路径对税制结构影响因素的分析对现实中的税制设计具有重要的意义，但税制结构与这些影响因素（特别是经济发展）之间的关系是双向的而非单向的。因而，这些单向的研究往往忽略了税制不同结构的调节作用。虽然，锡德里克·桑福德（Cedric Sandford，1993）考虑到发展中国家的具体问题，对税制改革指导原则发展为"次优课税"，使税收中性原则发展为"相对税收中性论"，但由于次优税制还不具有完整的理论体系，也就不能对税制结构的设计确定明确的方向。现有对中性税制的研究以及税制与经济发展诸因素之间关系的研究都在不同程度上把握了我国现存税制的不足，但由于这些研究往往集中于对某一些税种的研究，其得出的结论也往往是"头痛医头脚痛医脚"，缺乏全面性，而且存在完善了某一个（些）税种的同时丧失了整体税制的效率或公平性。

第三，对单一税种（类）的研究。例如，刘怡、聂海峰（2004）分析了间接税对收入分配的影响，安体富等（2007）分析了税收在收入分配中的功能、机制与政策。马海涛（2011，2010，2009），岳树民（2004），岳树民、李建清等（2007），高培勇（2009）从不同税种（类）的性质及其对经济的影响等方面出发，对税制结构由间接税为主向以直接税为主转变进行了全面的分析。这一研究包括对单一税种（类）的公平性和效率性的评价、对单一税种（类）税制设计的探讨，以及对经济增长、收入分配等之间关系的研究。但税收作用的发挥需要税制结构整体的作用。

因此，对税制改革方向的确定需要从整体上分析并确定税制结构的特定性质，从影响税制结构性质的各个因素入手促进税制转型。只有从总体上探讨税制结构的性质，并在对不同性质的税制结构进行分析的基础上构建能够融合现代发展理念，不断改善人们福利及其与资源环境关系的具有发展型性质的税制结构，才能为中国税制转型提供科学的导向。

二、税制结构性质的分析：框架性界定

（一）税制结构性质的分析思路

事物的性质往往通过其功能来反映，通常情况下，事物的性质是由其内部的不同功能相互作用共同形成的。因而，税制结构的性质也是由税制结构内部各组成部分的不同功能相互作用形成。税制结构是一个复杂的体系，简单的税制结构是由不同的税种和税制要素相互作用的架构，这一架构通过税收的各种功能相互作用形成了税制结构的性质。因此，把握税制结构的性质需要综合考虑三个层次的问题：

其一，税制要素安排对税种性质的影响。例如，在课税环节设置上，缺乏对财产保有环节课税将影响财产税本有的性质。而在个人所得税纳税人安排上，以个体为单位计税和以家庭为单位课税将影响对个人所得税收入分配调节功能甚至收入筹集功能。

其二，税种组合与税类的性质。例如，营业税改征增值税将增强流转税的中性特征。遗产税、赠与税的缺失将影响财产税调节作用的有效发挥等。

其三，在上述两个层次的基础上，从各税类之间的综合关系上确立税制结构的特定性质。在其他因素不变的情况下，各税种之间比例关系便决定了税制结构的性质。因此，这里需要对税制结构进行综合的整体性分析。例如，在马克思两大部类平衡的基本模型两端分别计税并保持平衡，则有

$$\begin{cases} t\text{I}(C+V+M)=t\text{I}(C')+t\text{II}(C') \\ t\text{II}(C+V+M)>t\text{I}(V+M/X)+t\text{II}(V+M/X) \end{cases}$$，进一步可推导出 $t\text{I}(C-C'+V+M)+t\text{II}(C-C'+V+M)>t\text{I}(V+M/X)+t\text{II}(V+M/X)$，该式表明了增值税和所得税之间在保持经济平衡的条件下的比例关系。因为，按照马克思的分析框架，C' 表示需要更新的固定资产，而 C' 从价值构成的角度看包括了用于积累的 $M-M/X$，因此，$t(C-C'+V+M)$ 可看作是对每一时期新增固定资产进行税负扣除的法定增值税。而 $t(V+M/X)$ 则可看做是对所得课税。这一简

单的分析框架也表明，不同税种安排下的税制结构对总体经济平衡的作用是不同的，也因此反映出整体税制结构的特定性质。

（二）税制结构不同性质的特征

税收具有筹集财政收入的基本功能，同时不同的税种调节功能各有侧重，于是税种的不同搭配组合便形成了具有不同性质的税制结构。据此，如果某一税制结构组合侧重于收入筹集，那么该种税制结构就可称之为收入型税制结构。虽然不同性质的税制结构其基本功能都是筹集财政收入，但是，当某一税制结构侧重于增收和刺激经济增长，则可称之为增长型税制结构；如果税制结构的设置在筹集财政收入的同时，有利于促进经济社会的可持续发展，即可称之为发展型税制结构。

1. 增长型税制结构

增长型税制结构的基本特征表现为：首先，税制体系具有很强的内在增收功能，特别是该种税制体系致使税收收入的增加速度远远高于 GDP 的增长。这种内在的增收功能是抽象掉经济增长对税收收入的增进作用之外的，由税制结构以及税制要素组合所决定的。其次，税制体系在实现其较强的增收功能的同时，也会从总体上促进经济增长（虽然会损失经济效率和社会公平）。这种对经济增长的促进作用是通过税制结构本身的"激励"作用产生的，这种"激励"作用来源于税制结构的设计、税制要素的安排。

2. 发展型税制结构

世界银行对经济发展的界定是"用于改善人民的生活质量、实现平等教育和社会包容性、保证平等的机会、减少人民的不安全感、解决腐败和破坏环境等问题，确保高质量基本社会服务的全面惠及是达成发展目标最有效方式之一"①。但经济增长又是为人类谋福利的一种手段，因而发展型税制应该是在传统税收效率和税收公平原则的基础上，具有以下特征的税制结构：首先，发展型税制应该实现税收收入与经济增长的和谐关系，即税收收入随着

----

① 世界银行：《增长的质量》，中国财经出版社 2001 年版，第 19 页。

经济增长而适度增长，但税制结构本身的内在增收功能以及税制结构对经济增长的刺激作用（而非调节作用）弱化或中性化；其次，在前述基础上，发展型税制应实现其本身应有的调节作用，通过税制结构内部设置不断促进经济结构的优化；再其次，发展型税制结构的合理化还体现在促进经济结构优化的同时实现经济、资源、环境的可持续发展；最后，发展型税制结构应该保证发展理念的最终目的，即在人们福祉水平改善上发挥相应的调节作用。

经济学分析税收的本源认为，税收是为公共产品而生，而公共产品本身就包含环境可持续性、安全感、公平等隐性福利。因而，税收本身就与可持续发展有内在联系，但"经过经济增长的刺激和利益的激励，税收已经演化为一种理财的工具和获取利益刺激的手段"[①]。因而，构建发展型税制实质上就是税制性质的回归。这将是深化对税制结构基本理论和税制改革思想认识及研究的重要课题。

三、对税制结构性质的考察：税制演化的视角

在税收发展史上相当长的时期内，税收的基本定位是为政府获取充足的财政收入，"国家存在的经济体现就是捐税"[②]。在资本主义社会之前的漫长的奴隶社会和封建社会中，经济结构比较简单，能构成税源的课税对象和社会财富极其有限，因此，税质结构主要表现为以土地、房屋和人身等为对象的古老的直接税，同时，伴随着诸如烟税、酒税、关税等间接税。这种税制结构在税收发展史上延续数千年。虽然这种税制结构下的课税仅仅以课税对象的某些外部标识为标准，而不考虑课税物品带给其所有者的收入，进而也不可能考虑到国家税收相对人的负担能力，失之公允。但由于在经济结构长期稳定的状态下能够带来充足的税收收入，因而构成了早期收入型税制结构。

---

①　郝春虹：《多元目标约束下的中国税制优化研究》，中国财政经济出版社 2005 年版，第 84~85 页。

②　《马克思恩格斯全集》（第 4 卷），人民出版社 1958 年版，第 342~343 页。

但这种古老的直接税加速了农业的破产，采取加重对城市工商业课税的办法便成为财政收入的弥补方法，如执照税、资本税等，这些城市的直接税严重阻碍了工商业的发展。在现代税收思想还没出现之前，由于这种税制结构很少考虑对经济社会发展可能的影响，因此，当经济结构发生变化进而税源结构改变时，税制结构才从收入筹集的角度出发进行相应的变化，否则，税制结构一般表现为相对稳定。但正因为这种税制结构的相对稳定性，它往往在经济结构变动时起到很强的阻碍作用。

在经济史上，随着资本主义的发展，经济结构不断发生变化，进而税源结构也在发生变化，不同时期为满足政府财政收入要求的不断增长，税制结构也在不断地发生变化。例如，资本主义发展早期，税制结构表现为以具有较强收入筹集功能的间接税为主。再例如，18世纪末为了应付拿破仑战争带来的财政压力，英国最早开征个人所得税等。另外，由于税收的基本功能是筹集财政收入，因而不管什么类型的税制结构都具有收入型税制的特征。

在税收发展史上，只是在人们意识到税收的调节功能并对之加以应用的时候，增长型税制和发展型税制才显露出来，并在一定程度上轨制①着经济结构的演变。正如马克思所言，"由于现代分工，由于大工业生产，由于国内贸易直接依赖于对外贸易和世界市场，间接税制度就同社会消费发生了双重的冲突。在国际上，这种制度体现为保护关税政策，它破坏或阻碍同其他国家进行自由交换。在国内，这种制度就像国库干涉生产一样。破坏各种商品价值的对比关系，损害自由竞争和交换"②，这也说明，正是从促进资本主义经济增长的基础上，税制结构才开始从间接税制转变为直接税制。随着现代税收理论和税收原则的不断发展，税收的调节作用特别是税收对经济的刺激作用不断显现，税制结构设置中对经济增长的考虑越来越多，也因而不断丰富并不断完善着税制结构。特别是对税收效率原则的强调，使增长型税制结构

① 陈少克、陆跃祥：《增长型税制简论：对中国税制特性的分析》，载于《税务与经济》2012年第1期。

② 《马克思恩格斯全集》（第8卷），人民出版社1961年版，第543~544页。

不断发展。

如图1、图2、图3、图4所示①，20世纪初期之前，虽然各国税制结构也不断发生变化，但总体上以间接税为主。不考虑具体的税制要素设置，单就间接税的性质来看，由于间接税税收负担的可转嫁性，税制结构可以减轻企业的税收负担，进而有利于资本主义工商业的资本积累，并对经济增长起到促进作用。由于间接税的计税依据往往是对流转全额课征，因而，随着经济增长进而投资和其他投入规模的增加，便也保证了税收收入的增加，即这种税制结构在增加税收收入的同时并不会根本上妨碍经济增长，这就构成了增长型税制结构的基本特征。

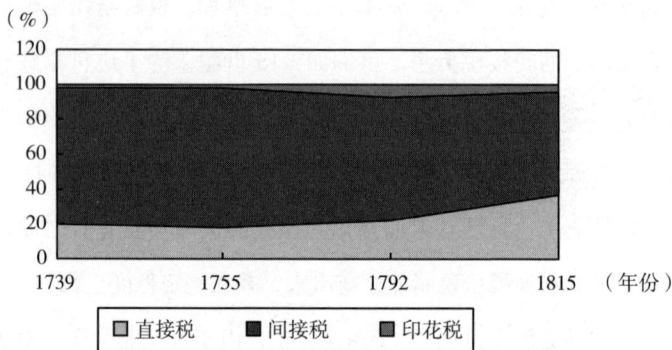

图1　英国分税类收入比重（1739~1815年）

由于所得税的最初引入是为增加财政收入考虑，因此，伴随着所得税收入规模的不断增长，它并不能改变整体税制结构增长型的特性。随着累进税率的引进，所得税调节收入分配功能不断增强，加之其他直接税，如财产税和社会保障税等税种的不断完善，税制结构能够更好地促进社会公众福祉改善，因而，伴随着经济发展，增长型税制结构不断趋向于发展型税制结构。

---

① 图1、图2、图3、图4和下文图5数据均转引自李华罡：《税制结构变迁与优化的政治经济学分析》，中国税务出版社2009年版，第101~113页。有调整，其中，图5各年份数据为奥地利、加拿大、法国、德国、日本、英国和美国相关数据的平均值。

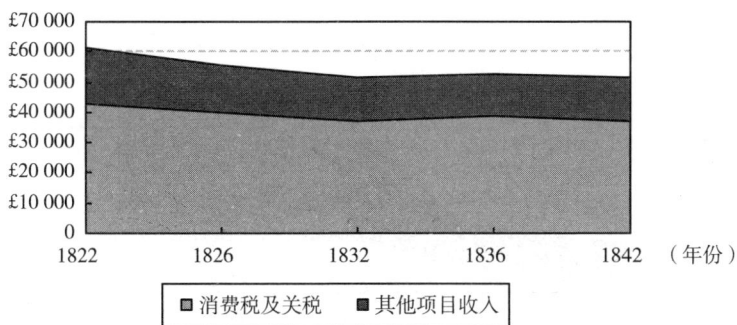

图 2 英国分税类收入比重（1822~1842 年）

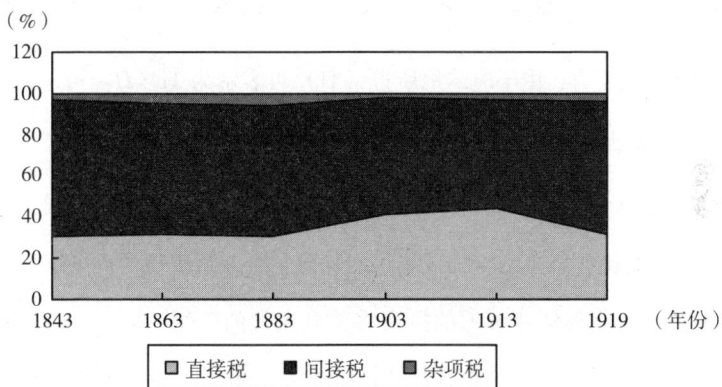

图 3 英国分税类收入比重（1843~1919 年）

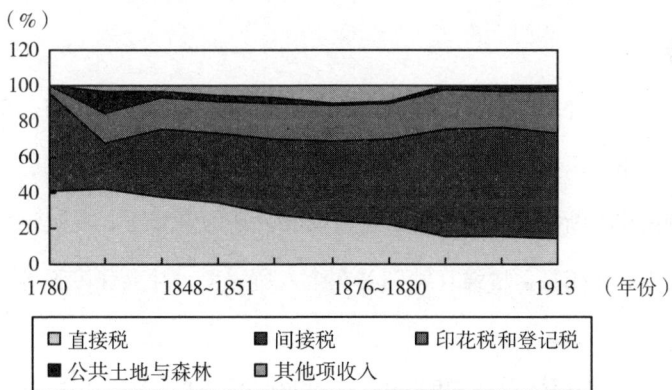

图 4 法国财政收入构成分布（1780~1913 年）

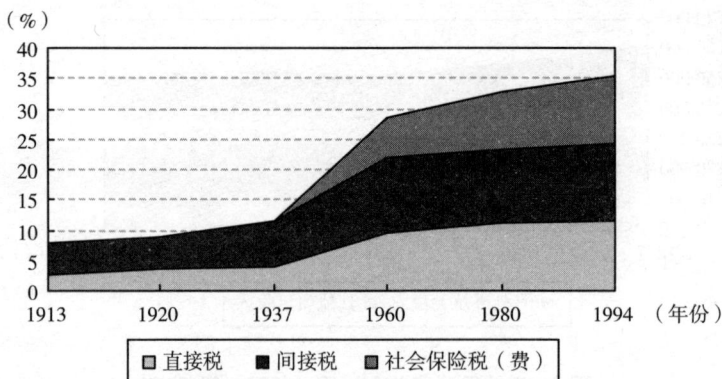

图5 主要发达国家分税类税收收入占 GDP 比例变化（1913～1994 年）

但就所得税而言，由于应纳税所得（TI）可表示为 $TI = \Pi + \gamma_E \cdot E + (D - D_r)$，其中，$\Pi$ 为经济利润，γ_E 为所有者资本金可挣得的实际利率，E 为所有者（股东）投入的资本数量，D 为经济折旧，D_r 为税法规定的可税前扣除的折旧。[①] 因而，由于借入资金的成本可以扣除，企业所得税的课征鼓励了企业的债务融资，而获得加速折旧的投资将受到较大的激励。同时，由于对公司支付的股息重复课税（这些股息在负担了企业所得税之后还要由获得该项收益的个人缴纳个人所得税——目前是由支付方扣缴），因此，所得税的课征鼓励了企业的再投资而非分配。于是，古典制下的企业所得税对经济增长也具有刺激作用[②]。

因而，就税种结构上看，在所得税没有采用完全归属制之前，税制结构的性质还是主要以收入型税制和增长型税制为主。虽然在现代税收原则的基础上税制结构不断完善，特别是在强调税收公平的背景下，税制结构在调节收入分配上的作用日益增强（特别是在个人所得税、社会保障税等日益成为

---

① 陈少克、陆跃祥：《增长型税制简论：对中国税制特性的分析》，载于《税务与经济》2012 年第 1 期。

② 严格地说，自由完全归属制的企业所得税才能够避免其对经济的这种刺激作用。从全球税制改革的趋势上看，虽然公司所得税有向归属制转变的趋势，但真正采用完全归属制的只有新西兰和澳大利亚等少数国家。

许多发达国家主要收入来源的情况下），并随着资源税、环保税等的开征，税制结构在促进经济社会可持续发展方面所发挥的作用日益显现，但从世界各地的税制改革上看，税制改革的基本理论依据仍然是在效率与公平、在增长与发展之间徘徊。特别是当税收被当成"逆经济风向调节"的财政政策主要工具的时候，往往在刺激经济增长上发挥灵活的作用，致使税制结构愈加复杂的同时，增长型税制结构也不断巩固。20 世纪 80 年代以来，各国税制改革日益倾向于对税收效率的强调，而税收公平也主要被定义为"防止穷人更穷"的纵向公平。虽然，资源税和环境保护税在大多国家提上日程甚至付诸实施，但对阻碍经济增长的担忧从未消除。总体上看，增长型税制还依然是各国税制改革的基本方向（虽然增长型税制没有固定的模式）。结合经济社会对可持续发展的要求，融合现代发展理念的发展型税制将为税制改革提供一个可资借鉴的方向。因而，构建具有发展型税制性质的税制结构还需要不断探索。

四、基于发展型税制结构的税制转型设计原则

增长型税制结构与现代发展理念是相悖的，因而是不可持续的，需要从根本上实现税制的转型。其基本的转型方向应该是发展型税制结构，即相对于增长型税制而言，内含了现代发展理念的税制结构类型。因此，本文所称税制转型是指税制结构由增长型税制向发展型税制的转变。基于发展型税制结构的税制转型应该满足以下基本原则。

第一，税收制度是经济社会发展预设制度之一，其调节作用的发挥应该秉承可持续发展的理念。税制结构的设置，进而税收调节作用以可持续发展为理念，并能够促进或至少不破坏经济社会发展的可持续性，这便是发展型税制的根本。税源是税收收入增长的基点，只要经济社会实现了可持续发展，税收收入筹集功能才能够可持续。税种设置、税制要素的安排只有以可持续发展为理念，才能够避免税收对经济的扭曲性作用。

第二，发展型税制的特征是由作为整体的税制结构作用综合发挥的结果，

因此，发展型税制结构的构建不单在于新的调节性税种的开征和调整，更重要的是着眼于整个税制体系，通过税种的合理搭配和税制要素的合理安排，使整个税制结构呈现发展型特性。例如，从税种结构上讲，在税收收入既定的前提下，流转税收入的下降一定要伴随所得税收入份额的提升，但所得税在收入分配中的作用预示着这一变化必然带来税制结构性质向收入分配调节倾斜。而从税制要素安排的角度看，虽然所得税的收入分配调节功能是与税制要素安排紧密相连的，在费用扣除标准既定的情况下采取单一比例税率，必然使其收入分配功能弱于超额累进税率，进而影响到整个税制结构的性质。同样，虽然，新的具有较强特定调节作用的税种（如资源税、环境税等）的开征能够促进税制结构向发展型税制转变，但若其他税种和税制要素的设置没有相应变化，也必将破坏经济平衡，使经济可持续发展遭受破坏，进而违背发展型税制的初衷。因此，发展型税制的构建需要着眼于整个税制结构的综合调整。

第三，经济发展特别是经济发展方式转变通常伴随着产业结构的优化升级，因此，在前述基础上，发展型税制还应该着眼于国家产业发展战略，在不改变原有税制平衡的基础上，对税制要素进行合理化调整。例如，虽然增值税具有优良的性质，其税负具有明显的转嫁性，对企业的影响是中性的，但出于对新兴产业发展的促进，如果对新兴产业未实现销售状态采用退税，就可以避免税负在企业长期"停留"对新兴产业的负面影响，进而促进产业结构的战略调整。例如，在企业所得税中对于具有学习型组织特点的新兴产业，适当增加教育培训费用的税前列支规模、建立风险成本列支制度等都将有助于促进学习型社会和创新型社会的成长。但国家产业发展战略是不断变化的，税制结构的这类调整也必须在可持续发展的理念下不断变化调整，这也进一步说明发展型税制本身不是一成不变的，而是一个要随经济社会的发展而不断变化的税制结构体系。

第四，要真正构建发展型税制结构框架，税制结构必须在发挥其调节作用的同时促进价值合理流动基础上的价值分配合理化。这里的价值分配合理化包含两层含义：其一，发展型税制结构应能够在调节收入分配上发挥应有的作用。因此，发展型税制结构应该避免整体课税的累退性。据此，在税种结构上，所得税、财产税等在税制结构中的作用应该充分发挥；税率结构上，超额累进税率的作用应充分合理应用；税收优惠上，税收豁免和税前扣除应该充分考虑纳税人的负担能力，并具有充分的调整弹性；等等。同时，负所得税理论说明，税制结构的收入分配效应往往需要和公共支出机制特别是转移性支出相结合。其二，发展型税制应该避免代际之间不平等效应产生，这是保证经济社会可持续发展的重要内容之一。因此，在税种设置上，资源、环境税制的设置是必然的要求。资源环境税制在加大调节力度的同时，应对该类税收收入实施专户管理、"专款专用"，加大对资源环境的保护和治理。在税制要素设置上，目前在环境保护税还处于热议阶段的情况下，整个税制结构框架中各税种税制要素的安排应尽可能增强对绿化税制的考虑。

五、结　语

邓子基先生早在 1988 年就对社会主义初级阶段的治税原则进行了详尽论述，虽然他主要针对 20 世纪 80 年代末的经济社会环境而提出，但其"发展经济""辩证治税""依法治税"和"主动改革"四大原则的治税思想至今仍有重要的意义。其在"发展经济"理念中提出的"能否推动生产力的发展，应当成为衡量税收制度是否完善、税收模式是否合理、税制改革是否成功的标准"①。如果从广义生产力发展的角度看，这一思路可以变为"以能否促进经济发展"作为税制完善与否的标准，这便是发展型税制构建的基本原则。从表面上看，发展型税制与传统的税收中性存在矛盾，而且传统税收中性和发展型税制两者之间对税制结构模式选择、税基选择和税率设计上有不同的

①　邓子基：《深化税制改革的理论分析与政策选择》，载于《财政研究》1988 年第 5 期。

要求，但两者不可避免地统一于税收效率和税收公平的实现。因此，将税收中性理念对经济效率的追求与税收调节作用对税收社会收益（外部收益）的追求相结合，并将税收中性理念对经济公平的追求与可持续发展对社会效率和社会公平的追求结合起来，构建发展型税制以"铲平可持续发展道路上的坑坑洼洼"将是经济社会发展的必然要求，也将是税制改革的基本方向。尽管发展型税制的基本模式和设置原则还需要不断地探索。

参考文献

［1］哈维·罗森：《财政学》（第七版），中国人民大学出版社 2008 年版。

［2］杨斌：《税收学》，科学出版社 2011 年版。

［3］马斯格雷夫：《比较财政分析》，上海人民出版社 1996 年版。

［4］Roger Gordon and Wei Li, "Tax Structures in Developing Countries: Many Puzzles and a Possible Explanation", UCSD and University of Virginia working paper.

［5］锡德里克·桑福德：《成功试制改革的经验与问题（第 1 卷）成功的税制改革》，中国人民大学出版社 2001 年版。

［6］石金黄、韩东林：《市场经济下税制改革的理论基础——税收相对中性论》，载于《特区经济》2007 年第 2 期。

［7］陈少克、陆跃祥：《课税结构、价值流动与经济平衡——一个马克思经济学的分析框架》，载于《马克思主义研究》2012 年第 7 期。

［8］陈少克、陆跃祥：《增长型税制简论：对中国税制特性的分析》，载于《税务与经济》2012 年第 1 期。

［9］世界银行：《增长的质量》，中国财经出版社 2001 年版。

［10］郝春虹：《多元目标约束下的中国税制优化研究》，中国财政经济出版社 2005 年版。

［11］《马克思恩格斯全集》（第 4 卷），人民出版社 1958 年版。

［12］《马克思恩格斯全集》（第 8 卷），人民出版社 1961 年版。

［13］李华罡：《税制结构变迁与优化的政治经济学分析》，中国税务出版社 2009 年版。

［14］邓子基：《深化税制改革的理论分析与政策选择》，载于《财政研究》1988 年第 5 期。

第五篇
中小学生品牌认知发展研究

- 中小学生品牌概念发展特点研究
- 中小学生广告认知水平的发展特点
- 中小学生品牌再认能力发展水平研究
- 简论品牌意识的研究

中小学生品牌概念发展特点研究[*]

一、问题提出

品牌是用来识别特定商品或劳务的名称、术语、符号、图案以及它们的组合。作为消费者认识商品的线索，品牌是产品质量、价格、标志或名称、信誉、知名度的反映。消费者通过自身的使用和消费体验，以及接触有关的传播媒介和促销活动，可能形成对品牌产品特有的认知架构或心理意义。这种对品牌概念的心理建构或认识，对消费者购买意向有显著影响，消费者对知名品牌的购买意向远大于不知名品牌。概念是由符号（主要是词语）所代表的具有共同关键特征的一类事物。而所谓的关键特征，则是质的内在规定性。概念有其内涵和外延，只有抓住了事物的本质属性即内涵特征，才能完全掌握概念。品牌作为一个和中学生联系紧密的概念，与中学生的消费行为联系密切，因此研究中学生品牌概念的发展水平，了解中学生对品牌的认识，将有助于我们引导中小学生的消费行为。同时也有利于丰富中小学生概念发展的研究。

---

* 本文原载于《统计研究》2003 年第 6 期。

二、研究方法

1. 被试选择

本研究选取北京市普通小学和普通中学的 660 名学生为被试，被试特征见表 1。

表 1 被试分布

年级	小三	小四	小五	小六	初一	初二	总体
男	73	58	64	53	56	53	357
女	43	67	48	55	47	43	303
总体	116	125	112	108	103	96	660

2. 研究工具

品牌作为消费者认识产品的线索是产品质量、价格、标志、信誉和知名度的反映。本文所使用的问卷主要是有关品牌内涵的 9 个词或词组，具体包括名称、标志、广告、质量、价格、图案、商品、符号服务、市场、流行、包装、竞争、促销、模特、知名度、实力、规模、信誉。如："当看到'品牌'这一概念时，在脑海中最先浮现的 5 个词或词组是什么？"经征求经济学专家的意见，从中确定名称、质量、价格、信誉、知名度作为品牌概念的内涵，并作为反映中小学生品牌概念发展水平的 5 个维度，每选中 1 个维度记 1 分；每个学生所得分数代表了他的品牌概念发展水平。

3. 数据收集过程

数据收集以班为单位，通过集体施测的方式进行。

为了保证数据收集的质量，采取了以下一些措施。

一是挑选并培训主试。主试为北师大经济学院硕士研究生，事先进行培训，使其掌握问卷施测技巧，统一回答被试问题的方式。二是采取不记名的方式进行。三是施测结束后，对每份问卷的质量进行审查，剔除无效问卷。

4. 数据管理与分析

所有数据采用 Foxpro 数据库管理，数据分析采用 SPSS7.5 统计软件包进行统计分析。

三、结果与分析

1. 品牌概念认知发展水平分析

为了解中小学生品牌概念认知发展过程中表现出来的一般特征，我们对品牌概念发展的年龄与性别特征进行了分析，方差分析结果表明（见表2），各年级在品牌概念认知发展水平上存在着显著差异，性别上不存在显著差异。进一步分析发现，中小学生品牌概念的认知水平随着年龄的增加呈增长趋势。在对年级变量做事后分析后发现，三年级和五年级、初一、初二之间存在显著差异，四年级和初二之间存在显著性差异，其他年级之间均无显著性差异（见表3），表明三年级、四年级是品牌概念认知水平发展的转折期，此后的认知水平发展过程是逐渐增长的。

表2　　　　　**品牌概念认知发展水平的方差分析结果**

变异来源	平方和	自由度	方差	f值	P
年级	11.736	5	2.347	2.735	0.019
性别	2.641	1	2.641	3.078	0.080
年级＊性别	2.974	5	0.575	0.693	0.629
残差	543.218	633	0.858		
总和	3347.000	645	2.883		

表3　　　　　**不同年级品牌概念发展水平的多重比较**

年级平均值（标准差）	小三	小四	小五	小六	初一	初二
1.8696（0.7894）小三						
1.9573（0.9684）小四						
2.1441（0.9895）小五	*					
2.1111（1.0078）小六						
2.1863（0.8644）初一	*					
2.2340（0.9208）初二	*	*				

注：＊$p < 0.05$。

2. 对品牌概念各维度的分析

我们对品牌概念的 5 个维度逐一进行了分析（见表 4 和图 1），从总体来说，中小学生对 5 个维度的选择率排序为：价格、质量、名称、信誉、知名度，而在每个维度的选择上则表现出不同的趋势。对于名称和质量，各年级之间不存在显著差异，即三年级至初二的学生对名称和质量作为品牌概念的维度存在着基本一致的观念。对于信誉和知名度，各年级之间存在显著性差异，随着年龄的增加，对这两个维度的选择率增加。而对于价格这一维度，不同年级之间也存在着显著的差异，但随着年龄的增加，选择率呈下降的趋势。

表 4　　　　　　不同年级在品牌概念各维度上的选择率　　　　　单位：%

概念理解 ＼ 年级	小三	小四	小五	小六	初一	初二	X^2 值	总体
名称	42.6	35.9	38.7	40.7	39.4	39.4	1.567	38.8
质量	51.3	50.0	60.4	58.3	57.4	57.4	3.216	54.4
价格	71.3	69.2	66.7	54.6	53.2	53.2	13.340 *	58.2
知名度	7.8	13.7	16.2	21.3	38.3	38.3	56.299 **	27.1
信誉	13.9	17.9	32.4	36.1	35.1	35.1	24.364 **	27.3

注：* 、** 、*** 分别表示 $p < 0.05$、$p < 0.01$、$p < 0.005$。

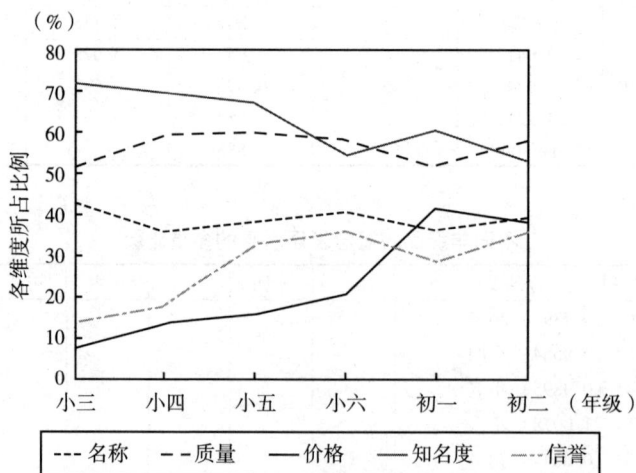

图 1　不同年级在品牌概念各维度上的选择率

3. 中小学生的品牌概念观分析

前面研究所选择的品牌概念的 5 个维度是依据专家的意见得出的，为了了解学生对品牌的理解，我们有必要对学生的品牌概念观进行分析。为此，我们找出每个年级的学生对品牌概念维度选择的前 5 位，如表 5 所示。

表 5　　　　不同年级对品牌概念维度选择前 5 位排名及所选百分比　　单位：%

排名 年级	第一	第二	第三	第四	第五
小三	价格 71.3	质量 51.3	名称 42.6	服务 37.4	商品 34.8
小四	价格 69.2	质量 59.0	名称 35.9	服务 27.4	图案 26.5
小五	价格 66.7	质量 60.4	名称 38.7	信誉 32.4	实力 25.2
小六	质量 58.3	价格 54.6	名称 40.7	信誉 36.1	知名度 21.3
初一	价格 60.8	质量 52.0	知名度 41.2	名称 36.3	流行 31.4
初二	质量 57.4	价格 53.2	名称 39.4	知名度 38.3	信誉 35.1
总体	价格 58.2	质量 54.4	名称 38.8	信誉 27.3	知名度 27.1

结果表明，从总体来说，学生所选的维度与专家所确定的维度完全一致，这说明总体上学生对品牌概念的把握是十分准确的。对各个年级单独进行分析后发现，各年级表现出不同的特征，三年级学生认为品牌的概念还包括服务和商品，把信誉和知名度分别排在第 11 和第 14 位；四年级学生认为还包括服务和图案，把信誉和知名度分别排在第 8 和第 11 位；五年级学生认为实力是品牌概念的体现，把知名度排在第 10 位；六年级和初二的学生的选择与专家意见完全相同；初一的学生选择了流行，把信誉排在了第 6 位（选择率为 30.4%）。由此可见，随着年龄的增加，中学生对品牌概念的把握变得越来越准确。

四、讨 论

1. 中小学生品牌概念认知发展水平及其对品牌概念的认识

从本次研究中可以看出，品牌概念认知水平的年级主效应非常显著，也就是说，年级因素是影响中小学生品牌概念认知水平的重要原因。这说明品牌概念发展的年龄阶段性是明显的，并与其一般概念发展呈一致的趋势。小学三、四年级是概念发展的转折期，其概括能力的发展处于从形象水平向抽象水平的过渡阶段，在他们对事物的概括中既有本质属性，如质量、价格、名称，又有非本质属性，如服务、商品与图案，他们对概念的掌握由明显可见的外部特征为依据向不太明显的内部本质特征为依据过渡。与三、四年级相比，小学五年级和六年级对品牌的认知水平又有所上升，他们对品牌概念的掌握更加准确、全面，其思维水平已上升为抽象思维为主的阶段，对品牌概念本质属性的认识加深，能够认识到品牌概念的四个维度甚至五个维度。到初一、初二阶段，学生已经开始掌握辩证逻辑的各种形式，他们的推理能力已达到以事物的本质属性和事物间关系为理由进行推理的命题演绎水平，加之知识经验的丰富，语言理解力和表达能力的提高，使得他们能够正确地理解品牌概念的内涵。由此可见，品牌概念的发展水平与其思维的水平发展密切相关。此外，调查显示，电视、报纸和杂志等传媒是中小学生获得信息的最主要渠道，也会影响其品牌概念的形成。因此，借助于传媒对中小学生品牌概念形成进行正确的引导，将会有助于品牌认知水平的发展。

2. 对品牌概念各维度的分析

对品牌概念各维度进行分析发现，从总体来说，价格和质量选择率最高（均高于50%），表明半数以上的中小学生认为价格、质量与品牌之间存在着密切的关系。随着年级增长，学生对价格选择率降低，表明他们可能逐渐认识到价格并不能真正体现品牌概念的内涵；而对质量则存在稳定一致的认识。

许多报纸杂志的调查研究表明，中小学生喜欢购买名牌的东西，我们认为这与他们对品牌概念的内涵理解有关。既然价格是品牌的体现，购买名牌产品可能意味着自己身价百倍。从另一方面来说，购买名牌产品也意味着获得了质量上的保证，所以中小学生这种消费现象不仅是时代和经济发展造成的，而且也受中小学生品牌认知的影响。

中小学生广告认知水平的发展特点[*]

一、引　言

在传媒业迅猛发展的今天，种类繁多的广告无处不在，报刊广告、杂志广告、电台广告、电视广告、户外广告和邮递广告等迎面扑来，目不暇接。广告作为现代经济生活的一部分已经得到越来越多的消费者的认同。广告尤其是电视广告因其将视、听技术结合起来，显示的产品形象比较完整、美观，因而也更容易引起中小学生消费者的产品兴趣和好感，对于中小学生消费观念和购买方式的形成有着特殊的作用。广告意在为市场传递信息，促使消费者去使用某种特定产品或服务，它的意图主要就是吸引消费者的注意，唤起消费者潜在需要，产生购买愿望，进而激发起购买动机，提供有关商品信息，告知广告的品牌，以便认牌购买和形成良好的品牌形象。品牌形象的确立，离不开广告宣传。在市场经济条件下，没有广告宣传的推动，要在众多消费者心中树立良好的品牌形象进而形成品牌忠诚性是不可想象的。发展心理学的研究表明，中小学生随着年级的升高，认知水平不断从具体上升到抽象，认知的深刻性、灵活性和批判性不断增强，并存在发展的关键期。中小学生对广告这一对象的认知水平受其基本认知能力发展水平的制约，国内外的一些研究结果均发现少年儿童在理解广告、记忆广告等方面呈现出年龄和性别

---

*　本文原载于《心理发展与教育》2000 年 6 月第 16 卷第 2 期。合作者：陈勃。

差异。然而，目前尚缺乏从认知发展的角度考察中小学生对广告主要特性的认知发展模式。本文假设中小学生广告认知的发展水平是其一般认知发展水平的反映，并表现出发展的关键期。这一研究一方面可以丰富消费心理学、广告心理学和发展心理学的理论；另一方面可以为以中小学生为对象的营销业和广告业提供有益的参考。

二、研究方法

1. 被试

本次研究从北京市的中小学中选取 783 名学生为被试，其中有效被试为762 人。被试的年级与性别分布情况见表 1。

表 1   **被试的年级与性别分布情况**

	小三	小四	小五	小六	初一	初二	高一	总体
男	73	57	63	53	56	53	57	412
女	43	67	48	55	47	43	47	350
总体	116	124	111	109	103	96	104	762

2. 研究工具

本次研究所使用的工具是《广告认知问卷》。本问卷是在参阅国内外有关研究的基础上自行编制的。包括对广告重要性的认知、广告信任度的认知以及对广告意图的认知 3 个维度，每个维度有 6 个题目。所谓对广告重要性的认知是指对广告是否为现代生活的一部分的认知程度，例如："选择商品时，广告有参考作用"；广告信任度的认知是指对广告是否说真话的认知程度，例如："广告造成我们购物中的浪费"；而对广告意图的认知是指对广告销售目的的理解程度，例如："广告引起消费者的购买欲望"。本问卷采用等级评定法，分为很不同意、不同意、说不准、同意、非常同意五级，依次记 1~5分。Cronbach α 系数为 0.75。

3. 研究程序

数据收集以班为单位，通过集体施测的方式进行。

为了保证数据收集的质量，采取了以下一些措施。

一是挑选并培训主试，使其掌握问卷施测技巧；二是采取不记名的方式进行；三是施测结束后，对每份问卷的质量进行审查，剔除无效问卷。

三、结果与分析

为了了解中小学生广告认知发展过程中表现出的一般特征，以对广告重要性的认知、对广告信任度的认知以及对广告意图的认知 3 个维度为因变量，进行 7（年级）×2（性别）复方差分析。结果表明，在 3 个维度上年级与性别的交互作用均不显著，$F_{(18,2102)} = 1.451, P > 0.05$；性别主效应只显著存在于对广告信任度的认知上，$F_{(1,745)} = 5.754, P > 0.05$；男生的平均得分高于女生；年级主效应在 3 个维度上都显著存在，具体如下：在对广告重要性的认知上，$F_{(6,745)} = 9.805, P < 0.01$；在对广告信任度的认知上，$F_{(6,745)} = 4.208, P < 0.01$；在对广告意图的认知上，$P_{(6,745)} = 5.611, P < 0.01$。

1. 不同年级学生各维度广告认知水平的平均分与标准差

表2　　　　不同年级学生各维度广告认知水平的平均分与标准差

年级	广告重要性		广告信任度		广告意图	
	平均分	标准差	平均分	标准差	平均分	标准差
小三	12.61	2.94	6.08	1.94	12.88	2.99
小四	13.02	3.09	6.36	1.80	12.97	3.42
小五	13.25	2.74	5.96	1.65	12.96	3.09
小六	14.07	2.15	5.82	1.31	13.81	2.52
初一	14.27	2.22	5.60	1.56	13.74	2.31
初二	14.21	2.24	5.46	1.25	13.95	2.19
高一	2.74	5.78	1.45	14.54	1.91	14.53

2. 不同年级学生对广告重要性认知水平的多重比较

用 SNK（Student-Newman-Keuls）法对广告重要性认知水平进行多重比较（下同），考察不同年级组之间的差异，结果显示见表3。

表3　　　　　不同年级学生对广告重要性认知水平的多重比较

年级	小三	小四	小五	小六	初二	初一	高一
小三							
小四							
小五							
小六	*	*	*				
初二	*	*	*				
初一	*	*	*				
高一	*	*	*				

从表3可以看出，小学三、四、五年级两两之间差异均不显著，小学六年级、初一、初二、高一年级两两之间差异也均不显著。而小学三至五年级与小学六年级至高一年级之间差异均显著。由此，我们可以推断小学三、四、五年级学生对广告重要性认知水平的发展处于平稳期，基本上保持在同一水平，中小学生对广告重要性的认知水平在小学六年级是关键的转折期。

也就是说，从小学六年级开始认知水平显著提高，并在以后一直保持稳定。从图1中也可以看到这种发展趋势。

3. 不同年级学生对广告信任度认知水平的多重比较

从表4可知，只有小学四年级学生与初一、初二学生之间存在显著差异，其他年级组之间均无显著差异。图1显示的结果也表明，学生对广告的信任程度在小学四年级陡然上升。初一、初二年级则显著下降，在高一年级则表现出一定程度的回升。

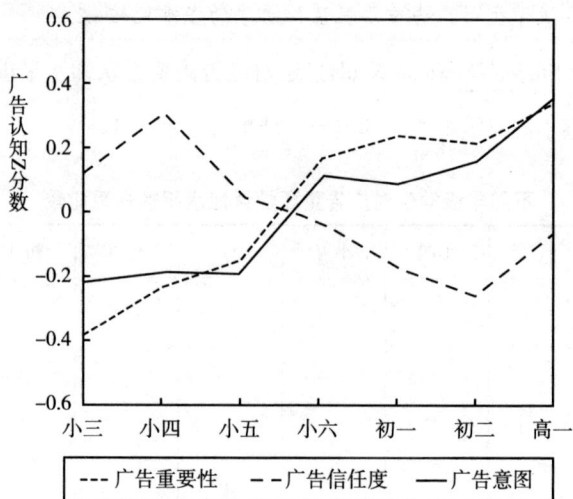

图1　不同年级被试广告认知的平均水平

表4　　　　不同年级学生对广告信任度认知水平的多重比较

年级	初二	初一	高一	小六	小五	小三	小四
初二							
初一							
高一							
小六							
小五							
小三							
小四	*	*					

4. 不同年级学生对广告意图认知水平的多重比较

从表5可知，高中一年级显著高于小学三、四、五年级，初中二年级显著高于小学三年级，其他的组间差异均不显著。图1显示的结果表明，从总体上，中小学生对广告意图的认知基本随着年级的上升而不断提高。

表 5　　　　　　　　不同年级学生对广告意图认知水平的多重比较

年级	小三	小五	小四	初二	小六	初三	高一
小三							
小五							
小四							
初二							
小六							
初三	*						
高一	*	*	*				

四、讨　论

从研究的结果与分析中我们可以得出这样的结论：在广告认知的三个维度上，对广告重要性的认知随着年龄和年级的增长基本呈现上升趋势，其中小学三、四、五年级之间的差异较小，与其他各年级之间的差异显著；从小学六年级到高一年级则各年级组间的差异较小，小学六年级为关键的转折期。这与中小学生一般认知的发展状况相接近，也与其学业变化的情况相符合。小学六年级是小学与中学的过渡期，其对事物的认知从以个人为中心而转入从更广的背景中去考虑问题，进而也就更能体会到广告对现代生活的意义。

对广告意图的认知水平与人的抽象思维能力关系密切。初中二年级和高中阶段是思维抽象性快速增长时期，本次研究的结果恰好证明中小学生广告认知的发展水平是其一般认知发展水平的反映。对广告意图认知的结果与国外的一些研究结果比较一致。如美国心理学家 S. 沃德（S. Ward）的研究结果证明，从 5 岁到 12 岁期间，儿童经历了三个阶段，即不能理解广告的销售意图阶段、初步理解广告意图阶段和清楚理解广告意图阶段。这表明对广告意图的理解是一种随年龄增长的渐进过程。并且，儿童对广告的信任度是随着他们对广告销售意图的理解而降低的。本次研究结果和他人的研究结果说明，尽管文化环境不同，所处时代不同，但都存在一个共同的特点，即随着年龄和年级的增长，知识经验的丰富、购买经验的增多和思维能力的增强，理解能力、分辨能力以及评价能力的提高，中小学生对广告重要性和对广告意图的认知呈现上升趋势，而对广告的信任程度则从小学四年级开始下降，至高中时才有所回升，这是因为年龄的增长，知识经验和购买经验的丰富，其批判性增强，善于用分析、批判的眼光去观察事物，不会盲目地去接受一个事物。到了高中阶段，由于对广告的认识更为全面，既不会轻易地接受某一事物，也不会轻易地否认某一事物，从而对广告的信任程度会有所提高。

本次研究表明，中小学生在广告重要性和对广告意图的认知水平上，性别差异均不显著，而在对广告的信任程度上有比较显著的差异，男生高于女生。这一方面可能与他们获得信息渠道的多少有关。男生购买商品时，对商品方面的知识可能主要来源于各种媒介的广告，而女生这方面的信息渠道可能更多一些；另一方面，男生购买某种品牌产品时，可能比女生更重视品牌的知名度，而商品的知名度与广告宣传是密切相关的。相对男生而言，虽然女生认为广告是影响购买某品牌产品的重要信息渠道，但是她们并不信任广告。国外已有研究表明，外部信息源除了各种媒体的广告、中立组织的报告外，口传信息是一重要渠道，并且其影响力最大。由于女生可能较之男生更善于交流并重视各种口传信息，因而导致她们对广告的信任程度低于男生。此外，女生购买经验丰富，遇到广告与真实情景出入较大，也会影响她们对广告的信任程度。

尽管中小学生对广告信任程度随着年龄的增加会有较大程度的降低，但广告对中小学生的影响仍然是巨大的。有研究表明，这种影响表现在三个方面：一是引起中小学生的直接购买行为的增加；二是增强他们对父母的购买；三是增强他们对日后才能用到的广告产品的好感。虽然目前国内还鲜有这样的具体研究结果，但国外的一些研究结果都证明这种影响的作用。现代的厂商不仅要重视对当前市场的培育，也要重视对未来市场的开拓。如果能从小就培养中小学生对自己产品的好感，使他们从小建立对某种品牌、某一厂商的偏爱，进而形成品牌忠诚性，厂家就会长期受益；抑或即使他们一时不会使用某些品牌产品，但通过广告仍然会培育他们对品牌产品的好感，使中小学生成为这些品牌产品的潜在消费者。

参考文献

［1］林崇德：《学习与发展》，北京教育出版社 1992 年版。

［2］林崇德：《发展心理学》，人民教育出版社 1995 年版。

［3］黄合水：《广告心理学》，东方出版社 1998 年版。

［4］张令振：《电视与儿童》，人民教育出版社 1999 年版。

［5］马谋超：《广告心理学基础》，北京师范大学出版社 1992 年版。

［6］Dubow, J. S., "Advertising recognition and recally by age-including teens", *Journal of Advertising Research*, 1995, 35 (5): 55.

中小学生品牌再认能力发展水平研究*

一、引　言

　　品牌再认是指消费者面对各种品牌，能从中认出某一个或某些曾感知过或使用过的品牌。市场上同类产品繁多，而且往往只有少数特性不同。对于消费者来说，分辨它们并不是件易事。广告品牌的再认旨在引起或保持消费者对品牌的认识，以便购买时考虑该品牌产品。倘若广告品牌的再认水平较低，消费者就难以引起或保持对该品牌产品的认识，进而会影响其对该品牌产品的购买，甚至根本就不会考虑购买。当前我国在校中小学生人数为2.1亿多，约占全国总人口的1/6，是一个庞大的消费群体，消费能力极强。因此，研究中小学生的品牌再认能力有助于当前市场的培育和未来市场的开拓。品牌再认能力受个体对外界信息加工能力影响，如对刺激的感知、分析等，因此我们假设：随着年龄的增长，分析、思维、认知水平的提高，中小学生对品牌的再认能力呈逐渐上升趋势。

---

　　*　本文原载于《心理科学》2001年第2期。合作者：林崇德、彭华茂。

二、研究方法

1. 被试选择

本次研究在北京市一所普通小学和一所普通中学中随机选取 783 名学生为被试。有效被试为 717 名。被试特征见表 1。

表 1　　　　　　　　　品牌再认研究被试特征

性别＼年级	三年级	四年级	五年级	六年级	初一	初二	高一	总体
男	69	53	60	49	55	53	54	393
女	40	56	46	52	43	42	45	324
总体	109	109	106	101	98	95	99	717

2. 研究过程

两天中分别给学生看两部电视片。第一天的电视片中穿插了 12 个产品广告；第二天的电视片中穿插了 24 个产品广告，其中包括第一天片中出现的 12 个产品广告。第二天学生看完电视片后，呈现电视产品广告中的 24 个品牌产品名称给学生，要求他们指出第一天电视片中出现的品牌产品，每认出一个得一分。

3. 数据管理与分析

所有数据采用 Foxpro 数据库管理，数据分析采用 SPSS7.5 统计软件包进行统计分析。

三、结果与分析

1. 各年级男女生品牌再认得分

各年级男女生品牌再认得分见表 2。

表2 　　　　　　　　　　**各年级男女生品牌再认得分（平均数）**

性别＼年级	三年级	四年级	五年级	六年级	初一	初二	高一
男	5.88	7.17	6.72	6.94	8.66	7.51	7.42
女	6.12	7.13	6.63	7.51	7.93	8.10	8.61
总计	5.97	7.16	6.68	7.23	8.34	7.77	7.96

2. 品牌再认能力的方差分析

为了解中小学生品牌再认能力发展过程中表现出来的一般特征，我们以品牌再认能力为因变量，以年级、性别为自变量进行方差分析，结果发现，年级与性别的交互作用显著（$F(6,716) = 0.044, P < 0.05$）。进一步对交互作用做简单效应检验，结果无论男生还是女生，年级的简单效应都很显著（$F(6,704) = 10.35, P < 0.01; F(6,704) = 7.66, P < 0.01$）。对男女生各年级的品牌再认得分分别进行多重比较，结果见表3、表4。

表3 　　　　　　　　　　**各年级男生品牌再认能力的多重比较**

年级＼平均数差＼年级	三年级	四年级	五年级	六年级	初一	初二	高一
三年级	0.00						
四年级	1.2048 *	0.00					
五年级	0.8399 *	−0.4549	0.00				
六年级	1.0578 *	−0.2370	0.2179	0.00			
初一	2.7775 *	1.4827 *	1.9376 *	1.7198	0.00		
初二	1.6302 *	0.3354	0.7903	0.5724	−1.1474 *	0.00	
高一	1.5458 *	0.2510	0.7058	0.4880	−1.2318 *	8.443E	−.02.00

注：$P < 0.5$。

由表3可知，三年级男生的品牌再认能力显著低于其他各年级男生的再认能力；四、五、六年级和初二、高一年级男生的品牌再认能力基本在同一水平；初一男生的品牌再认能力显著高于其他各年级，再认能力最高。

表4　　　　　　　　　各年级女生品牌再认能力的多重比较

平均数差 年级	三年级	四年级	五年级	六年级	初一	初二	高一
三年级	0.00						
四年级	1.0180 *	0.00					
五年级	0.5139 *	-0.5041	0.00				
六年级	1.3932 *	0.3751	0.8793	0.00			
初一	1.8098 *	0.7918 *	1.2959 *	0.4167	0.00		
初二	1.9873 *	0.9692 *	1.4734	0.5941	0.1775	0.00	
高一	2.4963 *	1.4783 *	1.9824 *	1.1032 *	0.6865	0.5090	0.00

注：$P < 0.5$。

由表4可知，三年级女生的品牌再认能力显著低于其他各年级；四年级到五年级稍有回落，但差异不显著，六年级后再认能力旋即上升，并显著超过五年级的再认水平；初一至高一女生的品牌再认能力继续呈上升趋势，且显著高于四、五年级的再认水平，但初一、初二、高一三个年级的差异并不显著。

不同性别学生品牌再认能力的年龄特征曲线见图1。

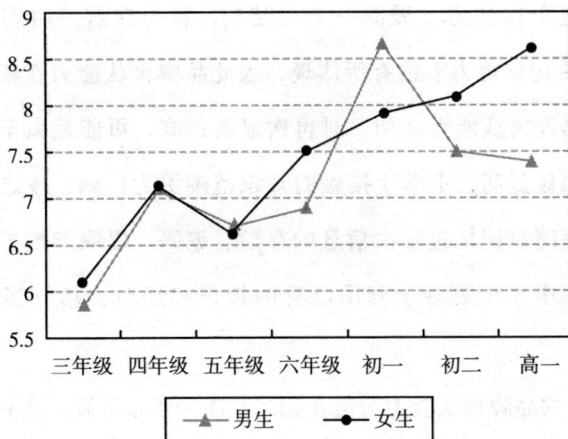

图1　不同性别学生品牌再认能力的年级特征曲线

四、讨 论

从本次研究中可以看出，随着年级的升高，中小学生的品牌再认能力总体呈上升趋势。

从品牌再认能力的年级与性别的交互作用看，性别不一样，品牌再认能力的年级特征是有所区别的。从小学三年级到五年级，不同性别学生的品牌再认能力发展水平基本枏同，品牌再认能力差异不显著，再认能力基本在同一水平；初一和初二、高一年级男生的品牌再认能力显著高于其他各年级，再认能力最高。

四年级是再认能力发展的一个高峰；小学五年级后女生的再认能力呈逐步平稳上升趋势；而五年级后男生再认能力的发展曲线成倒 U 形，五年级到初一呈上升趋势，初一以后又呈下降趋势。但是无论男生还是女生，四年级和初一都是品牌再认能力发展的高峰期。

随着年龄的增长，学生的思维能力迅速发展，生活经验日益丰富，分辨能力、理解能力和信息加工能力随之提高，品牌再认能力也必然提高。小学四年级是个体智力发展的一个关键期，智力在这一时期有着明显的"飞跃"，这在记忆能力上也有所体现，因此品牌再认能力在四年级时有显著提高。而品牌再认能力在初一时再次显著提高，可能是由于中学教育对学生的要求明显提高，中学生接触的知识范围更为广阔，较之小学生更为丰富的知识基础对记忆过程中信息的存贮、编码、提取产生了积极的影响而造成的，如中学生更善于利用已有的知识和经验去指导当前的记忆活动等。

至于男生的品牌再认能力为何在初二、高一年级下降，还有待于进一步的研究。

五、结 论

第一，中小学生的品牌再认能力随年龄的增长而呈上升趋势，其中四年级和初一是两个发展高峰。

第二，不同性别学生的品牌再认能力发展趋势有所差异，五年级后女生再认能力呈逐步平稳上升趋势，男生则呈倒 U 形，五年级到初一呈上升趋势，初一以后呈下降趋势。

简论品牌意识的研究[*]

一、品牌与品牌意识的界定

品牌（brand）俗称"牌子"，根据美国市场营销协会（AMA）定义委员会定义：品牌是一个名称、名词、符号、象征、设计或其组合，用以识别一个或一群出售者之产品或劳务，使之与其他竞争者相区别。商标是生产经营者在其生产、制造、加工、拣选或者经销的商品或者服务上采用的，区别商品或者服务来源的，由文字、图形或者其组合构成的，具有显著特征的标志。商标是一个法律概念。所有的商标都是品牌，但并非所有的品牌都是商标。二者区别在于是否经过一定法律程序。

品牌意识（brand awareness）指在消费者意识中品牌图式激活的情况，与记忆中品牌中心点或痕迹（brand node or trace）的强度有关联，能反映在不同的条件下消费者识别品牌的能力。

消费者的品牌意识基于先前的品牌知觉，这一知觉将影响到他的品牌再认和回忆。品牌再认是指消费者在购买时面对一个个品牌能从中认出某个或某些是曾感知过或使用过的品牌。品牌回忆是指消费者在购买前脑中就有了特定的品牌。

品牌意识在消费者消费决策中起着重要的作用。首先，当消费者在特定

---

* 本文原载于《中国青年政治学院学报》（社会科学版），2006 年第 6 期。

产品种类中做出购买选择时，品牌意识对他们考虑购买某一品牌产品是非常重要的。"唤起的品牌意识"增强了购买这一品牌产品的可能性，因为"唤起的品牌意识"只涉及少数品牌产品。其次，即使没有与其他品牌产品发生联系，品牌意识也可以影响其选择的结果。

随着改革开放的不断深化和我国市场经济体制的逐步建立，人民的生活水平由温饱向小康迈进，消费需求也逐步由数量型向质量效益型转变，人们的品牌意识逐渐增强。注重品牌、增强名牌消费日益成为广大消费者的追求。

二、品牌研究缘起

1895 年，美国明尼苏达大学心理实验室的心理学家 H. 盖尔率先把心理学原理引入消费者对广告及广告商品的态度与看法的调查研究中，这可以看作是消费心理学的最早工作。1901 年，美国心理学家 W. D. 斯科特提出了广告工作应发展成一门科学和心理学的见解，并陆续发表了一系列以探索消费心理为主要内容的文章，他于 1903 年出版的《广告理论》一书被视作消费心理学的雏形。1912 年闵斯特伯格的《心理学与经济生活》、克伦的《实用心理学》，专章讨论了销售心理学问题。这些早期的研究，其目的是服务于以生产者为中心的卖方市场。随着市场经济的发展，由卖方市场转向买方市场，即由"生产者主权"市场转向"消费者主权"市场，对消费者的研究越来越受到重视。20 世纪 40 年代之后，人们在对消费者深层动机探讨时产生了对品牌忠诚性研究的兴趣。研究者认为，消费者品牌忠诚行为的深层原因来自规避消费风险。对这一问题的讨论和研究还在继续着。

三、已有的品牌意识研究

（一）知觉和态度对品牌意识的影响

思朋斯和恩格尔（Spence and Engel）根据两个实验室的研究报告发现，

消费者喜爱的品牌名称比不喜爱的品牌名称较早地被感知。第一个研究项目的被试者是 161 名家庭主妇，第二个研究项目的被试者为 83 名大学生。被试者们在等级量表上填好喜爱的品牌之后，以八种不同的持续时间显示各种品牌名称，以测量其对各类品牌名称的反应时间（知觉速度）。在第一项研究报告中可以看到，主妇有年龄越大感知速度越慢的趋向，并且可以看到她们对喜爱的品牌名称比不喜欢的有感知更快的趋向。

班克斯对芝加哥地区 465 名主妇调查七种商品中喜爱的品牌与购买意向。发现被调查者中大约 96% 的主妇在其购买意向中包含了她们所喜爱的品牌。因而了解对品牌的喜爱是预测购买情况的有利因素。

（二）社会因素对品牌意识的影响

有研究者探讨了价值观对品牌选择的影响。洛基奇编制的价值观量表是常用的测量价值观的工具。用洛基奇价值观量表进行研究的结果表明，购物和价值观之间存在着明显的相关性，即在购买产品的类别档次上目的性价值观起的作用大；在商品的品牌选择上操作性价值观起着更重要的作用。价值观影响了产品档次和品牌的选择标准，选择标准又制约着消费者对产品或品牌的态度，导致消费者在购买时的不同决策，产生不同的消费者行为。

社会文化和习俗也会对消费者的品牌选择产生影响。不同的民族性格和情趣也会反映到人的消费行为中，反映到消费者的品牌意识上。跨文化的研究发现，在判断事物时中国人倾向于使用大体的直觉的方法，而西方人则倾向于用分析的方法。中国人评价一件商品，常是先对商品有个总体的印象，然后再从其性能上寻找总体印象的依据，看这个印象是否正确。西方人则常常先分析商品各项功能的好坏，然后综合对各项功能优劣的分析得出总体的印象。中国人思维方法上的这种特点会使中国人在购买商品时更容易受品牌的影响，更愿意购买名牌商品。

社会群体、社会阶层、家庭等因素也对消费者的品牌意识、品牌选择产生影响。美国的研究者发现，不同的代际群体在消费行为和品牌意识方面也存在差异。"婴儿潮"时期出生的消费者乐于购买名牌产品以炫耀个人财富，而被称为"Y时代"的现在的青少年在消费行为上表现得更为世故和多疑。

博姆（Boume，1957）的一项研究结果说明，有些商品参照群体既能影响人们对其种类的选择，也能影响对其品牌的选择；有些商品只能影响对其种类的选择而不影响对其品牌的选择；有些商品则相反，参照群体只能影响其品牌的选择而不影响对其种类的选择；还有些商品，对其种类和品牌的选择都没有影响。斯塔福德（Stafford）也对小的、非正式的群体是否影响群体所属成员的购买行为进行了实证研究。

（三）广告对品牌意识的影响

马谋超（1993）有关广告接触度与品牌注意度关系的研究显示，人们的品牌意识与接触广告的程度有关。频繁接触广告的人，其品牌意识强于接触广告少的人。伯特、拉杰姆等人（1995）通过对跟踪数据的分析，认为产品种类的特征、品牌和广告文本会增强或者减弱广告费用在广告意识、品牌意识、购买意向上的效果。对购买包装商品的统计资料的分析表明，在不断增加的产品种类中，广告对可视度低（less-visible）的产品的品牌意识有重要的影响。D. 苏撒·吉尔斯、饶·仁姆（1995）调查了经常使用某些品牌产品的99名成年人是否易受重复广告影响的问题，考察了重复广告对品牌意识、偏好转移和品牌选择的影响。最主要的发现是，做比竞争品牌更多的广告可以影响品牌意识和品牌选择，特别是在品牌偏爱方面有影响。

（四）儿童品牌意识

近年来一些研究者开始重视对儿童品牌意识的研究。

海特·凯什亚·弗莱泽、海特·罗铂特·E（1995）调查了51名年龄在2~6岁儿童的偏爱结构和品牌选择过程，发现他们对做过广告的品牌名称的偏爱程度高于那些较少知道的品牌名称。同时也考察了父母和广告对他们的影响。结果显示，儿童在2岁时就建立起了对品牌的信赖，父母对品牌的忠诚性及电视广告可以加强这种信赖。

斐尔蒲·约瑟芬·E、荷依·玛丽亚·格鲁布（1996）考察了儿童对广告的态度、广告的品牌和购买意向三者之间的关系。调查对象为43名三年级和

68 名六年级年龄在 8～12 岁之间的儿童，结果显示，无论是熟悉的还是不熟悉的品牌，对被试者对广告的态度均有明显的影响，并且他们对广告的态度对其购买意向有一定的影响。

此外，还有学者就新产品的特点对品牌选择的影响（劳力斯·斯苔芬·M、西蒙森·依塔玛，1996）、商标在品牌扩展中的作用（布罗尼亚斯克·苏珊·M、阿尔伯·约瑟夫·W，1994；布什·戴维·M、洛肯·巴巴拉，1991）、消费者满足与品牌忠诚性的关系（布勒默·约瑟·M·M、卡斯帕·汉斯·D，1995）等进行了研究。

四、现存的问题与未来的研究思路

综上所述，我们可以看到国内外对品牌意识的研究。从对象上看，涉及儿童、青少年及成人；从内容上看，对品牌意识的影响因素以及品牌偏爱、品牌忠诚等方面进行了较为广泛的研究；在研究方法上，以问卷调查为主，实验室实验和现场研究等方法也应用较广，并取得了许多有价值的研究成果。但是仍然存在以下一些方面的不足。

1. 较少从发生的角度来研究品牌意识

20 世纪 80 年代中叶以来，我国的消费心理学研究取得了长足的发展，出现了有关品牌意识研究的论文和调查报告，但总的来说还处在"引进""吸收""消化"阶段。国外有研究报告认为，儿童在 2 岁时就建立起了对品牌的信赖，但对于儿童的品牌意识何时出现这一问题的研究仍然甚少。在我国该领域更是空白。

2. 较少从发展的角度来研究品牌意识

现有的一些研究大都针对某一年龄段的被试者进行，旨在考察特定年龄段的个体在品牌意识等方面的年龄特征，对于不同年龄段消费者的比较相对较少。对于个体内、群体内品牌意识的发展变化尚无系统研究，因而在理论上还需要进一步的探索。

3. 对影响品牌意识的因素尤其是广告的作用探讨不足

关于品牌意识的影响因素，更有现实意义的研究课题是广告对消费者品牌意识、品牌知觉等的影响。有学者的现场研究发现，在使用强调独特形象（针对某种软饮料品牌，广告语为"Now That Would Be Different！"）的广告之后，12～19 岁青少年的品牌意识有所增加，在"该种饮料容易在店里买到，该种饮料具有独特的味道"等的评价上广告前后存在显著差异（Y. Bao and A. Shao，2002）。之后的实验室研究发现，关于这种饮料的两种风格不同的广告对被试者产生的影响不同，青少年被试者更倾向于接受诉求为强调"与众不同"的广告。研究者也发现，不同年龄段的消费者在消费行为和品牌意识方面存在差异。但如何更好地使用符合目标市场心理特征的广告、提升目标消费者的品牌意识，是一个很有现实意义的问题。

4. 品牌意识与消费决策的关系探讨不足

品牌意识在消费者的消费决策中起着重要的作用。但是这种作用的内在机制如何？品牌意识在决策中处于何种环节？品牌意识对最终的品牌选择有多大的预测作用？这些问题的研究对于当前决策理论的建设都是很有必要的。

针对上述有关品牌意识研究存在的几个问题，我们认为目前探讨以下三个问题是非常有意义的：品牌意识出现的年龄阶段；不同年龄阶段品牌意识的特点；影响品牌意识的因素尤其是广告对品牌意识的作用。在研究方法上，除了以往消费心理学常用的问卷法和实验法，还需要借鉴发展心理学的一些独有的研究方法进行研究，如利用横断法和纵向法研究品牌意识的发展变化及年龄差异。

参考文献

［1］［日］马场房子：《消费者心理学》（李士瀛译），工商出版社 1984 年版。

［2］林崇德：《发展心理学》，人民教育出版社 1995 年版。

［3］马谋超、陆跃祥：《广告与消费心理学》，人民教育出版社 2000 年版。

［4］陆跃祥：《中小学生品牌概念发展特点研究》，载于《统计研究》2003 年第 6 期。

图书在版编目（CIP）数据

千经同心集：陆跃祥文集／陆跃祥著．—北京：
经济科学出版社，2016.12
（京师经管文库）
ISBN 978 – 7 – 5141 – 7433 – 5

Ⅰ.①千…　Ⅱ.①陆…　Ⅲ.①中国经济 – 文集

Ⅳ.①F12 – 53

中国版本图书馆 CIP 数据核字（2016）第 262158 号

责任编辑：赵　蕾
责任校对：王苗苗
责任编辑：李　鹏

千经同心集
——陆跃祥文集
陆跃祥　著

经济科学出版社出版、发行　新华书店经销
社址：北京市海淀区阜成路甲 28 号　邮编：100142
总编部电话：010 – 88191217　发行部电话：010 – 88191540
网址：www. esp. com. cn
电子邮箱：esp@ esp. com. cn
天猫网店：经济科学出版社旗舰店
网址：http://jjkxcbs. tmall. com
固安华明印业有限公司印装
710 × 1000　16 开　23.25 印张　330000 字
2017 年 3 月第 1 版　2017 年 3 月第 1 次印刷
ISBN 978 – 7 – 5141 – 7433 – 5　定价：55.00 元
（图书出现印装问题，本社负责调换。电话：010 – 88191502）
（版权所有　翻印必究　举报电话：010 – 88191586
电子邮箱：dbts@ esp. com. cn）